KB204324

잃어버린 세월

잃어버린 세월

이유진 지음

홍성사.

차례

지은이의 말

이 책의 두 여주인공은 평범하고 순박한 여인들입니다. 흙만 있으면 어디서나 뿌리 내리고 싹을 틔우는 들풀 같은 생명력을 지녔고, 세상과 동화되고 화해하며 살 수 있는 우리네 이웃 같은 사람들이지요.

이들의 가족은 어둔 역사의 한 자락에 휘감겨 조국을 떠나 만주로 갑니다. 한때 안락한 가정을 이루기도 했지만 부친의 요절로 온갖 풍상을 겪습니다. 온 세상이 끝나버린 듯한 슬픔 가운데 주인공의 어머니는 해방되던 해 3월, 결혼한 큰딸을 시댁으로 보내고 4남매를 데리고 귀국합니다.

그렇게 헤어져 혈육을 다시 만날 수 없었던 세월, 격변의 소용돌이 속에 가족들은 전쟁과 굶주림으로 부대끼며 살아야 했습니다.

중국에 살고 있던 주인공 '경이'는 호적이 말소된 사실을 모른 채 조국으로 돌아갈 꿈을 꾸며 살았습니다. 소실된 이모의 호적을 복원하기 위해 조카 L장로는 이모의 국적 회복의 실마리를 찾으려고 수년 동안 매달렸습니다. 망망대해에서 표류하는 조각배를 찾아내는 일처럼 어려운 작업이었지요. 천신만고 끝에 외가의 호적에서 퍼즐을 맞추듯 큰이모의 국적을 회복시켰습니다. 마침내 L장로는 큰이모가 고국을 떠난 지 70여 년 만에 영주 귀국할 수 있는 길을 열었습니다.

어느 날 L장로의 권유로 그의 큰이모와 모친을 뵙게 되었습니다. 이 소설의 주인공 경이와 을이입니다. 이후 큰이모가 살았던 중국 동북지역을 두루 답사하고 돌아와 대구에 사시는 이모 두 분을 만났고, 성주와 거창 등지를 답사했습니다. 그리고 맨 나중에 또 한 분의 주인공 L장로의 모친을 뵈었습니다. 그분은 자신이 아무 보잘것없는 사람으로 고생만 죽도록 하고 부끄럽게 살아왔는데 무엇 하려고 지난 이야기를 쓰려는지 모르겠다며 탐탁하게 여기지 않았습니다. 그러나 세 시간 정도 인터뷰를 하고 나서 저는 경이와 을이라는 두 자매를 주인공으로 해야겠다는 구상을 했습니다. 두 주인공은 자랑스런 업적을 남기고 성공한 위대한 인물과는 거리가 먼, 지극히 선량하고 평범한 모습의 이름 없는 들꽃 같은 분들입니다.

광포한 격랑의 역사, 한 모서리에서 70여 년 가까이 고향으로 돌아올 수 없는 한을 품고 견뎌 온 주인공 경이는 식민지 백성이라는 주홍글씨를 단 채 살았습니다. 해방 후엔 조국이 분단되었으며, 중국과 한국이 적대국가가 되자 고향으로 돌아올 수 없었습니다. 지금은 고국에 돌아와 영원을 사모하는 하나님의 사람으로 주님 안에 평안을 누리며 살고 있는 주인공의 삶을 파란 많은 중국 근대

사의 한 자락에 등장시켜 보고 싶었습니다.

또 한 사람, 민들레 씨앗 같은 여인, 을이라는 주인공을 통해 역사하신 하나님의 위대하심에 저는 깊은 은혜를 받았습니다. 을이는 복음의 황무지 같은 가문에서 자녀들과 자매들의 영혼을 구했고, 그 자손들을 하나님의 손길이 떠나지 않는 존귀한 일꾼이 되게 한 기도의 사람으로, 그녀가 만난 수많은 영혼을 구원시켰습니다.

주님께 사로잡힘의 은총보다 더 큰 복은 없다는 것을 깨달았고, 세상을 변화시키는 것은 성령의 도구로 쓰임 받는 한 사람, 그 한 사람이라 할 수 있는 증인! 을이라는 주인공에 매료되어 집필에 임했습니다.

예수님의 생명과 사랑의 통로가 되는 작품을 쓰고 싶다는 열망으로 기도하며 쓴 이 소설엔 주인공들의 고향 방언이 많이 나옵니다. 영남 지역에 거주해 보지 않은 필자에게 21년 전, 지금은 고인이 된 김시라 시인과 함께 〈한민족방언시학회〉를 창립하여 방언을 연구하게 준비 시킨 분! 오래전부터 중국역사에 깊은 관심을 갖고 중국사를 탐독하도록 준비시킨 분이 바로 하나님이심을 고백드리지 않을 수 없습니다.

이 작품에서 저는 거대한 역사 문제를 들춰내고 답을 찾으려는 의도는 없습니다. 다만 역사상 가장 격랑이 심한 세기에 태어나 부대끼며 굴절된 삶을 살 수밖에 없었던 개인적인 삶을 천착했습니다. 저는 주인공들과 자매들이 하나님을 믿지 않을 때도 하나님은 언제나 함께하셨고, 눈물을 씻겨주셨고, 마침내 노년에 이르러 영원한 생명 길로 인도하신 믿음의 이야기와 만났습니다. 우리 삶의 소소한 부분까지 아시는 하나님께 간청할 수 있는 특권을 부여받은 믿음의 삶은 가능성으로 가득 차 있다는 사실을 전하고 싶었습니다. 그러기에 전쟁이 발발한 그날, 기도원에 간 부모를 제외한 모든 가족을 인민군의 총격으로 잃고 고아 아닌 고아가 되어 북한에서 살다가 중국으로 탈출, 지금은 한국에 와서 사는 김정희(가명)라는 여인의 삶을 기록했습니다.

파란만장한 인생유전을 겪고 있는 수많은, 또 다른 김정희 같은 분들이 목숨을 걸고 탈북하여 한국으로 오기 위해 떠돌고 있기 때문에 우리는 더 이상 통일을 미뤄서는 안 됩니다.

필자의 여학교 동창 이계월 선교사 부부의 영광스런 순교 사역을 기리는 글도 담았습니다. 이계월 선교사 부부는 북한 벌목공들을 최선을 다해 도우며 삶으로 복음을 써 나갔습니다. 그리스도의 큰 사랑을 주며 모든 사람을 두루두루 사랑한 이 선교사 내외는 칠흑같이 어두워 길을 찾지 못하는 북한 동족을 위해, 순교의 빛으로 북한 복음화의 길을 밝히려고 삶을 온전히 드렸습니다. 두 분은 영원한 생명의 길을 갔기에 이 땅에 남아 있는 이들 가슴에 영원히 살아 있을 것입니다.

제가 전혀 의도하지 않았지만 이 책은 전작 〈어머니의 노래〉(2011, 홍성사)와 시리즈 같은 작품이 되었습니다. 한 권의 책이 되어 나오기까지 3년을 훌쩍 넘겼습니다. 제겐 그만큼 힘든 기간이기도 했지만 주님께서 손 잡아주셔서 감당할 수 있었습니다.

슬럼프에 빠질 때마다 이재철 목사님(100주년기념교회)의 사도행전과 창세기 설교를 다시 경청하고 저서들을 탐독하며 힘을 얻곤 했습니다. 목사님! 고맙습니다.

추천의 글을 보내주신 여러분께 깊이 감사드립니다. 그리고 제 인생길에 항상 신앙과 봉사의 삶에 멘토가 되어주신 김상원 전 대법관님! 감사합니다. 취재를 위해 도와주신 L장로님의 따스한 마음, 잊지 않겠습니다.

이 소설은 2013년 〈창조문예〉에 1년간 연재되었는데 홍성사에서 단행본으로 출간하게 되었습니다. 미흡한 글을 엮어 독자들께 선물해 주신 정애주 사장님과 애써주신 직원 여러분께도 감사드립니다.

2014년 가을

이유진

1부

경이의 이별

노아처럼 살면

우리 집안엔 아들이 귀했다. 증조부와 할아버지 그리고 아버지가 독자인지라 8촌 이내 친척이 없다. 할머니는 위로 딸만 셋을 낳고 아버지를 낳은 뒤 "아들 낳았대이!" 하며 고함치다 혼절했다는 이야기가 전해진다. 아버지 밑으로 둘을 더 낳았지만 모두 딸이고, 어려서 죽었다고 한다.

첫 손자를 고대하던 조부모나 어머니의 시집살이가 가벼워 지려면 나는 가문의 대를 이을 아들로 태어나야 했다. 할아버지는 어머니의 산실 문 앞에 '순산득남順産得男'이라는 휘호를 크게 쓴 현수막을 걸어 놓았는데, 그 현수막에는 탄생할 손자의 이름까지 쓰여 있었다고 했다. 시집 온 지 몇 달 되지 않은 며느리에게 태기가 있다는 말을 들은 뒤부터 할아버지는 손자 이름부터 지어 놓고 흥겨워했을 터이다. 가문의 항렬에 맞춰 부귀공명하고 무병장수하며 오복五福을 두루 갖춘 이름을 고심 끝에 지은 것이다.

할아버지는 살가운 구석이라고는 바늘 끝만큼도 없는 분이었다. 할머니를 부를 때도 퉁명스럽게 "이보래이"라든가 "어데 있노?"라고 했고, 두 번 부르게 하면 큰소리가 나는 벼락대신이었다. 그런 할아버지가 태어나지도 않은 손자 이름을 붙여 "형민이 할매야"라고 할머니를 부를 때면 봄바람이 살랑살랑 부는 듯했다고 한다.

나는 그런 할아버지의 간곡한 여망을 여지없이 무너뜨리며 태어났다. 세상에 태어나는 모든 인생은 탯줄이 잘리며 모체와의 단절을 울음으로 항거한다지만, 나는 구박덩이가 될 것이 서러워 울었는지도 모른다. 어머니는 나를 낳고 벙어리 냉가슴 앓듯 앓으며 언감생심 미역국 한 모금 제대로 마실 수 없었단다.

아버지는 내가 잉태된 줄도 모르고 떠난 뒤 소식이 없었고, 어머니는 대를 이을 아들을 낳아 드리지 못한 죄인으로 살아야 했다.

그 시절 농사꾼의 딸들은 밥만 축내는 구박덩이였다. 어려서부터 동생들 돌보고 김매고 설거지하고 온갖 허접스런 일들을 해내야 했고, 열대여섯 살 되면 어른들은 쓸데없는 짐 덩이 치우듯 딸을 출가시켰다. 할머니는 처갓집과 변소는 멀어야 하며, '가스나를 가까운 곳으로 시집보내면 팥 방구리 쥐 드나들듯 친정집을 오락가락하며 사달을 낸다'고 했다. 그러니까 나는 세상에 태어난 순간부터 어디로 시집가서 살다 어디서 죽을지, 누가 땅을 파고 묻어줄지 몰라도 첩첩 산골 어딘가로 시집가야 할 가난한 집 딸 신세였다.

할아버지는 내가 돌이 지나도록 이름을 지어주지 않았다던가.

"아부임 예! 아 이름을 뭐라고 하마 좋을까예?"

어느 날 어머니는 용기를 내어 감히 할아버지 사랑문 밖에서 기어들어가는 소리로 여쭈었다.

"뭐시라꼬? 가스나에게 무신 이름? 내는 이름 지어 줄 맴이 없구마."

차갑게 쏘아붙이는 대답이 장지문 사이로 새어나왔다.

"아부임 예!"

어머니가 방문 앞에서 머뭇거리고 있자 할아버지의 볼멘소리가 흘러나왔다. 방문은 여전히 닫혀 있었다.

"경오년에 태어났으이 경이라 카던지……."

나를 그런 이름으로 부르게 되자, 나중에 여동생들의 이름도 태어난 해의 십간지十干支로 지어졌다. 할아버지는 나를 '겡이'라 불렀고 할머니는 '가스나'라고 불렀다.

나는 다섯 살 되던 해에 아버지를 처음 보았다. 집 나간 뒤 5년 만에 돌아와 마당에서 아장아장 걸어 다니며 노는 나를 보고 뉘 집 애냐고 물었다는 아버지! 아버지는 무슨 일이 급했던지 하룻밤 자고 다음 날 떠났다. 그런데 열 달 뒤 남동생이 태어났다. 동네 어른들은 할아버지가 심혈을 기울여 작명한 남동생의 이름을 부르지 않고 '댓방('단번에'라는 뜻의 사투리)'이라는 별명으로 불렀다. 동생의 별명을 부르면서 아저씨들은 싱글거렸고, 아주머니들은 깔깔대고 웃었으며, 어머니는 낯빛이 발그레지며 계면쩍어했다. 나는 남동생을 본 덕에 마침내 조부모님으로부터 손녀로 인정받았다.

아버지가 아들이 태어났다는 편지를 받고 잠시 집에 다니러 왔을 적 이야기다. 그때 아버지가 나를 안아 올리며 한 말이다.

"경아! 니는 우리 첫딸이제. 첫딸은 살림 밑천인 기라. 시집가지 말고 아부지랑 같이 살자. 이렇게 이쁜 니를 키워가 어찌 시집으로 보낼끼?"

"아부지, 지는 아부지랑 엄마랑 살 끼다."

시집이 무슨 뜻인지도 모를 나이에 아버지에게 한 내 대답이다. 옆에서 듣고 있던 할머니가 타박하고 나섰다.

"누가 듣겠구마. 으째 가스나 보고 시집가지 말라 카는고?"

"사위를 우리 집으로 데려오마 될 깁니더."

"뭐시라 카노? 아무짝에도 쓸데없는 가스나다. 어느 쓸개 빠진 인사가 아들자식을 데릴사위로 보낼 끼고?"

"어무이!"

아버지는 내 볼을 꼬집으며 빙그레 웃었다.

그해 겨울, 아버지의 사랑을 많이 받은 기억이 늘 생생하다. 아버지가 방에서 나를 안고 춤을 추기도 했다. 어쩌다 그런 모습을 할머니에게 들키면 호된 책망이 돌아오기도 했다. 아버지가 집을 나간 뒤 귀가하여 가장 오래 머물다 간 까닭이 나에게 흠뻑 빠졌기 때문이었다고 어머니는 말했다. 그 후로 아버지는 설 명절 때면 꼬박꼬박 집에 왔다. 할머니는 아버지가 준 돈으로 전답을 사고 아래

채를 짓기도 했다. 그리고 을이가 태어났다.

아버지는 정색하고 할머니께 말했다.

"어무이, 만주에서 지 혼자 농사일하기가 아주 힘듭니더. 아들 어미 데꼬 가믄 안 되겠습니꺼"

조심스럽게 꺼낸 아버지의 청을 할머니는 단칼에 잘랐다.

"언감생심 늙은 부모 팽개치고 니 처를 데리고 가겠다고? 니 하나 불효도 억장이 막히는데, 이런 기가 막힌 소리를 듣고 살다니. 만주 땅을 다 떼다 준다 해도 안 되는 일은 안 된다. 니는 하나밖에 읎는 자식 아이가? 니가 어서 돌아와야제. 조상 봉제사를 뉘게 맡길 텐가?"

할머니는 과장된 몸짓과 말투로 아버지의 입을 봉쇄시켰다. 할머니의 어깃장으로 더는 입을 떼지 못하고 떠난 아버지는 한동안 소식이 없었다. 어머니는 지나가는 바람소리에도 귀 기울이며 아버지 소식을 기다렸다.

어머니는 아버지가 살고 있는 곳으로 갈 수 없다는 데 실망하여 깊은 한숨을 쉬었다. 소식이 없던 아버지로부터 오랜만에 편지가 왔다. 어머니는 최후통첩과 같은 편지 내용을 어린 내게 말했다.

"니캉 동생들캉 아부지헌티 안 가마 아버지가 큰일을 낸다 카시는구마."

나 말고 누구에게도 말할 곳이 없었을 어머니는 그 편지를 읽고 또 읽고는 점점 사색이 되어 부들부들 떨었다. 여러 날 입맛을 잃고 잠을 못 자며 애면글면했다. 마침내 할머니에게 편지를 보여 주고 글을 모르는 할머니에게 편지를 읽어 주었다.

시부모 앞에서 자기주장이라고 해보지 않은 어머니가 미안해하는 기색도 없이 강단지게 말했다.

"어무이 예! 애비가 중국 여자에게 새 장가를 간다 카는데, 지가 이래 있을 수 없십니더. 지를 보내 주이소. 기제사(사망일 전날 지내는 제사)는 못 와도 명절에는 꼭 와가 조상님 봉제사 하겠십니더."

"시끄럽대이. 사내대장부가 열 기집 못 거느리겄나? 때국(大國, 중국) 년이든 조선 년이든 아들만 많이 낳으라 캐라. 하모 손 귀한 우리 집에 경사가 따로 있겄나?"

"지는 자식이 셋이나 됩니더. 저것덜 델꼬 지 혼자 몬 삽니더."

"아이고, 시방 니 혼자 사는 기가? 시부모를 헛개비로 치부헌다 이 말이제?"

"어무이 예, 어무이 예!"

어머니는 억장이 막혀 말을 잇지 못했다. 그래도 단념하지 않았다. 틈만 보이면 할머니께 애원했다. 반년을 애걸복걸한 끝에 선심 쓰듯 반승낙이 떨어지자 어머니는 지체 없이 만주로 갈 채비를 했다. 수숫대를 태운 재로 잿물을 내려 이불 호청을 분통같이 하얗게 빨아 다시 꿰맸다. 시집올 때 가지고 와 장롱 깊숙이 간직해 둔 비단으로 솜을 두어 내 저고리와 치마를 짓고, 남동생에겐 검은 물감 들인 옥양목으로 햇솜을 둔 바지저고리를 해 입혔다.

1936년 동짓달, 어머니가 고향집을 떠나던 날, 할아버지는 사랑방 문을, 할머니는 안방 문을 걸어 잠그고 내다보지도 않았다. 어머니와 우리는 다시는 열릴 것 같지 않은 할아버지와 할머니 방문 앞에서 하직인사를 드렸다.

어머니는 이불을 이불보로 동여매 머리에 인 채 돌도 지나지 않은 을이를 업고 해질 무렵 길을 나섰다. 처녀 시절 수놓아 만든 횃대 보로 싼 무거운 보퉁이를 내 머리에 올려놓으며 말했다.

"왼손으로 보퉁이를 잡고 오른손으로는 형민이 손을 꼭 잡고 가야 헌대이."

난 어머니 말대로 남동생의 손을 꼭 잡고 어머니 뒤를 따랐다.

치잣빛 노을이 산마루에 걸린 구름을 물들이며 넓고 길게 마을에 내려앉고 있었다. 집집마다 밥 짓는 연기가 모락모락 피어오르는 마을을 돌아보며 고개를 넘었다. 이십 리 길을 걸어 외갓집 마당에 들어섰을 때, 하늘에 별이 초롱초롱했다. 외할머니가 고무신을 거꾸로 신고 달려 나와 "내 새끼들!" 하며 동생과 나를 껴안았다.

그날 밤 외할머니와 어머니는 밤이 깊도록 도란도란 이야기보따리를 풀고 있었다. 마치 흘러가는 여울처럼 뒤섞이기도 하고 나뉘기도 했다. 나는 혼곤한 잠 속에 빠졌다가 외할머니와 어머니가 주고받는 이야기의 물결 소리에 문득 잠이 깨곤 했다.

다음 날, 날이 새자마자 외할아버지는 달구지를 대문 밖에 준비해 놓고 기차 시간 늦는다고 독촉했다. 어머니가 허둥지둥 동생과 나를 앞세우고 대문을 나섰다. 일꾼이 소 고삐를 잡고 기다리고 있었다. 언제 준비했는지 달구지엔 외할머니의 선물 보따리가 우리보다 앞서 타고 있었다. 전날, 이십 리를 이고 온 짐을 달구지에 싣고 가게 되어 여간 홀가분한 게 아니었다.

외할머니가 대문 양쪽에 있는 감나무에서 홍시를 따서 바구니에 담아 주었다. 그 감나무를 바라보았다. 키 큰 감나무는 잎을 다 떨구고 홍시를 주렁주렁 매달고 있었다. 언젠가 엄마를 따라왔다가 감나무 밑에 떨어진 감꽃을 모아 목걸이를 만들어 준 외할머니가 이번엔 꽃 대신 열매를 주었다.

나는 감을 좋아한다. 아버지가 사는 만주에도 저런 감나무가 있으면 싶었다.

김천역에 도착하여 대합실로 들어가려 하자 호랑이보다 무섭다는 순사 두 사람이 칼을 차고 서서 어머니 앞을 막았다.

"어디 갑니까?"

마치 심문하며 시비를 거는 듯했다.

"만주에 갑니더."

순사는 고개를 갸웃거리더니 차표를 보자고 했다. 확인하고 나서도 이것저것 꼬치꼬치 캐물었다.

"곧 들어올 열차는 군용 특급열차로 민간인은 승차할 수 없는 기찹니다. 이 표를 어떻게 구했습니까?"

"친정 오라버니가 철도 기관사로 재직하고 있십니더."

순사는 외숙의 이름을 물어 적은 뒤 우리 가족을 놓아 주었다.

역사 안은 한산했다. 기차를 본 적이 없는 나는 설레는 마음으로 열차를 기다렸다. 지위가 높은 군인 한 사람이 부하를 거느리고 개찰구로 나가고 있었다. 철도원복을 입고 서 있는 남자가 그 군인에게 내가 알아들을 수 없는 큰 소리로 말하며 거수경례를 했다.

기차의 모습은 상상이 되지 않았다. 자동차도 본 적이 없는 내 눈에 이윽고 천지를 진동시키는 쇠 바퀴 소리와 함께 새까맣게 생긴 괴물이 달려오는 것이 보였다. 기차를 보자마자 나는 눈을 감고 양손으로 얼굴을 가렸다. 기함할 것 같아 스르르 무질러 앉고 말았다. 머리에 이고 있던 보퉁이가 땅에 뒹굴었다. 놀란 동생도 새파랗게 질린 채 묘한 소리를 질렀다.

어머니의 다리가 허둥거렸다. 두려움에 떨며 힘들게 열차에 올랐다. 우리가 타자마자 차장이 붉은 깃발을 들어 출발 신호를 보냈다. 기차는 기적을 울리며 출발했다. 무서운 공포를 안겨주던 객실 안엔 이상한 옷을 입은 여인네들과 남자들이 대부분이었다.

남동생은 기차를 보고 놀란 데다 이상한 옷차림을 한 일본인들 때문에 겁을 잔뜩 먹은 듯 금방 울상이었다. 겁이 나기는 나도 마찬가지였다. 아무 데나 빈자리를 찾아 앉았다. 달구지보다 훨씬 편했다. 이윽고 외삼촌이 두리번거리며 우리를 찾아왔다. 지옥에서 천사를 만난 듯했다. 외삼촌은 우리를 다른 칸으로 안내했다. 한국인들이 드문드문 자리에 앉아 있었다. 우리는 멋모르고 일본인 전용 칸에 타고 있었던 것이다.

외삼촌은 금테 두른 모자를 쓰고 소매 끝과 목깃에도 금테를

덧댄 철도원복을 입고 있었다. 내 눈으로 본 사람 중에 외삼촌이 가장 멋있게 보였다. 물론 아버지는 제외하고.

외삼촌은 평양까지만 간다고 했다. 아버지에게 연락해 놓았으니 안심하고 장춘역에서 내리라는 말도 곁들였다. 외삼촌을 만났다는 강한 희열에 어머니의 안색은 환하게 빛났다. 나도 기차에 대한 모든 공포가 씻은 듯이 사라졌다. 외삼촌은 열차의 여객이 거의 일본 군인들이라고 했다. 조금전까지 우리가 타고 온 일본인 전용칸의 여자가 입은 옷은 하오리, 남자가 입은 옷은 유가타라며 동생과 나에게 엉뚱한 짓 하지 말고 조용히 앉아서 가라고 신신당부했다.

우리는 창밖을 내다보는 여유도 부렸다. 비호같이 달리는 열차가 신기했다. 어머니는 아버지가 사는 만주는 새로운 천지일 거라고 했다. 기차는 새로운 천지를 향해 쏜살같이 달렸다. 철길을 따라 군데군데 건설된 소도시의 모습들이 새로운 천지로 가는 길다웠다. 그때까지 나와 남동생은 태어난 후 마을 밖에 나가 본 적이 없었으므로 기차 안에서 보이는 모든 것이 경이로웠다. 대전역 같은 큰 도시의 역을 지날 때였을 것이다. 남동생은 눈이 휘둥그레지며 감탄을 연발했다. 서울역이라는 곳에서 많은 사람들이 기차에 올랐다. 우리가 탄 객실의 빈자리가 다 채워졌다.

"누부야! 저기 좀 보그래이. 집들이 억수로 크대이."

동생의 말이 내 말이었다. 그렇게 큰 집에서 어떤 사람들이 살고 있는지 가늠이 안 되었다. 나는 흥분을 감추지 못하며 동생의 말을 받았다.

“어무이, 저런 집에 살마 억씨게 좋겠대이. 하마 아부지 사는 집도 저런 집일 기라!”

“내사 모르지. 집은 크다고 좋은 것 아니대이. 우리 식구 살기 좋은 집이 제일이제!”

어머니는 심드렁한 척 대답했지만 내 말에 어머니의 바람을 얹었다. 기차를 처음 타보기는 어머니도 우리와 다를 바 없는 터였다.

어머니는 밤이 되어도 긴장하여 눈을 붙이지 못했다. 나도 꿈에 그리던 아버지를 만날 생각에 잠은커녕 눈이 초롱초롱해졌다. 동생은 침을 흘리며 잠들어 있었다.

얼마나 지났을까. 나도 모르게 꿈속에 빠져들었다. 어머니가 흔들어 깨우는 바람에 눈을 떴다. 내가 잠든 사이 외삼촌은 평양에서 내렸고, 장춘에 거의 다 왔다는 어머니의 말에 화들짝 놀랐다. 동생도 깨어 눈을 비비고 있었다.

열차는 꼬박 하루 반을 거의 쉬지 않고 달려 장춘역에 도착했다. 여러 객실에서 수많은 군인들이 빠른 동작으로 하차했다. 우리와 같은 칸의 승객들은 군인들이 역을 떠난 뒤에 내리라는 승무원의 지시를 받고 모두 객실에 남아 있었다. 일본 군인들이 질서정연하게 대열을 이루고 구호에 맞춰 역사 밖으로 행진해 나가는 모습이 차창 너머로 보였다. 저렇게 많은 군인들이 무엇 하는 사람인가 궁금했다. 문간에 서 있던 승무원이 우리에게 내리라고 했다. 일본인들이 먼저 내리고 한인들이 맨 뒤에 내렸다.

한인들은 죄 지은 것도 없으면서 일본인들 눈치를 보며 주눅이 들어 있었다. 대합실로 들어서자 열차를 타려는 사람들과 내린 사람들이 웅성거려 혼잡스러웠다.

그때 확성기에서 아버지의 이름을 두 번 부르고 알아들을 수 없는 말이 흘러나왔다. 잠시 후 만면에 미소를 띤 아버지가 신기루처럼 우리 앞으로 다가왔다. 아버지는 말없이 동생의 머리를 쓰다듬고 나와 어머니 머리에 인 보따리를 내려 양손에 들고 사람들을 헤치며 역사 밖으로 빠져나갔다.

세찬 바람이 휘몰아쳤다. 속살을 파고드는 강추위였다. 아버지는 성큼성큼 걸어 마차 앞에 이르자 짐을 올려놓고 동생과 나를 번쩍 들어 마차에 태우면서 말했다.

"먼 길 오느라 고생했소. 처남이 고맙구먼. 당신을 이래 보내주고……. 내는 전보를 받고도 긴가민가했는데 장춘역에 연락까지 해서 내 이름을 불러 깜짝 놀랐대이."

아버지는 어머니 등에 업힌 을이에게 두 팔을 내밀었다. 어머니는 포대기 끈을 잽싸게 풀어 아버지 품에 을이를 건넸다. 을이는 새근새근 자고 있었다. 기차를 타고 오는 동안에도 칭얼거리지 않고 젖을 먹으면 이내 잠들곤 했다. 태어난 지 1년도 안 된 을이는 집에서는 자주 울었다. 일에 쫓기던 어머니는 아기에게 제때 젖을 주지 못했다. 배가 고파 숨이 넘어가게 울어도 할머니 눈치가 보여 하던 일을 계속해야 했다.

늘 어머니 품이 아쉬웠던 을이. 포근한 어머니 품에서 맘껏 배불리 먹을 수 있는 데다 열차의 일정한 바퀴 소리와 작은 흔들거림이 요람처럼 느껴져 그렇게 잘 자는 것 같았다.

마부는 봉두난발을 한 중국인 쿨리(苦力, 노동자)였다. 그는 겉옷만 걸친 채 덜덜 떨며 말을 몰고 있었다. 아버지는 마차 휘장을 걷어 우리가 밖을 볼 수 있게 했다. 게다를 신고 뒤뚱거리며 걸어가는 여자들이 보였다. 아버지는 일본 여자라고 알려주었다. 책보자기를 등에 메고 가는 학생들, 어깨에 장총을 메고 다리를 직각으로 꺾어가며 구령에 맞춰 행군하는 군인들, 그들은 내가 역에서 본 일본군들과 같았다.

“저 군인들이 바로 만주를 점령하고 있는 일본군이란다.”

아버지는 내가 신기하여 눈길이 멈추는 것들에 대해 설명을 했다. 소를 몰고 가는 사람, 항아리를 이고 가는 사람, 등에 무거운 짐을 들메고 가는 사람……. 각양각색의 사람들이 웅크린 채 걸어가고 있는 도시 전체가 추위에 떨고 있는 듯했다.

도시를 지나 시골길로 접어들자 흙길이 울퉁불퉁하여 마차가 심하게 덜컹거렸다. 아버지는 어머니에게 을이를 건네주고 나와 남동생이 추울까 봐 꼭 껴안고 갔다.

마차는 점점 더 험한 시골길로 접어들었다. 기차에서 상상했던 부푼 기대를 저버리게 하는 게 마차가 아니라 아버지라는 것을 깨달은 것은, 선인촌 마을에 도착하여 우리가 거처할 단칸방에 이르러서였다. 어느 집 담장에 잇대어 놓은 흙집으로, 마치 토굴 같았다. 방은 군불을 땠는지 따뜻했다.

"우선 들어가자. 내는 너희가 와도 내년 봄에나 올 줄 알았대이."

"당신중국 여자에게 새장개가서 살만 내사 어찌 오겠습니꺼?"

"실없는 소리 말거라. 내는 딴 여자 안 본다."

"그럼, 당신이 보낸 편지는 실수로 쓴 것이었습니꺼?"

"허, 사람 참, 당신 안 보내 주는 어무이 보라고 보낸 편지다."

어머니는 아버지의 말을 들으며 막혔던 숨을 토해 냈다.

다음 날 아침, 안채 주인은 우리 식구를 아침식사에 초대했다. 마당도 넓고 집도 꽤 컸다. 주인이 안내한 안방에는 큰 교자상에 정성스레 준비한 밥상이 차려져 있었다. 방 아랫목에 앉아 있던 인자한 모습의 할머니가 어머니와 우리에게 말했다.

"오느라 애쓰셨소. 어서 앉아요. 너희들도."

어머니와 아버지가 고맙다는 인사를 한 뒤 우리 식구는 밥상머리에 둘러앉았다. 할머니와 주인아저씨, 아버지와 남동생과 그 집 아들 3형제가 나란히 앉고, 서너 살 돼 보이는 사내아이가 환하게 웃으며 궁금해 죽겠다는 듯 곁에 앉은 동생을 집적거렸다. 주인아주머니는 어머니처럼 어린아이를 품에 안고 내 곁에 앉았다. 그 아이 이름은 요한이라고 했다. 내가 숟가락을 들까말까 눈치를 보고 있는데 할머니가 "다 같이 감사기도 합시다"라고 한 뒤 기도하기 시작했다.

나는 어찌해야 좋을지 몰라 그 할머니가 기도를 시작할 때부터 두리번거렸다. 어머니나 동생도 마찬가지였다. 기도는 국이 다 식을 정도로 길었다. 아버지는 그 집 식구들과 같이 머리를 숙이고 눈을 감고 있었다. 기도 내용을 다 알 수는 없지만 감사하다는 말이 계속 되풀이되었다. 우리 가족을 위한 기도를 하는데 왠지 팔에 소름이 돋았다. 기도가 끝나고 어른들이 숟가락을 들 때까지 나는 상 위에 음식이 다 식는 것이 걱정되었고, 배에서 꼬르륵대는 시장기를 참는 것이 고통스러웠다.

나중에 아버지는 안집 식구들이 평양에서 살다 온 기독교 신자라고 했다. 기독교가 무엇하는 것이냐는 내 물음에 아버지는 하나님을 믿는 것이라고 했다.

"하나님이 어디 있는데에?"

어머니가 진지하게 묻자 아버지는 슬며시 미소 지으며 말했다.

"하나님은 너무 크셔서 보이지 않지만 온 천지에 계시고 우리를 사랑하는 분이지."

어머니는 어리벙벙한 눈으로 아버지를 바라보았다.

"아이들이랑 내는 당신만 믿을 깁니더. 보이지 않는 하나님을 어떻게 믿습니꺼?"

그렇게 말하는 어머니의 표정은 한없이 부드럽고 평화로웠다.

안집 식구들은 아주 친절했다. 진심에서 우러나오는 친절이었다.

부엌도 같이 사용하게 하고 한 가족처럼 우리를 챙겼다. 우리가 살 새집을 짓기까지 6개월이 넘도록 그 집에서 살았는데, 여러모로 신세를 많이 졌다. 요한의 할머니는 성경 이야기를 자주 해주었다.

창조 이야기, 하나님이 사람을 흙으로 만들고 숨을 불어넣어 남자를 만들고 남자의 갈비뼈 하나를 빼내어 여자를 만들었다는 에덴동산 이야기는 흥미진진했다. 그럼에도 나는 하나님에 대해 이내 시큰둥해졌다. 겉으로 표를 내지는 않았지만. 이브에게 선악과를 먹으라고 꾄 사악한 뱀 때문에 이브가 죄를 지어 죄악 세상이 되었다는 게 영 찝찝했고, 몹쓸 뱀을 그 자리에서 작살내지 않은 하나님이 몹시 실망스러웠다.

전지전능하다는 하나님이 왜 뱀을 그대로 두었을까. 왜 이브는 뱀의 유혹에 넘어가 하나님이 먹지 말라는 걸 먹었을까. 아담은 왜 자기도 먹고 싶어서 선악과를 먹고는 아내가 먹으라 해서 먹었다며 쪼잔한 핑계를 댔을까. 유치하고 웃기는 수작이라는 생각이 들었다. 그 남편에 그 아내구나 싶었다. 나는 아담 같은 남자에겐 절대로 시집가지 않겠다고 다짐했다.

요한의 할머니는 죽은 지 사흘 만에 다시 살아나신 예수님의 십자가 부활에 대해 여러 차례 말했다. 죽었다가 다시 사신 예수님을 믿으면 누구나 죽음을 이기고 영원히 살 수 있다고 했다.

나는 사탕이며 비스킷, 옥수수, 찐 감자 등 간식을 얻어먹는 것이 하나님 덕이라고 생각했다. 내게 믿음이 들어서가 아니라 그 할머니의 이야기 소재가 늘 하나님이기 때문이었다. 나는 그 할머니가 몹시 외로운 분으로 지레짐작했다. 아들, 며느리, 손주들이 할머니 이야기를 들어주지 않으니 어머니와 나를 붙잡고 시간을 때우는 거라고 추측했다.

어느 날 그 할머니가 우리 방문 밖에서 잔기침을 두어 번 하더니 문을 열고 방안으로 들어왔다. 우리 방문으로 들어선 할머니를 보고 쩔쩔매던 어머니는 할머니 손을 잡아 아랫목으로 모시면서 "앉으이소! 앉으이소!" 하고 말했다. 어둠에 익숙해진 내 눈엔 할머니가 가지고 온 백설기 떡이 보였다. 김이 모락모락 나는 떡이 먹고 싶어 나도 모르게 침이 목젖을 타고 꼴깍 넘어갔다. 할머니가 떡 접시를 내게 주며 어머니에게 말했다.

"경이랑 형민이 떡 좋아하니? 같이 먹자. 애들 아빠는 또 장춘에 가셨나?"

어머니는 떡 접시를 받아 놓으며 치사의 말을 했다.

"예, 새벽참에 나갔습니더. 무슨 떡을 이래 가져오셨습니꺼? 번번이 이런 신세를 져가 으짭니꺼?"

요한의 할머니는 어머니 말에 고개만 끄덕였다. 그리고 방 안을 두루 살피더니 생경한 이야기를 했다.

"밖에서는 모르겠더니 방에 들어와 보니 꼭 노아 방주 같네."

우리 가족이 임시 둥지를 튼 방은 할머니 댁 일꾼들이 거처하다 농사철이 끝나 봄까지 비어 있는 방이었다. 그러니까 할머니는 그 방에 드나들 일이 없었다. 그런 할머니가 천정 창문에서 내리 꽂히는 빛으로 방안을 둘러보며 신기하다는 듯 말했던 것이다.

"예? 노아 방주라니요?"

어머니가 처음 듣는 할머니 말에 어리둥절하며 물었다.

할머니는 하나님이 홍수로 심판한 이야기를 나와 내 동생에게 했지만 어머니도 듣게 말했다.

"옛날, 아주 아주 옛날에 노아라는 의로운 사람이 살았단다. 노아가 살던 시대 세상 사람들이 나쁜 짓을 너무 많이 해서 하나님이 더 이상 참을 수 없었던 거야. 하나님이 죄 짓고 사는 사람들을 홍수로 심판하기로 작정하셨단다. 노아는 의로운 사람이어서 하나님이 그를 살려주려고 노아에게 이러이러한 큰 배를 만들라고 명령했지. 세상 사람들이 아닌 '너를 위해' 방주를 지으라고 말씀하신 거란다."

할머니의 성경 이야기는 한 번도 들어 본 적 없는 신기한 내용들이었다. 그 배는 너무나 커서 노아가 쉬지 않고 만들었어도 120년이나 걸렸다고 했다. 하늘에 구름 한 점 없고 비 한 방울 떨어지지 않는 쾌청한 날 노아가 방주를 지을 때, 세상 사람들은 비웃고 떠들었단다.

"노아가 완전히 정신이 돌았구먼. 저렇게 높은 산꼭대기에서 배를 만들다니? 참 안됐다 싶어 쓸데없는 짓 말고 그 돈으로 술 마시고 실컷 놀자고 했더니 뭐란 줄 알아? '하나님의 명령'이라더군. 개나발 불지 말라고 했지. 하나님이 어디 있어? 하나님 보여 주면 방주 만드는 것 도와주겠다 했더니 아무 대답도 않고 산으로 가버리더라고. 미쳐도 성하게 미쳐야 하는데 걱정이구만."

그렇게 노아를 조롱하던 사람들이 먹고 마시고 제 마음대로 살 때 노아는 묵묵히 방주를 지었다. 그리고 가족들과 함께 모든 종류의 짐승과 새들을 암수 한 쌍씩 데리고 방주로 들어갔고, 하나님이 노아가 들어간 문을 닫아 버렸다. 방주 안에는 오직 하늘만 바라보이는 창문 하나만 있었다는 것이다.

이레 뒤 하나님이 하늘의 창을 열고 밤낮으로 40일을 땅 위에 비를 퍼부었다. 방주는 물 위로 떠올랐지만 노아의 가족은 홍수가 창일한 세상을 보지 못했다. 할머니는 하늘이 구멍 난 것처럼 쏟아진 비로 온 세상이 멸망하는 참상을 보았다면 노아의 가족은 미쳤을 거라고 했다. 노아 가족은 1년 17일간 방주에 갇혀 천정에 뚫린 창으로 하나님만 바라보며 기다렸다. 그랬기 때문에 노아는 인류의 두 번째 조상이 되었다고 했다.

우리 식구들도 노아처럼 천정에 난 창으로 하나님만 바라보고 살면 하나님이 차고 넘치게 복을 주실 것이라고 했다. 나는 꿈꿀 때 듣는 목소리같이 도란도란 이어지는 할머니의 성경 이야기를 귀 기울여 들었다.

살아 있는 자의 슬픔

1644년 청나라가 명나라를 멸망시키고 중원을 정복하자 만주족을 야만인으로 여기던 명나라의 고관과 귀족들은 만주족과 같은 변발을 하고 청나라 풍습을 따랐으나, 오히려 백성들은 한족의 전통을 지키려고 몸부림쳤다.

개국 초기를 지나며 강희제가 4대 황제로 등극했다. 영명한 황제는 한족과 만주족의 화합을 위한 포용정책을 펴 청나라를 반석 위에 세우고 영토를 확장했다. 그러면서 만주족 조상의 발상지인 만주를 성역화하고 한족의 출입을 엄금했다. 백두산과 두만강, 압록강 이북의 천여 리를 봉금지역封禁地域으로 지정하고 사람이 살지 못하게 했다. 그 시절 강 연안의 가난한 한인 농민들은 은밀히 국경을 넘어와서 도적농사를 지어 외교 분쟁을 일으켰는가 하면, 청나라는 월강越江죄를 적용하여 한인들을 사형에 처하기도 했다.

1869년 이후 3년간 함경북도, 평안북도 일원에 극심한 가뭄이 들었다. 한재旱災를 겪던 한인들이 목숨을 걸고 봉금지역인 압록강과 두만강을 건너 도문, 훈춘, 용정으로 몰려가면서 본격적인 이주가 시작되었다. 청나라가 철통같이 국경을 지켜도 한인 농민들의 끈질긴 밀개간密開墾을 막아내지 못했다. 먼지만 풀풀 나는 황량한 만주의 산야는 한인 농민들에게 곡식을 심고 거둬들일 수 있는 장엄한 꿈의 최전선이 되었다.

이른 아침에 도둑처럼 국경을 넘어 종일 농사를 짓다가 밤에 돌아오는 조경귀가朝耕歸家로 시작하여, 세월이 지나며 차츰 봄철에 청나라에 밀입국하여 가을걷이를 끝낸 뒤 돌아오는 춘경추수春耕秋收의 형태로 바뀌어 갔다. 자연스레 영구 정착민이 9만여 명으로 늘어나자 청국 정부도 봉금정책을 완화했다. 청나라가 봉금령을 폐지하고 독점 개간구역을 설치, 황무지 개간 작업을 독려함에 따라 월경越境 이민들이 자리 잡게 되었다. 이 무렵 한족과의 마찰을 우려한 회령부사 홍남주洪南周는 두만강 건너편 지역이 한국과 중국 사이의 공지라는 의미에서 간도間島라는 지명을 내렸다. 후에는 오늘날의 동북3성 지역을 간도라고 부르게 되었다.

수천 년간 중국은 양자강 남부 지역에서만 벼농사가 가능하다고 여겼다. 그 통념을 깨고 한인들은 간도 지역에서 벼농사를 성공시켰다. 오늘날과 같이 이민 허가서를 받아 가는 정식 이민이 아니고 단순한 월경민으로, 유민流民이나 난민과 같았던 한인들은 개간

한 땅을 한족이나 만주족에게 빼앗겼다. 중국으로 귀화하여 중국식 복장과 변발, 즉 치발역복薙髮易服을 하지 않으면 토지를 소유할 수 없었다. 살아남기 위해 꿈과 계획을 가지고 황무지를 개간했던 한인들은 굶어 죽을지언정 조국을 버리고 성姓을 바꾸고 변발과 중국식 복장을 할 순 없다고 했지만 결국 개간지를 빼앗기고 가혹한 소작료와 세금에 시달렸다. 세월이 흐르면서 끊임없이 흘러가는 물처럼 유랑하던 그 시대 이민자들의 민족의식은 소멸되어 갔다. 후손들은 역사의 흐름 속에 한족, 몽골족 혹은 만주족 등에 동화되어 한인의 뿌리와 문화의 정체성을 완전히 잃어버렸다.

우리 가족이 둥지를 튼 선인촌은 박가촌朴家村이라고도 불렸다. 350여 년 전 집단 이주하여 장구한 세월을 한족에 동화되지 않고 한민족 고유의 문화와 전통을 유지하며 씨족사회를 이루고 살았다(중국에는 박씨 성이 없기 때문에 신중국 건설 이후 한국인의 후예임을 인정받아 마을 사람들이 조선 적을 회복했다). 그 마을에서는 노인이 가장 존경받는 존재였다. 노인들은 마을 한가운데 사랑방에 모여 마을 사람들이 지켜야 할 법도를 정했다. 마을에 피해를 끼치는 사람은 노인들 앞으로 불려가서 준열한 책망을 들었다. 그 사랑방은 사이가 나빠진 사람들을 불러 화해시키는 곳이기도 했다. 낯선 사람이 오면 노인들이 먼저 만나 본 뒤 그 사람의 거취를 정했다. 후손이 날로 번창한 박씨들은 여러 마을로 흩어져 살고 있었다.

눈이 내리고 또 내려 쌓이던 겨울은 지루하게 지나갔다. 아버지는 초봄부터 인부들과 언 땅을 곡괭이로 파고 집터를 다지며 새집을 짓기 시작했다. 우리가 올 것에 대비하여 미리 집터와 목재를 준비해 둔 것이다. 장정들이 밤늦도록 터를 다지고 주춧돌을 놓고 기둥을 세우고 상량을 했다. 그리고 옥수수대를 두 겹으로 엮어 기둥과 기둥 사이에 세우고 진흙을 발랐다. 겨울 추위를 견디려면 벽을 두껍게 해야 한다고 했다. 뒷면과 옆면 벽은 지붕과 맞닿게 흙을 발랐지만 앞면은 비싼 붉은 벽돌을 덧붙여 집이 으리으리해 보였다. 넓은 마당 건너 사랑채와 헛간을 짓고, 헛간 옆으로 헛간 높이보다 반쯤 낮게 닭장도 지었다.

집 짓는 동안 나와 동생은 일꾼들 주변을 맴돌며 잔심부름을 하기도 했다. 아버지는 우리가 다치기라도 할세라 신경을 곤두세우고 전전긍긍하며 쫓아냈다. 우리는 아버지가 눈에 안 보이면 닭 새끼처럼 금방 되돌아가곤 했다. 우리 집을 짓는 게 너무 좋았던 것이다. 집은 한여름에야 완성되었다.

새집으로 이사하던 날의 그 짜릿한 흥분은 기억 속에 오래 간직되어 있다. 단칸방에서 겨울을 지나는 동안 불편했던 시간들을 금방 잊게 해주는 넉넉하고 포근한 집이었다. 그곳은 겨울이 길고 맹추위가 계속되는 지역이므로 방을 여러 개 들이지 못했다.

집들이 날, 어머니는 함박같이 벌어진 입을 다물지 못했다. 형민이와 나도 그랬다.

그 집에 살면서 어머니는 아들을 더 낳지 못해 속으로 열병을 앓았다. 을이 밑으로 동생을 둘이나 낳았지만 모두 딸이었다. 정이와 신이다. 어머니는 막내 신이의 기저귀를 갈아줄 때마다 탄식처럼 말했다.

"고추 달고 나오라 캤드마 이기 뭐꼬?"

그랬다. 어머니가 바라던 행운의 여신은 어머니의 인생에서 딸을 실어 나르는 수레바퀴만 돌리는 것 같다는 생각이 들었다. 신이가 태어나던 날, 어머니는 강보에 싸인 갓난아기를 발치에 밀어냈다. 마침 어머니의 해산 소식을 듣고 요한의 할머니가 와서 그런 모습을 보았다.

할머니는 어머니가 안심하도록 인자한 미소를 지으며 어머니 발치에서 눈도 못 뜨고 꼬무락거리는 아기를 안아 어머니 품에 안겨주었다. 할머니의 모습은 천하에 둘도 없이 귀한 보물을 안고 있는 것처럼 경건했다. 측은하게 여기는 표정은 정녕 아니었다.

할머니는 어머니에게 생명의 소중함을, 생명은 하나님의 선물임을 장담하듯 말했다. 생명을 부인하는 것은 살인과 같은 것이라고 했는데 훈계같이 들리지 않았다. 구구절절이 가슴을 치는 말이었다. 가까스로 울화를 가라앉히고 있던 어머니가 걷잡을 수 없이 쏟아지는 눈물을 감추지 않았다. 할머니는 가만히 어머니 손을 잡고만 있었다. 나는 그런 할머니가 좋았다. 그 할머니는 을이와 동갑인 손자 요한을 가끔 데리고 왔는데, 그 애는 을이의 친구가 되었다.

나는 학교를 다니지 않아 셈을 잘 몰랐다. 아버지도 내게 셈법을 가르쳐주지 않았다. 아버지는 아녀자가 셈속을 알면 팔자가 드세 진다는 근거 없는 생각을 신앙처럼 지니고 있었다. 아들과 딸을 차별 두지 않으면서도 남동생만 학교에 보냈다. 그것은 딸들을 위한 아버지의 간곡한 사랑 방식이었다.

매년 추수가 끝나면 아버지는 장춘에 있는 큰 미곡상에 곡물을 매매하고 많은 지전을 전대에 담아 갖고 돌아왔다. 아버지는 아버지만 사용하는 작은 방 선반에 지전 포대를 올려놓고 아무도 얼씬거리지 못하게 했다. 예외로 나만은 그 방에 드나들 수 있었다. 나는 그 방에서 아버지가 시키는 대로 전대에 있는 구겨진 지전을 꺼내 한 장씩 인두로 다려 차곡차곡 상자에 담는 일을 했다.

그런 일은 날마다 하지는 않았지만 어머니가 화로와 인두를 아버지 방으로 가져다 놓는 날은 내가 돈을 다려야 하는 날이었다. 성냥이 귀하던 시절이었다. 집집마다 일 년 365일 질화로에 화롯불을 피워놓고 살았다. 밥할 때, 국 끓일 때, 담배 피울 때, 등잔불 켤 때, 그 화로에서 불쏘시개로 불을 피워 냈다.

"경아! 니는 으째 그리도 찬찬하냐! 헌 돈도 니 손만 거치마 빳빳한 새 돈이 된다카이. 니같이 찬찬허고 조신헌 딸을 아까버가 우째 넘의 집에 보낼 끼고!"

화롯불을 다독이며 나를 칭찬하던 아버지! 그런 아버지 앞에서 나만이 할 수 있던 그 일은 내가 아버지에게 인정받고 있다는 뿌듯함을 안겨주었다. 그 일은 쉬운 일 같아도 결코 쉬운 일이 아니었다. 다리미판에 지전을 펴놓고 입으로 물을 뿜어 살짝 적신 뒤 적당한 온도의 인두로 다려야 했다.

아버지는 담대하고 빈틈없이 완벽한가 하면 정이 많은 분이었다. 그렇다고 아무에게나 마냥 호인은 아니었다. 한번 화가 나면 화약고가 터진 듯 고함을 쳐 곁에 있는 사람들을 꼼짝달싹할 수 없게 했다. 상대가 정직하지 않을 때, 자기 잘못을 남에게 떠넘길 때, 부당한 일로 참을 수 없을 때 화를 내면 말릴 사람이 없었다.

내가 열다섯 살 무렵부터 아버지는 내 혼사를 서둘렀다. 우리 마을에서 삼십 리쯤 떨어진 곳에 한인들이 모여 사는 마을이 있었다. 그 무렵 아버지는 특별한 볼일이 있는 것도 아닌 터에 그 마을 친구 집을 부쩍 자주 왕래했다. 사윗감 물색을 위한 행보였던 것이다. 그렇게 몇 차례 한인 마을을 오가던 아버지가 어느 날 어머니에게 한 말이다.

"우리 경이 짝을 찾아 냈대이."

"누기? 경이를 시집보낸다는 말입니꺼? 무신 뜬금없는 말을 허십니꺼?"

어머니는 펄쩍 뛰며 반대의 뜻을 밝혔다.

"아무리 봐도 그 인성 이 씨 아들이 탐이 나더라. 그 청년, 우리 딸 고생시키지 않을 것 같더라."

"아직도 어린 아를 와 시집을 몬 보내가 성화십니꺼?"

"아가 어리다고? 설 쇠면 열여섯 살인 기라. 시집보낼 나이 되지 않았나. 내사 사윗감 물색하느라 을매나 노심초사했는지 아나?"

나를 혼인시키려는 아버지의 뜻은 완강했다.

"겉만 보고 우째 속을 안답니꺼?"

평소 아버지 말에 토를 달지 않던 어머니가 내 혼사에 관해선 번번이 토를 달았다. 어머니는 나를 시집보낼 생각이 추호도 없었던 것이다.

"그래, 알 것 같더라. 고무신 뒤축이 딱 고르게 닳은 청년이라카이."

"그기 무신 말잉교?"

"사람이 자세가 똑바르면 심성도 기본적으로 정직허고 제 몫을 해내는 기다."

"참말로, 어야꼬. 신발 뒤축 보고 사위 골라 딸을 시집보낸다, 이 말입니꺼?"

어머니가 황당하다는 듯 아버지를 바라보았다.

"두고 봐라. 며칠 지나면 그 청년, 우리 집에 올 기다. 내가 경리를 보라고 했지. 수판(주산)도 잘 놓더라. 그 청년 보마 당신도 사윗감으로 흡족하다 할 기다."

아버지가 사위를 고른 방법은 독특했다. 남편을 사윗감으로 점찍은 이유를 들은 뒤부터 나는 길을 걸을 때면 아버지의 말을 떠올리며 앞서가는 사람의 신발 뒤축을 살피는 버릇이 생겼다. 열에 아홉은 신발 뒤축의 바깥쪽이 더 닳은 것을 신고 다녔다. 그런 신발은 보기에도 좋지 않았다. 내 신발도 그랬다.

아버지가 그 청년을 데려오기 하루 전날 내게 말했다.

“경아! 내일 니 신랑감이 올 끼대이. 애비가 보기에는 괘안터라만도 그래도 마, 니가 싫다 카문 내도 싫다. 알았제?”

“아부지!”

나는 어떤 말도 할 수 없었지만, 아버지 마음에 드는 사람이라면 내 마음에도 들리라 확신했다.

아버지는 그렇게 사윗감을 집에 불러들이고 경리 일을 시킨 뒤, 이모저모 뜯어보고 됨됨이를 저울질했다. 아버지가 탄복할 만큼 청년은 올곧고 근면하며 성실했다. 인물도 훤칠하게 잘 생기고, 목소리가 밝고 무게가 있었다. 첫 인상이 호감을 주었다. 얼마 지나지 않아 어머니도 사람 됨됨이가 나무랄 데 없다며 마음에 들어 했다.

아버지는 자식들을 표 나게 차별하지는 않았지만 장녀인 나를 귀하게 여겼고, 곁에 두고 싶어 했다. 아버지가 사윗감을 골라 경리를 맡긴 것은 경리 직원이 필요하기도 했지만, 나를 시집으로 보내지 않고 사위를 데려오려는 속셈이었던 것 같았다.

아버지는 무엇에 쫓기듯 내 혼사를 서둘렀다. 해를 넘기기 전에 사위를 맞아들이겠다는 것이었다. 당연히 시부모님들이 아들을 데릴사위로 보내지 않겠다고 했다. 아버지가 시아버지에게 어떤 조건을 내세웠는지 알 수 없지만 어렵사리 양가의 합의가 이뤄졌다.

아버지는 유명한 중국인 한학자를 찾아가 택일(擇日, 신랑 신부의 사주에 맞춘 혼인 날과 시時)을 받아 왔다. 마땅한 길일이 없다 하여 선달그믐께 혼사를 치렀다. 혼인 날 전후 눈이 많이 오지 않아 장춘에서 일본 경찰서장을 비롯하여 평소 아버지와 교분이 깊은 여러 분이 하객으로 왔다. 혼례를 치르며 나는 부끄러워 얼굴을 붉힌 채 눈길 한 번 올려 뜨지 못했다.

"저런, 새신랑이 어디 아픈가? 안색이 백지장 같구먼. 장가가는 게 그렇게 무서운가? 사시나무같이 떠는구먼. 용기를 갖게. 저러다 첫날밤도 못 치를라."

이웃집 아저씨의 말에 하객들이 소리 내어 웃었다.

남편은 혼인 전에도 일본 경찰이 아버지를 찾아오면 안절부절못했다. 뭔가 티 내지 않으려고 무진 애를 쓰다가도 본능적인 반응처럼 주먹을 불끈 쥐곤 했다. 혼인하던 날도 하객으로 온 일본 경찰을 보고 안색이 바뀐 게 아닌가 싶었다.

혼인하고 얼마 지나지 않아 깡마른 남자가 찾아왔다. 아버지와는 구면으로 신동철이라는 자였다. 아버지는 그가 오면 정월 초하룻날 멀리서 온 혈육처럼 그를 반갑게 맞았다. 마침 집무실에 차茶를 내고 있던 내게 그는 아는 체를 했다. 나도 인사를 했다. 잔뜩 겉멋이 든 그의 말투가 능수능란했다. 아버지는 남편에게 그를 소개하며 인사드리고 앞으로 잘 모시라고 했다. 아버지는 그가 한국인이며 신申 씨라고 남편에게 말하며 인사드리라고 했다. 남편은 순한 양처럼 공손하게 상반신을 굽혔다.

그의 날카로운 눈빛이 남편의 얼굴을 훑듯 했다. 묘한 표정이었다. 어쩐지 등골이 서늘했다.

"하! 사위라고요? 출장 때문에 혼례 날 못 와서 미안합니다."

혼사를 축하한다는 그의 말솜씨가 과장에 이골이 난 투였다.

"살다 보면 간혹 닮은 사람을 만나는 수가 있는데 내가 아는 사람하고 딱 닮았네. 아까 이씨라 했소? 혹시 김씨 아니오?"

그는 조롱인지 가늠이 안 되는 말을 하며 남편을 빤히 바라보았다. 아버지가 끼어들었다.

"내 사위는 인성 이씨요. 비슷한 사람을 어디서 본 기요?"

"아, 아닙니다. 그렇다는 것이지요. 진짜 닮았는지 알쏭달쏭합니다. 아닌 것도 같고."

그는 주접을 떨며 죽치고 있다가 점심을 먹고 나서 다음에 또 오겠다며 슬며시 자리를 떴다.

그를 뒤따라 나갔다 돌아온 아버지는 그가 일본 헌병의 밀정이며, 그를 건드리는 것은 벌집을 쑤시는 것과 같다고 했다. 적당히 대하고 피하는 게 상책이라며 남편에게 각별히 조심하라고 일렀다.

천 리 밖에 그대가 살아 있다면

아버지의 죽음은 횡액이었다. 너무도 갑작스런 흉사였다. 아랫목에 누워 있던 아버지가 윗목으로 옮겨지고 병풍으로 가려졌다. 아버지가 싸늘한 시신이 되어 병풍 뒤에 누워, 가족과의 단절을 선언하고 있었다. 그러니까 병풍 자락이 산 자와 죽은 자의 건널 수 없는 강이 돼버린 것이다. 식구들과 밥을 먹고, 웃고 이야기하던 아버지가 불현듯 병풍 뒤로 숨어서 말을 할 수도 들을 수도 움직일 수도 없는 시체로 변해버린 것이다. 우리가 사랑하고 의지하던 아버지가 수분이 증발해 가는 시체가 되어 세상에서 아무 쓸모 없는 한낱 폐기물과 같이 되었다. 엊그제 본 아버지의 미소가 꿈에서 본 것같이 아득해져 갔다.

아버지는 한인 마을 상가喪家에 다녀온 뒤 음식을 입에 대지 못했다. 먹는 대로 토하고 설사를 거듭했다. 그렇게 열흘쯤 견디던 아버지가 의식을 잃은 채 허망하게 목숨 줄을 놓았다. 임종에 앞서 식구들은 정신없이 뒤엉켜 있었다. 모두 두렵고 떨리는 마음으로 아버지의 임종을 보며 그만 목 놓아 울었다.

하루가 지나 염습을 지켜본 순간, 움푹 파인 눈을 꼭 감고 나무토막처럼 뻣뻣하게 변한 아버지가 으스스 소름 끼치는 공포의 대상이 되었다. 아무리 울려고 해도 눈물이 나지 않았다. 공포에 질린 나는 입술이 새파랗게 변한 채 오들오들 떨었다. 아버지로부터 오만정이 떨어져 가는 것을 어쩌지 못했다. 어머니는 억장이 막힌 듯 울지도 못했다. 눈물이 난다는 것은 슬픔을 삭일 수 있는 여유가 있을 때인가 싶었다. 어머니는 반 넋이 나간 상태였다.

"어찌 하라꼬. 이 자식들허고 내 혼자 어찌 살라꼬. 이래 가쁠믄 어야노? 안 되는 기라."

어머니의 슬픔은 원망에서 자책으로 이어졌다. 나는 어머니의 손을 잡고 떨었고, 상주가 된 남동생은 뚝뚝 떨어지는 눈물을 양쪽 소맷부리와 손등으로 말없이 훔쳐내고 있었다. 아버지를 세상에서 다시 볼 수 없다는 사실이나 불의에 불귀의 객이 된 아버지가 불쌍하고 가엾다는 생각보다 '정말 아버지가 없으면 우리 식구들은 어찌 하라고 이렇게 돌아가셨지? 우리는 어떻게 하지?' 하며 나는 어머니와 똑같은 원망을 쏟아내고 있었다.

그렇게 우리 가족은 망자를 위한 슬픔이 아닌 살아 있는 자의 슬픔으로 아버지의 시신 앞에서 망연자실했다. 어머니는 공중에 떠

있는 듯한 모습이었다. 어머니의 낯선 표정과 무참하게 풀어져 있는 시선이 무섭기도 했다. 실감나지 않는 아버지의 죽음은 이렇게 우리 가족에게 영혼의 고통으로 매복해 들어오기 시작했다.

소식을 듣고 발이 푹푹 빠지는 눈길을 헤치고 온 마을 사람들이 황망하고 막막한 가운데 아버지 장례를 준비했다. 장례 날은 밤새 눈이 더 많이 쌓여 온 세상을 새하얗게 덮었다. 눈 쌓인 벌판 위로 시간이 흘러가고 있었다. 아버지가 하얀 눈밭에 발자국 한 점 남기지 않고 떠나가는 길을 우리 가족은 아무도 막지 못했다.

아버지의 상여는 초가집들이 포도송이처럼 조랑조랑 매달려 있는 듯한 마을 길을 지나고 들길을 지나 앞산으로 향했다. 중국식 솜두루마기를 속에 입고 겉에 삼베옷을 입은 남편이 아버지의 영정을 들고 맨 앞에 서고, 상여꾼들이 아버지의 관을 메었다. 상복 입은 남동생이 그 뒤를 따르고 어머니와 내가, 그리고 철없는 여동생들이 뒤를 이었다. 무섭도록 춥고 공활空豁한 마을 정경이 아버지의 넋을 홀연히 띄워 올리는 듯했다.

앞 산기슭에서 상여가 멈췄다. 산 중턱에 검붉은 흙이 눈 위에 토사물처럼 어지럽게 쌓여 있었다. 눈을 치우고 얼어붙은 땅을 곡괭이로 파고 관 넣을 자리를 만들기 위해 파헤친 흙더미였다. 하관 후 우리는 차례로 한 삽씩 눈 섞인 흙을 떠서 아버지의 관에 뿌렸다.

아버지는 우리 가족의 삶의 핵심이자 구심점이며, 기반이자 권역이었다. 그런 아버지를 어떻게 놓아줄 수 있겠으며, 어떻게 땅 속으로 보내드릴 수 있을까? 아버지의 관을 땅에 묻으며 어머니는 절망에 빠져 깊고 참혹한 슬픔으로 눈 위에 주저앉아 오열했다. 눈물의 파장은 기묘한 것이었다. 어머니의 애절한 통곡은 보는 이의 가슴을 쳤다. 남동생과 우리 자매들이 울었고, 문상객들도 눈물을 흘렸다. 추위로 꽁꽁 얼어붙은 땅과 하늘도 울었다. 문상객들이 엄숙하고 어두운 표정으로 아버지의 죽음을 향해 혀를 차며 한마디씩 했다. 그들이 머리를 절레절레 흔들며 어머니를 위로하는 내용은 비슷했다.

"어린 자식들 두고 이렇게 홀연히 가다니 야속한 사람입니다. 아주머니, 힘내세요. 참말로 아까운 사람이 가버렸구먼요. 죽은 사람만 불쌍하지 산 사람은 사는 겁니다."

아버지는 그렇게 가족들과 문상객들의 원망을 관 뚜껑에 듬뿍 얹고 차디찬 땅 속에 묻혔다. 아버지를 눈 쌓인 산기슭에 묻어 놓고 우리 식구들은 따뜻한 방으로 돌아왔다. 말도 안 되는 일이었다. 자책이 뼛속을 파고들었다. 그날 밤 가족들은 아무도 밥을 먹지 못했다. 무슨 짓을 해도 아버지를 다시 만날 가망이 없다는 절망에 사로잡혔다.

그때 아버지는 서른아홉 살이었다. 나는 청천벽력 같은 아버지의 죽음을 전혀 납득할 수 없었다. 아버지의 삶 속에 죽음이 있었다는 것을 받아들일 수 없었던 것이다. 아버지가 홀연히 소생하여 새로운 생명으로 다시 살아 올 것만 같았다.

요한의 가족은 예수님의 부활을 믿고 있었다. 아버지는 요한의 아버지와 각별한 사이였다. 언제 전도를 받았는지 식사 때나 잠들기 전에 꼭 기도를 했다. 아버지는 식구들에게 하나님을 믿으라고 강요하지 않았다. 아버지 자신이 하나님에 대한 확신이 없었는지, 아니면 식민지 백성이 남의 나라에 살면서 두드러진 신앙 행위로 주목받지 않게 하려 해서였는지 알 수 없다.

왜 사람이 죽어야 하는가? 어떻게 그렇게 허망하게 죽을 수 있는가? 아무리 생각해도 납득할 수 없었다. 아버지의 장례를 치르고 나서도 우리 가족은 아버지를 놓아드리지 못했다. 어머니는 차디찬 땅 속에 묻혀 있는 아버지가 우리 가족을 버리고 가신 부당한 처사를 용납할 수 없는 것 같았다. 세상을 떠난 아버지는 예정된 길을 가셨겠지만 남겨진 우리의 슬픔은 평생 지고 가야 할 멍에가 되었다. 무엇으로도 아버지의 자리를 메울 수도 대신할 수도 없기 때문이다.

아버지 없는 세상에서 사는 게 두려웠다. 아버지의 모습, 목소리, 아버지가 앉아 있던 자리, 이 모든 것들이 방금 전처럼 선명하기도 했고, 먼 옛날 일같이 아스라하게 느껴지기도 했다. 아버지는 가족을 위해 희생하고 또 희생했다. 그런 아버지가 없는 집안은 웃음을 잃었다. 식구들의 목소리는 아픔으로 갈라지고 떨렸다.

집안에서 힘 있는 가장인 아버지가 버텨 주지 않는 우리 집은 점점 희망을 잃고 표류했다. 남편도 아버지를 대신하기에는 너무나 젊었다. 아버지는 보통 사람이 아닌 신화적인 존재로 내 안에 자리 잡아가고 있었다.

아버지와 함께 살려고 광활한 만주벌판까지 찾아온 어머니는 3남매를 데리고 왔다가 이젠 5남매를 먹여 살려야 하는 과부 가장이 되었다. 어머니는 바람이 불지 않아도 등이 시렸을 것이다. 세상의 모든 칼과 창이 어머니의 심장을 찌르는 듯한 고통에 시달리며 뜨거운 공기에 겉만 말라가는 진흙덩이처럼 겉이 딱딱하게 굳어갔다.

어머니는 아버지의 상청(喪廳, 탈상 전까지 거실에 죽은 사람의 혼백을 안치해 둔 곳. 아침저녁으로 상식上食을 하고 초하루와 보름에 곡을 함) 밑에 추사 김정희의 시를 써서 붙여 놓았다.

어찌하면 월로月老에게 하소연하여
내세에 우리 부부 바꿔 태어나
내가 죽고 천 리 밖에 그대가 살아
이 서러움 그대에게 알게 할까요.

돌아보면 어머니의 눈에서 흘릴 수 있는 눈물은 그때 다 쏟아내며 눈물의 에너지로 순화시켰는지도 모르겠다. 자식들을 먹이고 입히고 살아야 한다는 오직 한 갈래 모정으로 고통과 불안을 채찍질했으리라.

아버지는 교육을 받지 못했다. 할머니가 학교는 물론 시골에선 일 년에 벼 한 말만 수업료를 내면 누구나 갈 수 있는 서당조차 가지 못하게 했기 때문이다. 하나밖에 없는 자식을 일자 무식쟁이로 만든 할머니! 그 할머니의 한은 그만큼 골이 깊었다. 할머니는 할아버지가 가사 짓는(글 쓰는 것을 지칭한 할머니의 표현) 일에만 혼을 빼앗기고 있는 것에 진저리를 쳤다.

무슨 글을 그렇게 많이 썼는지 알 수 없지만 할아버지는 날마다 먹을 갈아 한지에 붓으로 글을 써서 창호지로 끈을 꼬아 책을 만들었다. 그 책들을 궤짝에 차곡차곡 채우고 나면 또 새로운 궤짝을 가져다 채워, 할아버지가 기거하는 사랑방은 책궤로 발 들여 놓을 틈이 없었다.

할아버지는 양반은 양반이되 벼슬살이하는 양반은 못 되었다. 책 읽고 글 쓰는 데만 정신이 팔려 농사는 물론 집안 살림에 오불관언이었다.

할머니는 열 살에 민며느리가 되어 우리 가문에 들어왔다고 했다. 요새 세상에 태어났다면 미스코리아가 되었을 만큼 미색이 빼어난 분이었다. 할머니의 자녀들이 한결같이 한 인물 타고 난 것도 할머니의 외모를 닮아서이지 싶다. 열두 살이나 나이가 많은 신랑의 배필이 되어 민며느리로 들어왔다는 할머니! 할머니의 시집살이는 곧 뼈 빠지게 농사짓는 일이었다. 시어머니, 남편, 시누이 셋을 먹여 살려야 했다. 놉(일꾼)을 사고 품앗이를 하며 일 년 열두 달, 모로 뛰고 가로 뛰었다.

가을이 되면 할머니 몸은 열이라도 부족할 판이었다.

가을 날씨는 흐렸다 개었다 예측할 수 없어 여자의 마음 같다고 한다. 이런 날씨로 할머니는 해마다 추수철이면 곤욕을 치렀다. 그해도 가뭄으로 밭농사 소출이 형편없던 터에 아침에 청명한 하늘을 보고 참깨를 털어 마당 가운데 돗자리에 널어놓고 들에 나갔더란다. 앉은 사람, 선 사람이 모두 신발을 거꾸로 신고 뜀박질해야 하는 추수철, 부뚜막의 부지깽이도 일어선다는 철이다.

할머니는 밭고랑에서 갑자기 쏟아지는 소낙비를 만났다. 흠뻑 비를 맞으며 두 주먹을 갈라 쥐고 허겁지겁 사립문으로 들어섰지만 돗자리 위에 있어야 할 참깨가 몽땅 비에 떠내려 가버렸다. 할머니는 그 자리에 주저앉고 말았다. 일 년 먹을 양념이 흔적도 없이 사라져 버린 것이다. 할머니는 무심한 할아버지가 미웠다. 할머니를 보고 반갑다고 꼬리치는 강아지를 부지깽이로 후려치며 화풀이를 했다.

"누가 반긴다고 꼬리치고 지랄이냐? 참깨 떠내려가는 것 눈구멍으로 안 보이드나? 요놈의 강아지, 실컷 맞아 보그래이!"

"허허, 지아비가 글공부하는데 와 이리 소란인고? 그것, 하늘이 내리는 비를 누가 막을 끼고? 허어 참, 남사시럽게 지집 목소리가 담장을 넘는구마."

이러며 들창문을 열고 할머니를 나무라더란다.

할머니는 공부라는 말만 들어도 오장육부가 부글거렸다. 당신

자식에게만은 절대로 글공부 시키지 않겠다고 절치부심하며 강다짐을 하고 살았단다. 할머니는 아버지가 열 살이 되자 작은 지게를 맞춰 등에 지게 하고 나무 해오라고 등을 떠밀었단다. 농사짓고 나무 해다가 부모 처자식 등 따습게 건사하는 대장부가 되기를 소원했던 것이다. 아버지는 지게지고 농사짓는 일을 한사코 싫다며 막무가내였다.

"니가 아무리 싫다 캐도 땔감 해오지 않으마 밥 굶을 줄 알그래이. 퍼뜩 나가 나무 한 짐 해 오거라."

그날도 할머니는 아침을 먹고 난 아버지의 등에 지게를 걸쳐 주고 사립문 밖으로 내몰았다. 저녁밥 지을 때가 되어 아궁이에서 재를 퍼 가지고 잿간에 갔더니 아버지가 잿간에서 자고 있더란다.

"야야! 니 나무 하러 가지 않고 여게 박혀 있었나?"

할머니는 기가 막혀 야단도 치지 못했단다.

"어무이, 내는 농사꾼 되기 싫대이. 공부해가 월급쟁이 되고 싶대이"라고 하는 아버지에게 할머니는 더 할 말이 없었다. 그렇다고 공부를 시킬 처지도 못 되었던 할머니!

할머니는 당신 아드님이 이것도 저것도 아닌 철저한 반거충이가 되어 가는 모습을 바라보며 살았던 것이다. 아버지는 농사꾼 되기를 바라는 할머니의 소원을 저버렸다. 그런 아버지가 농사꾼으로 성공했다. 그제서야 할머니는 구부러진 허리를 펴고 살았다.

할머니의 소원대로라면 아버지는 가족을 위해 양식을 거둬들이는 농사꾼으로 살아야 했다. 그러나 아버지는 농사일에 흥미가 없는 데다 장가를 가고도 부부 금실이 별로 좋지 않았던지 집에 붙어 있는 날이 없었단다. 어쩌다 집에 돌아와도 사랑방에서 할아버지와 자고 새벽바람에 나가곤 했다.

마을 아주머니들은 아버지와 어머니가 공방살이 들었다고 수군댔다. 시집 온 다음 날부터 어머니가 할 수 있는 일은 아버지가 들고나는 뒷모습만을 바라보는 것이었다. 아버지가 만주로 가기 전, 도시에 나가 무슨 사업을 하려 했는지 알 수 없지만 할아버지께 논 몇 마지기를 팔아 사업 자금으로 쓰게 해달라고 조른 적이 있었단다. 아버지의 계획은 할머니의 반대에 부딪혔다. 할머니로 말하자면 땅은 목숨이나 다름없었다.

할머니는 부모를 일찍 여읜 데다 찢어지게 가난한 집 맏딸이었다. 동생들이 굶주림으로 광대뼈가 불거져 나오고 뱃가죽이 올챙이배처럼 팽팽해졌다가 시름시름 죽어가는 것을 대책 없이 지켜보며 내장을 잘라내는 것 같은 고통을 겪었다. 그런 할머니를 가엾게 여긴 이웃의 주선으로 민며느리로 시집온 것이다. 그러니까 목숨을 부지하기 위해 나이 많은 할아버지의 어린 색시가 된 것이다. 할머니와 고모들까지 가세한 맹렬한 반대로 아버지는 한 평의 땅도 처분할 수 없었다. 아들의 간청을 들어줄 요량으로 반승낙했던 할아버지는 슬그머니 뒤로 물러서버렸다. 그런 집안 분위기에서 아버지는 집에 머물 수도 없었다.

어느 새벽, 아버지가 괴나리봇짐을 싸서 방을 나서고 있었다. 어딘가 먼 곳으로 가기 위해 준비한 모습이었다. 어머니는 그 순간 아버지의 소맷자락을 붙잡으며 절박하게 외쳤다.

"어디를 갈라꼬 그라십니꺼? 지도 델꼬 가시이소예."

어머니는 큰 소리를 낸 자신의 목소리에 스스로 놀랐다.

살그머니 짐을 챙겨 나가려던 아버지는 식구들이 알면 시끄러워질 것 같은 생각이 뇌리에 스쳤다. 말없이 순종만 하는 사람으로 생각했던 어머니의 돌연한 행동에 놀란 아버지는 할 말을 잃고 팔을 털며 다급하게 말했다.

"조용히 하그라. 그라고 이 손 놓그라! 놓으라니까!"

어머니는 아버지의 옷소매를 두 손으로 더욱 움켜쥐며 이런 말을 했다.

"못 놓겠십니더. 지는 시집 와가 일 년 삼백육십오 일 당신 오가는 그림자만 보고 살았니더. 그란데 이렇게 말도 읎시 짐을 싸가 가실라 카믄 어디로 가시는지, 언제 돌아오실 긴지, 말을 하고 가야지 않겠습니꺼?"

어머니 말은 구구절절 옳았다. 지렁이도 밟으면 꿈틀 한다더니 이래도 저래도 가만히 있으리라 여기고 있던 어머니의 태도에 기가 질려 아버지가 주저앉고 말았다.

"그렇구먼. 당신 말이 맞다. 내는 중국 만주로 갈 기다. 거길 가도 내를 기다리는 사람이 있는 것도 아이고, 내사 만주 가가 살 궁리를 해볼 기다. 언제 돌아오게 될지 그건 내도 장담헐 수 읎구마. 자리 잡으마 형편 봐가 편지할 기라. 내사 당신이 싫어가 이라는 기

아이다. 내 맴이 항상 편치 않으이 그랬구마. 내를 잡지 마라. 돌아올 기다. 약속하제."

이런 말을 하고 아버지가 떠났을 때 어머니는 나를 잉태하고 있었다.

한반도를 점령하고 끊임없이 대륙 약탈을 도모하던 일제는 오족협화五族協和라는 허울 좋은 동아시아의 평화정책을 화려하게 부르짖었다. 만주족, 중국의 한족, 조선인, 몽골인, 일본인 등 다섯 민족이 하나로 화합하여 아시아의 '극락 왕토'를 이룰 수 있는 곳이 만주라고 선전했다.

아버지는 일제의 선전에 현혹되었다. 아버지의 꿈을 실현시켜줄 수 있는 곳이 만주라고 확신하며 무작정 만주행 표를 끊어서 기차에 올랐다. 어차피 세상에 태어난 한목숨, 사는 것, 죽는 것이 한바탕 꿈이라고 생각했다. 개똥밭에 굴러도 만주로 가서 굴러 보겠다고 작심하고 고향을 등졌다. 막상 기차를 타고 보니 눈물 나도록 슬픈 모습의 사람들이 여기저기 괴나리봇짐에 얼굴을 쑤셔 박고 있었다. 그런 모습들을 보면서도 아버지는 새로운 땅에 가서 새로운 인생을 개척하겠다는 욕망의 화신이 되어 절치부심했다. 아버지를 실은 무쇳덩어리 완행열차는 정거장마다 가다 쉬고, 가다 멈추기를 거듭했다. 열차가 북으로 달려가는 속도를 따라 욕망을 실현시킬 밑천이 없는 아버지의 꿈에 무쇳덩어리가 얹혔다.

아버지는 중국말 한 마디 못 하는 처지로 생면부지 타국에 가서 무엇을 하며 살지 막막했다. 신의주에서 내렸다. 돈벌이도 하고 중국말도 배울 수 있는 길이 없나 여기저기 기웃거렸다. 중국 식당이 보였다. 북경반점이라는 간판을 보고 들어갔다. 키도 훤칠하고 인물이 번듯한 아버지가 중국집 주인에게 무엇이든 시키면 열심히 하겠다며 사정했다. 말은 통하지 않았지만 아버지의 간절한 표정을 보고 알아들은 듯, 자장면 배달 종업원으로 받아 주었다.

아버지는 무엇보다 만주에 가서 중국말을 배울 생각이었다. 처음에는 먹이고 재워 주는 조건이었으나 열심히 중국말도 익히고 꾀부리지 않고 일하는 것을 본 주인이 월급도 주었다. 쥐꼬리만 한 월급을 착실히 모았다. 2년 동안 만주로 갈 준비를 했다.

자수성가

아버지가 만주에 도착했을 때는 밀이 익어가는 오월이었다. 보릿고개는 만주에서도 조선과 다를 바 없어 어디를 가도 밥 한 끼 얻어먹을 수 없었다. 아버지가 김천에서 기차를 타며 기대했던 모든 꿈은 한낱 헛된 꿈과 다름없는 현실과 직면하게 된 것이다.

많은 한국인과 중국인이 부역자로 강제 동원되어 부설한 만선철도(滿鮮鐵道, 부산에서 서울과 신의주를 지나 만주를 관통하는 철도)는 죽음의 현장이라 할 만큼 악명 높은 공사 현장이었다.

아버지는 철도 부설 현장 노무자로 일자리를 얻어 조밥, 옥수수밥으로 끼니를 때우며 중노동을 했다. 농토를 빼앗기고 한반도에서 추방되어 온 농민들 외에도 중국인 노역자들이 강제노역을 하고 있었다.

철로가 길어지는 거리와 비례하여 죽어 가는 노역자들도 늘어

갔다. 침목에 깔려 죽고, 터널을 파기 위한 폭약에 폭사하고, 토사에 묻혀 죽고, 다리를 놓다가 강물에 빠져 죽고, 돌을 캐다가 돌에 맞아 죽고, 영양실조로 죽고, 얼어 죽고, 일사병으로 죽고, 일본인 십장의 매를 맞아 죽고, 죽고, 죽고…….

그렇게 이름 없이 죽어간 노역자들이 숨 가쁘게 건설한 중국의 모든 철도 이권은 일제의 손아귀에 있었다. 철도는 중국 땅을 유린하고 중국인을 살육하는 관동군과 무기를 실어 날랐다. 광활한 중국 대륙에서 소출되는 막대한 농산물과 지하자원을 수탈하여 일본으로 가져가는 문명의 이기로도 이용되었다.

아버지는 그 노역 현장에서 중국인 친구를 사귀게 되었다. 철로 부설 공사가 끝나자 귀향하는 중국인 친구가 아버지의 일자리를 마련해 주었다. 아버지는 중국인 지주의 장원에서 허드렛일을 하기 시작했다. 온갖 천대와 설움이 기다리고 있었다.

세월은 무람없이 흘러가는데 생각할수록 앞길이 암담하기만 했다. 무엇을 해야 돈을 벌어 살 길이 열릴지, 백날 생각해도 뾰족한 수가 떠오르지 않았다. 소도 비빌 언덕이 있어야 비빈다는데, 아버지에겐 비빌 언덕이 없었다. 그런 아버지의 눈에 사람의 손길이 닿지 않은 묵은 쑥밭이 들어왔다. 황무지 같은 쑥밭은 끝없이 펼쳐져 있었다. 매인 몸인지라 낮에는 동가촌東家村에서 일하고 밤이 되면 쑥을 뽑아낸 자리에 메밀 씨앗을 얻어다 파종해 보았다. 달 밝은 밤이나 칠흑 같은 밤에도 일손을 놓지 않았다. 땅은 비옥하지 않았지만 메밀은 토질이 나쁜 곳에서도 잘 자랐다. 메밀은 아버지의 손끝을 배신하지 않고 튼실한 열매를 맺어 주었다. 그렇게 한 해를 보낸 아버지는 수확한 메밀을 밑천으로 더 많은 황무지를 일궈 밀과 메밀을 심었다. 아버지는 황무지 같은 땅을 찾아 십 리, 이십 리, 백 리 길을 멀다 하지 않고 쓸 만한 땅을 물색하러 다녔다. 아버지의 발품은 헛되지 않았다.

벼농사를 지을 수 있는 늪지와 초지도 있었고, 사람 손길이 미치지 않은 묵은 땅이 이르는 곳마다 아버지의 눈과 마음을 사로잡았다. 그렇게 아버지는 경작지를 늘려 가면서 한인들이 집단을 이루고 사는 박가촌에 둥지를 틀었다.

자수성가라는 말에는 혹독한 노동, 굶주림, 외로움, 서러움, 목마름의 고통이 굽이굽이 서려 있다. 아버지는 농사꾼 되기 싫다고 집을 나왔었다. 그러나 아버지를 기다리고 있는 일은 고된 노역뿐이었다. 미래가 보이지 않아 암담했던 아버지에게 농사는 심고 가꾼 만큼의 수고에 수확의 결실을 가져다주는 정직함을 보여 주었다. 아버지가 자수성가하기까지 얼마나 신산한 삶을 살았는지, 아버지의 손과 발이 그 족적을 말해주고 있었다. 밤을 낮 삼아 농사에 매달린 아버지의 손은 거북 등 같았고, 발은 낙타가죽 같았다.

아버지는 가산이 풍족해진 뒤에도 죽는 날까지 일손을 놓지 않았다. 아버지가 메밀과 밀 농사를 짓다가 습지를 돋우고 보를 막고, 수로를 만들고, 물을 끌어들여 벼농사를 지어 추수를 마치자 그곳 중국인들이 아버지의 영농기술에 탄복했다. 아버지는 중국인들에게 벼농사 짓는 법을 가르쳤다. 그들은 밀이나 옥수수 농사 외에 벼농사를 몰랐다. 건강한 몸 하나뿐인 아버지는 해가 갈수록 소출이 많아져 맨주먹으로 달려갔던 만주 땅에서 해마다 농지를 늘려 갔다. 중국인들이 아버지의 개간지에 눈독을 들이며 소유권을 넘기라 했지만 아버지는 그런 중국인들과 좋은 관계를 맺었다.

아버지는 산이나 들이나 어디든 뿌리 내릴 흙만 있으면 뿌리를 박고 잎을 피우는 잡초처럼 모진 시련에도 싹을 틔우고 꽃을 피우는 인고忍苦를 마다하지 않았다. 성공하기 전엔 고향에 돌아가지 않겠다고 강다짐을 하고 떠나온 뒤 연락조차 두절하고 살았다.

할 일은 많고 일손은 부족하여 쩔쩔매던 무렵, 아버지 곁에 저우라는 중국인이 스며들었다. 그는 감옥살이를 하고 출소한 전과자였다. 오갈 데 없는 떠돌이로 일자리를 찾아 헤매고 다닌다며 그는 아버지 밑에서 농사를 배우겠다고 했다. 아버지는 한동안 그에게 농사일을 가르쳤다. 하지만 그는 험한 노동을 해보지 않아 일손이 몹시 서툴렀다. 열심히 일을 하고는 있었지만 번번이 산통을 깨는 일이 많아 아버지의 일을 돕는 게 아니라 오히려 방해가 되었다.

“저우 씨, 농사일은 아무나 할 수 있는 일이 아닙니더. 다른 일을 찾아 보이소.”

참다 못한 아버지가 여비를 주며 말했다.

저우가 아버지 앞에 한쪽 무릎을 꿇었다. 그는 땀을 뻘뻘 흘리면서 학질 걸린 사람처럼 떨었다. “하늘에서 벼락이 떨어져 저를 박살내기 전에는 대인 곁을 떠나지 않을 겁니다”라며 고개를 빠르게 내젓더니 사연을 털어놓기 시작했다.

그의 부친은 가난한 시골 농부의 독자였다. 딸만 줄줄이 낳다가 어렵게 얻은 아들이 굶주리는 것을 보다 못한 조부가 어찌어찌 연줄을 넣어 도시의 목재상에 잔심부름꾼으로 보냈다. 그 시절 농촌 사람이 도시로 나가기란 그림의 떡이었다. 아들을 도시로 취직시킨 조부모는 마을 사람들의 부러움을 샀지만, 겨우 밥만 얻어먹는 열네 살짜리 심부름꾼 처지에 불과했다.

잠시 한눈 팔 틈도 없이 온갖 잔심부름을 해야 했다. 하루 종일 톱밥을 치우다 보면 머리부터 발끝까지 톱밥을 뒤집어쓰기 일쑤였다. 밤이 되어도 작은 몸뚱이 뉠 자리가 없어 톱밥 위나 목재 틈새 등 아무데나 쪼그리고 눕는 곳이 잠자리였다. 손발이 갈라져 피가 나도 아프다고 말할 사람도 없었다. 견디기 어려운 고통을 겪으며 잔뼈가 굵어지는 동안 목재 다루는 방법을 익혔다. 성실하게 일하는 진심이 통했던지 목재상 주인의 신임이 두터워져 갔다. 목재 거간꾼들과 주인을 대신하여 벌목장을 오르내리며 목재 거래의 요령을 터득했다. 스물한 살 때 조그맣게 목재상을 차렸다. 가난을 대물림하지 않겠다고 절치부심하던 그의 부친에겐 남다른 사업 수완이 있었던지 날로 사업이 번창했다. 그의 부친은 목재업뿐 아니라 손대는 사업마다 성공하여 여러 계열사를 거느린 부호가 되었다.

자수성가한 그의 부친은 하나밖에 없는 아들에게 유난스러울 정도로 엄격했다. 성적이 왜 그 모양이냐? 못된 친구와 어울리지 마

라. 열 살 때나 스무 살 때나 똑같으니 언제나 철이 들래? 겉멋만 들어가지고 쯧쯧……, 눈에 띄기만 하면 잔소리를 했다. 시험점수가 나쁘다고 종아리에 피가 배도록 때리는 것은 다반사였다.

저우는 아버지에게 자식이 얼마나 형편없는 바보인지 증명하려는 듯 매사에 빗나갔다. 대학에 들어가고 싶지 않아 빈둥거렸는데 아버지가 뇌물을 주고 시시껄렁한 대학에 입학시켰다. 그것도 경영학과였다. 놀기 좋아하는 친구들과 어울리면서 4년을 마칠 때까지 경영의 '경' 자도 헷갈렸다. 어머니의 돈주머니가 그를 쾌락밖에 모르는 자식을 만들었다.

아버지가 막대한 대학발전기금을 기부하여 그는 졸업생 명단에 올랐다. 대학 졸업 후 아버지는 아들에게 사업의 기초부터 가르쳐 가업 승계 수업을 시키려 했다. 그는 아들을 말단사원으로 발령했다. 벌목장 목재관리직이었다. 저우는 아버지를 원망했다. 원망의 크기만큼 목재를 빼내어 판 돈으로 주색에 빠지며 마작 판을 드나들었다. 아버지의 호된 질책에 그는 아버지에게 대들었다.

"아버지가 저를 자식이라고 생각하고 있기나 합니까? 자식을 벌목장으로 귀양 보내는 아버지가 어디 있답니까? 제가 아버지 자식이라면 능력을 키울 수 있는 부서를 맡겨야죠. 벌목장에 보내려고 대학 공부시켰습니까? 저는 거기서 할 일이 없습니다. 허랑방탕하게 노는 것 말고 뭘 하라는 겁니까?"

그는 아버지의 어리석음을 통렬하게 비판하고 싶었다. 아버지의 위선과 싸구려 교육을 마음껏 욕해 주고 싶었다. 그의 모든 행위는 바로 아버지를 비웃어주는 것이었다. 자식에 대한 아버지의 기대를 산산이 부숴 버리고 싶었다.

아버지는 아들을 바라보며 속이 타들어가는 듯 냉수를 벌컥벌컥 들이켰다. 아들의 속내를 짐작하면서도 아들을 버릴 수 없었기에 그를 인사과로 발령했다.

인사과에 자리를 잡은 저우는 눈에 거슬리는 직원은 가차 없이 잘라냈다. 모두 유능한 직원들이었다. 아첨배들과 무능한 직원들 떼거리가 그를 옹위하고 있었다. 회사 조직이 휘청거렸다. 그래도 아들을 버릴 수 없었던 아버지는 그를 경리과로 배치했다. 돈 귀한 줄 모르고 자란 그가 경리과에 근무하며 한 일은 회사 돈 횡령하는 것이었다. 그의 수중에 들어간 공금은 패가망신의 길잡이가 되었고, 회사는 자금난에 허덕이게 되었다. 마침내 참을 수 없었던 아버지는 그를 엄히 추궁하며 책망하고는 해직시켰다.

여러 날이 지나지 않아 술망나니가 된 저우는 아버지를 죽이겠다며 폭행했다. 자식을 개과천선시키려는 그의 아버지가 존속폭행 및 공금횡령으로 그를 고발했다. 판사는 5년 형을 선고했다. 세상에서 지켜 온 모든 것이 '수인 번호 585'로 압류된 감방은 그에게 유예된 사망선고와 다름없었다. 좌절감과 배출구 없는 분노가 그의 몸과 마음을 갉아먹고 있었다.

감옥에 들어가 새사람 되어 나오기를 바란 그의 아버지가 면회를 갔다. 아들을 만난 그가 말했다.

"저우야, 내가 너를 감옥에 보낸 것은 네가 미워서가 아니다. 제발 개과천선해라."

저우는 한마디로 아버지의 말을 잘라냈다.

"뭐라고요? 당신은 내 아버지가 아닙니다. 내 아버지는 누굽니까? 자기 자식을 감옥에 보내는 아버지가 어디 있습니까? 내 앞에 나타나지 마세요."

그는 아버지에 대한 원망과 분노의 이중 톱날을 갈며 돌아섰다.

수감생활을 하는 동안 그는 여러 수인을 만났다. 폭력 전과로, 사상범으로, 하늘이 무너지게 억울한 일을 당해 원수를 갚은 살인죄로, 사기죄로, 절도죄로 수감된 수인들이었다.

그가 처음 감방에 들어갔을 때, 방 안의 좌장 격인 중년 사나이가 그에게 죄목을 물었다. 그는 자신의 죄를 숨김없이 말했다. 숨겨봤자 나중에 다 들통날 것 같아서였다. 방 안에 있던 죄수들이 혀를 끌끌 찼다.

"야, 이 똥 돼지 같은 새끼야, 너는 5백 년 감방살이를 해도 철이 들기는 영영 글른 놈이로구나. 어이구, 그냥……."

이러며 좌장은 그의 머리통을 힘껏 쥐어지르고 사납게 말했다.

"585호! 여기엔 엄격한 질서가 있다. 넌 저쪽 구석 변기 옆으로 가라. 너 같은 놈은 그 자리도 황송하게 여겨야 한다. 난 말이다, 어린 자식새끼들 사흘을 굶기다가 감자 한 바가지를 훔쳐 절도죄로 감방 신세가 됐다. 자식들이 걱정되어 탈옥을 시도하다 실수로 교도관을 살해하여 장기수가 되었단 말이다. 그러니까 감자 한 바가지가 나를 살인범으로 만든 셈이지. 이 방은 너같이 철딱서니 없는 인생을 철들게 하는 특수학교다. 너 같은 식충食蟲이는 밥 먹을 자격이 없다. 오늘부터 3일간 식사 금지다!”

그렇게 시작된 감방 생활은 이 사람 저 사람에게 채이고 얻어터지며 고문보다 더한 지옥살이였다. 한 해 두 해 지나는 동안 저우는 자신이 경멸받아 마땅한 인간이라는 생각이 들었다. 그는 어려서부터 괴물이었다. 어떤 무리한 요구를 해도 안 되는 게 없었다. 막무가내로 떼만 쓰면 허겁지겁 들어준 어머니의 자식교육 부재가 초래한 결과였다.

세상에 태어나서 저지른 자신의 행위가 얼마나 소름 끼치는 행위였는지 돌아보았다. 적절하고 바람직한 일이나 가치 있는 일을 한 적이 단 한 번도 없었다. 후회스러워 발버둥치고 싶은 일뿐이었다. 아버지에게 품어 온 분노가 차츰 녹아 내렸다. 인생을, 젊음을 엉망진창으로 만들고 나서 뒤늦게 세상이 보였다. 햇빛 한 줄기 들지 않는 어두운 감옥에서 5년 형기를 마쳤다. 출소한 그는 아버지가 바라던 대로 개과천선하여 뒤늦게 철이 들었다. 그는 자기 입으로 의절을 선언한 아버지를 감히 찾아갈 수 없었다. 비겁하고 역겨운 불망나니 세월을 속죄하려면 죽도록 일하는 것이 마땅하다는 생각에 막노동판을 전전했다.

그 무렵, 저우는 일꾼이 필요하다는 말을 전해 듣고 아버지를 찾아왔다. 그는 농사에 대해 아는 것이 전혀 없었다. 그럼에도 아버지를 따라 삽과 괭이를 들고 다니는 가운데 농사짓는 일이야말로 자신의 마음을 정화시켜 주는 가장 신성한 일임을 깨달았다고 고백했다. 그의 진솔한 참회를 들은 아버지는 차마 그를 내칠 수 없었다. 오히려 기특하게 여겼다.

어느 날, 호인 풍의 중국인 한 사람이 아버지를 찾아왔다. 장춘에 살고 있는 어느 분이 아버지를 꼭 만나고 싶어 하여 모시러 왔다며 동행해 주기를 간곡히 청했다. 아버지를 태우기 위해 보내 온 마차는 지체 있는 귀인이 아니고는 타고 다닐 수 없는 마차였다.

당시 만주의 장춘은 일본이 중국 대륙에 세울 또 하나의 신생 일본제국의 수도로 개발하면서 도시 이름을 신경新京으로 개칭했다. 신경특별시는 첨단 도시 건설을 목표로 구획 정리를 하고 일본 도쿄에 못지않은 계획도시를 조성했다. 전기와 상수도 망을 구축했으며 아시아 최고의 수세식 화장실까지 설치했다. 만주국은 조선, 일본, 중국의 수백만 인구와 지식인들을 빨아들여 개발시킬 '동양의 이상향'이 될거라고 선전했다. 제국 군대의 장교와 관료들과 상인들의 고급주택이 즐비하게 들어섰고, 일본의 자본가들은 신도시 투자에 열을 올렸다.

아버지가 장춘의 대저택에 이르러 만난 사람은 저우의 부친이었다. 저우의 부친은 막대한 재산가이자 거부였지만 아들이 돌아오기만을 기다리며 부정父情으로 애태우고 있는 초라한 노인이었다. 저우의 부친은 아버지를 만나자 깊이 머리 숙여 정중하게 절하고 이런 말을 했다.

"못난 자식을 둔 아비입니다. 전생의 원수가 자식의 인연으로 만난다는 말이 있습니다. 빼도 박도 못하는 인연, 원수를 외나무다리에서 만난 인연과 같은 셈이지요. 자식을 감옥에 보내고 하루도 발 뻗고 잔 날이 없습니다. 그대로 두면 가업도 망하고 자식도 사람 노릇 못할 것 같아서 그랬습니다. 자식 때문에 한동안 회사가 휘청거리기도 했으나 지금은 장춘 신도시 개발에 필요한 건축자재를 납품하며 회사는 이전보다 더 많은 부를 축적하게 되었습니다. 저우가 출옥하는 날부터 그 애 모르게 사람을 붙였습니다.

대인 밑에서 농사짓는 모습을 내내 지켜보았습니다. 사람이 사는 길을 제대로 가르쳐주셔서 감사합니다. 그만하면 사람 구실할 것 같은데 자식 앞에 제가 불쑥 나타나면 당황해 할 것 같아 생각 끝에 이렇게 모셨습니다.

제 자식이 집에 돌아와 가업을 이을 수 있도록 도와주십시오. 피땀 흘려 이룬 가업을 자식에게 물려주어야 안심하고 눈을 감을 것 같습니다."

저우 부친의 대접은 아버지로선 너무나 과분하고 극진했다. 해거름부터 시작한 만찬은 새벽 세 시가 되어서야 끝났다. 자수성가하며 온갖 간난신고를 겪은 저우 부친의 사연은 밤이 새도록 들어도 다 끝날 것 같지 않았다.

저우의 가문은 본래 명말청초明末淸初, 그러니까 청나라가 건국

되던 시기에 선대 어른이 중국으로 이주한 한국인이라고 했다. 청나라 이전, 명나라, 원나라, 당나라 시대로 거슬러 시대마다 수많은 한국인이 중국으로 이주해 살았다고 한다. 그런 한인들이 누대累代를 거치면서 중국에 동화되어 한인이라는 증거는 족보밖에 남아 있는 것이 없다고 했다. 그는 같은 민족을 만났다며 즐거운 꿈을 꾸는 듯한 미소를 지었다.

아버지는 집에 돌아와 저우에게 자초지종을 말하고 저우를 설득했다. 아들이 돌아오기를 기다리는 부친의 간곡한 마음을 전했지만 저우는 죄책감에 갇혀 좀처럼 헤어나오지 못했다. 며칠이 지나자 철벽같이 다물고 있던 입을 열어 그가 말했다.

“저 같은 탕자는 가업을 이을 자격이 없습니다. 회사를 맡으면 또 망가뜨리기밖에 더 하겠습니까? 저 같은 자식을 자식이라고 기다리는 부친을 뵐 면목이 없습니다.”

그는 끝내 돌아가지 않았다.

저우는 무서운 의지와 수고로 고된 노역을 감당하고 있었다. 아버지는 그의 속마음을 읽을 수 있었다. 자신이 풍요로움에 빠지면 다시 허랑방탕한 삶으로 돌아갈까 싶어 스스로 견제하고 있는 것이었다. 건강한 죄의식이 그의 인생에 나침반이 되었다. 그는 말없이 몸이 부서지도록 일만 했다. 저우가 자기 집으로 돌아간 것은 부친이 위독하다는 연락을 받고 나서였다. 부친의 기업을 맡은 저우의 숨어 있던 사업 수완은 놀라울 정도였다. 농사가 땀 흘리는 수고라면 사업은 수완이 좋아야 한다. 저우의 어느 구석에 그런 수완이 있었는지 아버지는 감탄했다. 일본이 만주국을 세운 시대가 저우의 기업이 호황을 누릴 호기好機를 제공했을 것이다.

만주의 토착농민들은 황무지 개간을 하겠다고 온 초기 일본인 신세계개척단들을 환영했다. 씨앗을 나눠주고 농사법을 가르쳐주었다. 초기 이주자들이 자리를 잡고 정착해 가자 일제는 점점 더 많은 개척단을 보냈다. 시간이 지나면서 일본인들은 본색을 드러내기 시작했다.

그들은 황무지 개간에는 관심이 없었다. 만주 지역 농민들의 기름진 전답을 겨냥하여 공공연하게 약탈을 자행했다. 개척단이 도착한 지역에는 일본식 목조 가옥들을 건축하고 일본인 부락을 조성했다. 일본인은 누구나 마음에 드는 농토에 일정 기간 말뚝을 박아놓고 점유하고 있으면 그 땅의 소유권을 인정하는 제도까지 만들었다. 농민으로 위장한 야쿠자나 실업자, 불만분자, 낭인 등이 토지를 강탈하는 것을 방조하는 제도였다. 날강도가 따로 없었다. 야쿠자들은 마음 내키는 대로 총기를 들이대고 농민들을 위협하여 농토를 강탈했다. 저항하면 가차 없이 살육했다. 그들은 피에 굶주린 야차 같았다.

그들은 약탈한 전답을 헐값에 팔아 현찰을 챙기는 데만 혈안이었다. 저우는 그런 농지를 기회가 주어지는 대로 모조리 사들여 아버지에게 경작을 맡겼다. 그 시절 지주들의 소작료 수탈은 엄혹했지만 저우는 그러지 않았다.

이웃 중국인 마을은 농지가 넓고 많은 주민이 살고 있었다. 어느 날 무장집단인 관동군 장교가 병사들을 거느리고 그 마을에서 가장 잘 사는 집으로 쳐들어갔다. 장교는 다짜고짜 집 주인을 총검으로 찌르고는 마당으로 던졌다. 그들은 주인 아낙네와 자녀들도 잔혹하게 살해했다. 마을 주민들은 공포에 떨며 맨주먹으로 도망가고 있었다. 광포한 관동군의 눈에 중국인은 사람이 아니었다. 관동군은 그 마을 주민들을 모조리 살육했다. 마을의 흔적을 없애려고 가옥들을 모두 불태우고 중국인 소유의 전답을 약탈했다.

어떤 마을에서는 협상하자는 거짓말로 토착농민들을 마을 한가운데 광장에 모이게 하고 사냥감 몰이하듯 화전민 지역으로 몰아내는 만행도 서슴지 않았다. 관동군 병사들은 중국인 죽이기 내기까지 했다. 관동군이 무소불위의 탈법과 악행을 자행하는 가운데 악명 높은 생체실험을 한 곳도 바로 만주다.

저우는 일본인을 지독하게 증오했지만 속마음을 잘 드러내지 않는 특유의 상술로 일본인 건설회사와 활발하게 거래했다. 그는 건축자재를 팔면서 심한 갈등을 느끼기도 했다. 시대의 명암 가운데 침략자들의 건설경기가 계속되는 동안 저우의 자산은 막대하게 불어났다. 저우의 창달은 아버지에게 더 많은 부를 가져다주었다.

아물지 않을 상처

조국을 잃은 한인들의 만주 이주 초기는 농토를 빼앗긴 농민들의 유랑이민이었다. 일제는 한인 농민들을 만주로 추방하기 위한 술수를 부려 중국 대륙 정복의 전초기지를 만들려 했다. "누구든지 만주에 가서 황무지를 개척하는 한국인은 일등국민인 일본인과 동일한 권리와 자격을 주겠다"고 공시했다.

한국인들의 만주 이주가 열병처럼 퍼졌다. 수많은 한국 농민이 만주로 이주하여 한인촌을 조성했다. 그러자 한인들은 일제가 예기치 못한 방향으로 결속되어 갔다. 독립운동에 족쇄가 채워져 쫓기던 애국지사들이 만주로 이주하여 한인촌마다 교육기관을 세웠다. 그들은 조선에서 가르칠 수 없는 한글과 역사를 가르치며 독립정신을 불어넣었다. 만주에서 한인촌을 중심으로 항일 독립군 조직이 생겼으며, 독립운동이 불길처럼 번졌다. 봉오동전투, 청산리 전투를 비롯하여 관동군 300명을 일시에 척살하는 등 여러 곳에서 혁혁한 전공戰功을 세우기도 했다.

1932년, 일제는 간도파견대와 관동군을 증강하여 항일운동의 뿌리를 뽑기 위해 1년 동안 300여 회에 달하는 토벌전을 벌였다. 20여 개의 한인 마을을 불태워 없애고 잔인한 대학살을 저질렀다. 중일전쟁에서 승리한 일본제국은 한국인들의 항일투쟁의 씨를 말리려 들었다. 만주육군사관학교 출신, 간도파견대에는 한인 장교와 신동철 같은 첩자들이 적지 않았다. 그들은 동족의 가슴에 총부리를 겨누고 피 흘린 죄를, 조국의 독립운동을 단죄한 죄를, 일제의 한반도 식민 통치가 백 년은 더 가리라 믿으며 저질렀을 것이다.

일제의 대대적인 토벌전으로 항일운동은 위축되어 갈 수밖에 없었다. 수많은 사상자가 발생하고 독립운동의 근거지를 잃은 독립군들이 체제 정비를 하게 되면서 시동생은 팔로군(인민해방군의 전신)에 합류했다.

그때부터 시동생은 마오쩌둥의 충성스런 혁명전사가 되었다. 1934년, 마오는 장제스에게 패주하여 정강산井岡山으로 들어갔지만 안전지대가 아니었다. 마오는 서북 지역으로 이주해야만 했다.

1934년 10월 16일, 마오가 6,000킬로미터의 전술적 대장정을 선택했을 때, 시동생은 홍군의 선봉에서 진군했다. 10대의 홍군들은 밤새도록 행군해도 피곤한 줄 몰랐다. 배고픔을 면하려고 버섯이나 칡뿌리를 캐 먹고, 도토리, 상수리 열매, 송홧가루를 물에 타 마시고, 잠 못 자고 늪지와 삼림 속을 눈비 맞으며 강행군했다. 평균 하루 한 번은 전투를 했다. 시동생은 여러 차례 중경상을 입었지만 기적적으로 목숨을 부지했다.

홍군은 농민이 20세기 중국 혁명을 완수할 주력군이 될 거라는 마오의 확신을 믿었다. 그들은 도시를 우회하여 농촌을 점령하고 해방구를 선포했으며, 대장정의 보급기지를 확보함과 동시에 점령지마다 공산주의 농촌 소비에트를 조직했다. 농민들은 홍군을 항일 전쟁의 승리를 위한 용사들로 환영했고, 대장정만이 중국 인민을 살리는 길이라고 확신했다.

장제스는 일본의 침략에 시달리며 양자강 하류의 여러 성省 방위에 집중하느라 농촌의 혁명적 변화에 대처하지 못했다. 그는 홍군이 양자강 대도하 작전에 돌입하자 '최후의 소탕전'이라는 기치를 들고 100만 명의 백군을 동원, 10분의 1도 안 되는 홍군을 전멸시키려 했다.

그때 소련의 스탈린도 장제스와 보조를 맞춰 홍군을 협공했다. 스탈린은 중국이 양자강을 중심으로 마오와 장제스 세력으로 분할되게 하여 중국의 힘을 약화시키려 했음이 훗날 밝혀지기도 했다.

시동생은 지구상에서 가장 험난한 여정 2만 5천 리를 368일 동안 걸어서 하북성河北省의 만리장성 북쪽에 도착, 마침내 대장정을 마쳤다. 백군은 홍군에게 번번이 패했다. 결과적으로 홍군에게 무기와 군량미를 지원하는 보급부대 역할에 불과한 토벌전을 벌인 셈이었다. 대장정을 성공시킨 홍군의 평균 나이는 20대 초반이었다.

장제스의 1차 목표는 오직 공산군 척결이었다. 그의 항일 무저항 전략은 일본제국에 철저하게 이용당하여, 중국 전 영토의 4분의 1을 일제가 점령했다. 철도는 총 연장 40퍼센트 이상, 주민이 살지 않는 땅은 85퍼센트를 차지했고, 석탄 및 철강 자원의 75퍼센트, 울창한 삼림자원의 37퍼센트와 수출무역의 40퍼센트를 빼앗아갔다.

일제의 수탈과 가뭄으로 인한 기근에 시달리던 어느 현은 주민의 3분의 2가량이 굶어 죽는 바람에 농사꾼이 없어 전답이 황무지가 되기도 했다. 그런 전답들은 지주나 관리들의 손으로 넘어갔다. 국민당은 지주, 관리, 고리대금업자들을 보호하는 정책으로 일관했다. 지주들에게 빚을 지고 살 수밖에 없는 농민들은 지주의 소유물이 되어 노예와 다를 바 없는 신세가 되었다.

그 무렵 국민당 간부로 있는 남편 친구가 뜬금없이 찾아왔다.

"들었는가? 홍군이 점령한 해방구에서는 농민들 세금을 폐지하고, 농지가 없는 농민에게 전답을 나눠 준다네. 한마디로 빈부 격차가 없는 신바람 나는 공산주의 세상이 되는 거지. 이런 세상이 오리라고 누가 상상이나 했겠는가?"

공산주의와 홍군에 대한 남편 친구의 감격과 찬탄은 과장하는 투가 아니었다.

"웅, 내도 들었네만, 전답 없는 농민이 하나 둘도 아닌데 그 많은 농지를 어디서 구해 나눠 주는지 궁금하대이."

남편은 친구의 말에 동의하면서 의문을 말했다.

"음, 지금 국민당 고관과 지주들이 홍콩이나 대만으로 모두 도망간다는군. 이 나라 전답의 70퍼센트를 지주들이 차지하고 있었으니까, 도망간 지주들의 땅을 홍군이 소작농들에게 분배해 준다고 하네. 황무지를 개간해서 나눠 주는 지역도 있고. 그뿐 아니네. 홍군의 점령지에선 학교를 세워 문맹을 퇴치하고, 일부다처제一夫多妻制와 일처다부제一妻多夫制를 금지하며, 고리대금업자와 아편쟁이를 없애고, 가난한 백성이 살기 좋은 세상을 만들고 있다네. 나도 자네 동생처럼 홍군이 되어 혁명대열에 가담하고 싶네. 홍군을 아무나 받아주지 않는다는 말이 있지만, 공직 생활 경험을 살려 홍군을 도울 참이야. 자네 동생이 홍군 전사 아닌가. 나는 홍군의 자세한 소식을 듣고 싶어 왔네."

남편 친구는 결의에 차서 말했다.

"내 동생, 날마다 백군과 싸우고 있을 기야. 가족에게 연락할 짬이 있겠나. 우리도 지금 동생이 어디 있는지 모르는구마."

남편 친구는 아쉬운 듯 작별인사를 하고 돌아갔다.

발 없는 말이 천 리를 간다던가. 홍군의 점령 지역에서 시행하는 모든 제도와 정치적 행위가 입에서 입으로 전해져 전 대륙으로 무섭게 확산되었다. 공산당은 소수민족의 권익을 보호하며 재산권과 거주의 자유를 보장한다고 했다. 국민당은 소수민족의 재산과 거주권을 인정하지 않았고, 토비들이나 마적단과 야합하여 한인들의 생존을 위협했다. 많은 한인 청장년이 공산당에 가입했고, 살아남기 위해 홍군에 협력하여 백군과 싸웠다. 재만在滿 한인들에게 홍군은 구세주였다. 홍군이 들어오면 열광적으로 환호하며 맞아들였다.

아버지의 농지는 방대했다. 조선에서 온 일꾼들과 현지 중국인 일꾼들까지 포함하여 7, 80여 명이 심고 거두는 일을 했다.

"볏가리가 천지삐까리(엄청나게 많다는 뜻의 경상도 방언)대이. 니들 아버지가 이래 농새를 많이 짓고 있으이 을매나 훌륭허고 장하시냐?"

어머니가 선인촌에서 추수철을 맞았을 때 흐뭇하여 한 말이다. 그 많은 볏가리를 논에서 타작하여 나락가마니를 집으로 운반하는 데 보름이 넘게 걸렸다. 나락가마니를 실은 달구지 행렬은 끝이 보이지 않을 만큼 길었다.

그 무렵 군량미 조달에 급급한 일제는 식민지 백성들을 모질게 억압했다. 농민들에겐 공출제를 실시하여 족쇄를 채우고 가혹한 수탈을 서슴지 않았다.

우리가 공출할 때 아버지는 여러 대의 달구지를 동원했는데, 그렇게 많은 공출을 하고도 곳간엔 늘 곡식이 그득했다. 아버지가 일제의 마수를 어떻게 피하여 대농을 경작하고 소출을 다 빼앗기지 않았는지 알 수 없지만, 아버지는 어떤 상황에 부딪쳐도 현명하게 대처했다. 중국 공안이나 일본 경찰 간부나 헌병이 우리 집에 이따금 드나들었다. 돌아갈 때 그들은 아버지를 향해 정중하게 인사하며 어려운 일 있으면 언제든지 연락하라고 했다. 자부심 강하고 예의 바른 아버지는 그들에게 경의를 보이며 그들의 자존심에 금이 가지 않게 처신했다. 학교라고는 문턱에도 가보지 않은 아버지가 언제 한글, 일본어, 중국어를 배웠는지 감탄하지 않을 수 없었다.

어머니는 남동생에게 아버지가 성공한 비밀 열쇠는 끊임없이 노력하는 것이라고 했다. 아버지를 닮도록 하라며 말끝에 어머니는 짓궂은 농담을 했다.

"너희 아버지가 부리는 황소고집은 닮지 마라."

나는 동생과 함께 까르륵 웃었다. 그때 아버지가 우리를 두고 사라진다는 것, 우리의 행복한 낙원을 버리고 영원히 떠나리라는 생각은 꿈에도 하지 않았다.

우리 집에서 일하는 하오는 본래 한국 사람으로 성이 한 씨여서 중국어로 하오라 불렀다. 하오는 그의 성도 되고 이름도 되었다. 그는 인품이 남달랐다. 아버지의 손발이 되어 대소사를 살뜰하게 살피면서 나락 한 톨 허투루 새어나가지 않게 곳간을 지켰다. 과묵하고 성실한 그를 아버지는 노비라기보다 자식같이 여겼다. 무엇보다 아버지가 하오를 남달리 여긴 데는 특별한 이유가 있었다.

하오의 아버지는 서울의 어느 일간지 민완敏腕 기자로 명성을 날리던 사람이었다. 그런 하오 아버지가 1931년 7월 2일 만주 길림성 만보산 지역에서 발생한 '만보산 사건' 현지 취재를 마치고 돌아가다 행방불명이 되었다.

서울에서 남편의 실종 소식을 들은 하오 어머니가 어린 하오를 데리고 장춘으로 왔다. 그러나 실종된 남편의 족적을 공공연하게 추적할 수는 없었다. 일본 경찰의 집요한 감시를 따돌리기가 어려웠기 때문이다. 은밀하게 백방으로 남편의 행적을 수소문하던 그녀는 남편을 마지막 보았다는 독립지사 B씨를 만났다.

"아주머니, 저도 한 기자를 찾고 있습니다. 아니, 저 외에도 뜻있는 여러 사람들이 끈질기게 한 기자를 찾고 있지요."

하오 어머니는 남편에게 관심을 기울이고 있는 B씨가 고마웠다. 마치 생명줄을 붙잡는 심정으로 그에게 매달렸다.

"감사합니다. 제발 제 남편 좀 찾아 주십시오. 설마 살해되진 않았겠지요."

B씨가 음울한 표정으로 말했다.

"찾아야지요. 아무렴, 찾아야 하고말고요. 한 기자가 떠나던 날, 제가 장춘역에서 배웅했습니다. 한 기자는 서울행 특별열차를 탔고, 저는 열차 출발 직전까지 한 기자와 이야기를 나눴습니다.

그런 한 기자가 행방불명이 되었습니다. 중국인들이 한 기자를 해칠 이유는 없습니다. 틀림없이 관동군 특보 기관 놈들 짓일 겁니다. 아시겠지만 일제는 만주를 집어삼키려고 혈안이 되어 있습니다. 조선을 강탈하고, 농민들의 땅을 빼앗고, 굶주리는 농민들에게 만주에 가면 끝없는 지평선이 펼쳐진 농지가 널려 있다는 감언이설로 만주로 쫓아 보냈습니다.

일제는 만주 경략 정책을 성공시키려고 한인 농민들을 계획적으로 관리이주를 시켰습니다. 재일동포들이 일제의 손아귀에 끌려간 사람들이라면, 재만 한인들은 추방당한 농민들입니다.

중국 정부가 가만히 있지 않았습니다. 한인들을 중국 침략의 교두보로 이용하려는 것을 간파한 겁니다. 재만 한인들을 둘러싸고 중국과 일본이 첨예하게 대립하고 있습니다. 중국 당국은 재만 한인들을 일제의 앞잡이로 인식하게 되었지요. 중국 군벌과 지주들은 일제와 야합하여 한인들을 착취하고 무참히 학살하기도 했습니다.

일제가 대외적으로 만주를 강탈할 타당한 명분을 찾아내지 못하자 관동군 특보기관이 음모를 꾸몄습니다. 그 음모는 재만 한인 농민들과 토착 중국 농민 사이의 이간책이었습니다.

일제는 한영덕이라는 중국인을 매수하여 자금을 대주고 장춘에 장농도전공사長農稻田公司라는 회사를 세웠지요. 그 회사가 장춘현 당국과 미개간지 15만 평을 10년 동안 조차租借하는 계약을 체결했습니다. 그 계약서에는 현의 개간 허가가 없으면 무효가 된다는 단서조항이 있었습니다. 일본 영사는 재만 한인 이승훈을 유혹하여 한영덕으로부터 임대권을 넘겨받는 데 바람잡이 노릇을 했지요. 현의 개간 허가도 받지 않은 상태로 한영덕과 일본 영사의 장담에 이승훈은 재만 한인 농민 11명을 모아 계약을 맺었답니다.

농지 개간에 필요한 관개수로공사는 폭이 넓고 길이가 장장 2천 리가 넘는 대공사였지요. 벼농사 지을 땅을 소유하려는 한인 농민들이 너도 나도 몰려들자 이승훈은 한인 180명을 모집하여 가족까지 이주시키고 공사에 착수했습니다.

공사 기간에 우기가 시작되면서 토착농민들의 농지에 큰 피해가 발생하자 분노한 토착농민들이 반대운동을 벌이며 현에 진정서를 제출했답니다. 현 당국은 계약 조항 위반을 들어 계약을 무효화하고 공사를 중단시켰습니다. 일제는 현의 결정을 무시하고 영사관 경찰 60여 명을 동원하여 한인 농민들로 하여금 수로 공사를 완공하게 했습니다. 이에 분노한 4백여 명의 토착농민들이 봉기하여 완공된 관개수로 일부분을 매몰하자 한인 농민과 토착농민들이 충돌하게 되었지요. 한판 벌어지기를 기다렸던 일본 경찰이 즉시 토착농민들에게 무차별 총격을 가했습니다. 여러 명의 사상자가 발생했지요.

일제 장춘 영사관 측은 이 일을 중국인들이 재만 한인을 학살한 것으로 조작하여 조선일보 장춘지국 김모 기자에게 과장된 허위 특보 기사를 제공했습니다. 김 기자는 사실을 확인하지도 않고 본사에 긴급 특보를 보냈고, 다음 날 도하 신문에 중국 농민들이 한인 농민을 폭행 치사했다는 보도가 대서특필된 것입니다.

그 기사를 본 한인들의 민족감정에 불이 붙었고, 그 불길이 한반도에서 오랜 세월 함께 살고 있던 중국인을 향해 폭발했습니다. 인천 지역을 비롯하여 여러 도시에서 화상華商들의 상점이 파괴되고 중국인들을 폭행, 125명이나 피살당하는 어처구니없는 사건이 발생했습니다. 무고한 사람들이 일본군의 조직적인 간계로 비참하게 죽어 간 겁니다. 중국 정부는 일본 정부에 엄중히 항의했지만 일제는 시간을 끌며 넘어가려 했지요.

서울에서 사실 규명을 위해 언론사가 만주에 공동조사단을 파견했습니다. 공동조사단 대표인 한 기자가 앞장서서 일제의 음모를 밝혀냈습니다. 그 사기극 기획과 연출은 관동군이었고, 출연자는 재만 한인 농민과 토착중국인들로 밝혀진 게 바로 '만보산 사건'입니다.

일제는 한 기자를 보복 대상으로 겨냥했을 겁니다. 한 기자의 행방 추적, 그만 단념하고 서울로 돌아가십시오. 계란으로 바위 치기입니다. 제가 계속 알아보겠습니다만, 여기는 위험합니다."

하오 어머니는 B씨의 통절한 이야기를 들으며 남편의 생사가 단순한 사건이 아님을 상세히 알게 되었다. 그녀는 남편의 흉사를 아파하는 B씨에게 강한 일체감을 느꼈다. 그녀는 B씨의 권면에 수긍이 갔지만 그럴 수가 없었다. 시신이라도 찾으려고 은밀하게 추적하고 다녔다. 만주 지역 한인들은 하오 어머니의 처지를 동정하였다. 그로 인해 재만 한인들의 항일감정이 증폭되어 갔다. 이런 정황을 감지한 일본 특무대는 한인들의 움직임을 좌시하지 않았다. 며칠 지나지 않아 하오 어머니는 한밤중에 기습한 괴한들의 손에 쥐도 새도 모르게 납치당했다. 하오는 아침에 일어나서 엄마가 사라진 것을 알았다.

그날 이후 하오는 엄마를 부르며 장춘 시내를 헤매고 다녔지만 흔적조차 찾을 수 없었다. 하오를 애처롭게 여긴 한인들이 하오를 도우려 했다. 하오는 잠시도 가만히 있지 않고 엄마를 찾겠다고 울며 거리를 헤집고 다녔다. 밤에 자다가도 엄마를 부르며 뛰쳐나가곤 했다. 모두 살기 바쁜 한인들은 하루 이틀 지나는 동안 하오를 잊어갔다.

오갈 데 없는 소년은 배가 고프면 쓰레기통을 뒤지고 동냥질을 하면서 밤이 되면 아무데서나 잤다. 그러다 중국인 인신매매단에 붙잡혔다. 노예시장엔 조선에서 온 아녀자들이 많았다. 어디선가 노예로 붙잡혀 온 사람들이 가축처럼 우리에 갇혀 전시되었다. 인신매매 시장에 전시된 하오는 아버지와 거래하는 중국인 미곡상에게 노예로 팔렸다. 여러 번 도망치려다 붙잡혀 호되게 얻어맞으면서 노비는 도망쳐도 소용이 없다는 것을 터득했다.

재만 한인들은 조국에서 쫓겨나 피땀 흘려 가며 동북 지역 2천여 만 무(畝, 1무는 3,000평)의 척박한 농지를 개간하며 살아갔다. 아버지는 그런 한인 농민들 가운데 성공한 사람 중의 한 분으로 존중받았다. 추수가 끝나면 아버지는 중국인 미곡상과의 거래를 위해 자주 장춘 시내를 오갔다. 어느 날 아버지가 단골 거래처에 들렀을 때 하오가 주인에게 애걸하고 있는 광경을 목격했다.

"대인! 아시지 않습니까? 저는 장춘을 떠날 수 없습니다. 반드시 엄마를 찾아야 합니다. 이렇게 빕니다."

"이 녀석아, 내가 할 일이 없어 상해로 이사가는 줄 아냐? 여기보다 더 큰 미곡상을 차리려는 거야. 너 같은 일꾼을 몇 명 더 들여야 하는데 안 가겠다고? 말 같지 않은 소리 입에 올리지도 마라. 너는 내가 산 노예라는 걸 잊지 마라. 너는 내가 키우는 가축과 다를 바 없는 내 소유물이란 말이다. 알아들었으면 시끄럽게 하지 마라."

"대인!……"

주인은 호통을 치고 하오는 두 손을 비비며 눈물을 흘리고 있었다. 그 광경을 본 아버지가 미곡상으로부터 하오의 딱한 사정을 듣고 미곡상과 합의하여 하오의 몸값을 지불하고 우리 집으로 데려왔다. 어머니랑 우리가 만주에 정착한 다음 해, 아버지가 새집을 짓고 나서였다. 하오가 우리 집에 온 뒤부터 아버지는 장춘 시내에 볼일이 있으면 꼭 그를 데리고 갔다. 하오는 행여 장춘 시내 어디선가 자기 엄마가 불쑥 나타나는 기적이 일어날지도 모른다는 가없는 희망을 버리지 못하고 있었다. 그런 하오를 가엾게 여긴 부모님은 그를 단순한 일꾼으로만 여기지 않았다.

지난해 추수를 마치고 한국으로 돌아갔던 일꾼들이 농사철이 되자 다시 돌아왔다. 우리 집 일꾼들은 모두 먼저 품값을 받고 들어온 상머슴들이었다. 그들과는 여러 해 동안 가족처럼 지내던 터여서 아버지가 유명을 달리한 사실에 몹시 놀라고 슬퍼했다.

어머니는 해마다 일꾼들이 돌아오기 전, 이불을 깨끗이 빨아 새 이불처럼 꿰매 놓았다. 검은색 광목에 빨간 단을 대고 하얀 호청을 끼워 정갈하게 마련해 줘도 일꾼들이 잘 씻지 않고 여럿이 덮다 보면 이내 더러워지곤 했다. 일꾼들에겐 여름 일복으로 등거리(상의)와 잠방이(하의) 두 벌과 두툼하게 솜을 둔 겨울 일복 두 벌씩을 마련해 주었다. 그 시절엔 그렇게 하는 것이 일꾼을 부리는 쪽과 부림을 당하는 쪽의 관례였다.

어머니는 아버지가 돌아가신 충격으로 매사에 손을 놓고 있었다. 그런 어머니를 보며 나는 서툰 솜씨로 이불을 다시 꿰매고 일복 일습을 마련하여 일꾼들에게 나누어 주었다.

아버지는 가셨지만 농사는 지어야 했다. 돌아온 일꾼들은 새끼를 꼬아 삼태기와 멍석을 짜놓고 가마니를 쳐서 산더미처럼 쌓아놓으며 농사에 필요한 것들을 준비했다. 그런 일들은 아버지의 별세를 골육지친을 잃은 것처럼 애통해하는 하오가 수습했다.

7년 넘게 우리 집에서 일해 온 하오는 순직하고 명민했다. 그는 누가 뭐라 하지 않아도 몸과 마음에서 우러나오는 자연스러움으로 어느 자리에 무엇을 어떻게 처리해야 하는지 알아서 척척 잘 해냈다. 어머니는 아버지의 빈자리를 완벽하게 메워주지는 못해도 사위가 있고 하오가 있어 그나마 위안을 받고 있는 것 같았다.

아버지를 잃은 상처는 가족들의 영혼까지 할퀴었다. 나는 아버지에게 분노하고 두려워하다 슬픔으로 시간을 죽이고 있었다. 우리 가족이 아버지의 죽음을 하루빨리 받아들여야 한다고 생각하고 있었지만, 시간이 간다고 하여 아물 수 있을 것 같지 않았다.

어머니는 요한의 할머니를 많이 의지했다. 그 할머니는 자주 우리 집에 와서 우리 가족을 위해 예배드리며 성경 이야기를 하고 간절히 기도해 주었다. 어머니는 물론 나와 동생들도 하나님이 그 할머니의 기도를 들어 주시리라 믿었다. 특히 형민이는 할머니가 들려주는 성경 말씀 중에서 이스라엘 역사와 성경에 등장하는 영웅담에 홀딱 빠졌다. 모세나 다윗 이야기는 여러 번 들어도 질리지 않는 것 같았다.

요한의 할머니는 이스라엘 백성같이 우리 민족도 일제의 노예가 되었지만 모세나 다윗 같은 구원자가 나오기를 기도해야 한다고 했다. 모세는 이순신 장군 같은 영웅이며 나라의 구원자라고도 했다. 할머니는 형민이가 다윗처럼 강하고 담대하며 솔로몬처럼 지혜로운 사람이 되게 해달라고, 우리 자매들은 에스더와 마리아같이 되게 해달라고 기도해 주었다.

일꾼들이 못자리를 하기 위해 빈 방에 군불을 때고 씻나락 틔우고 있던 어느 날이었다. 옥색 반호장 저고리에 남치마를 날렵하게 입은 아낙이 마당에 들어섰다. 머리카락 한 올 흐트러지지 않게 가르마를 타서 예쁘게 쪽을 진 검은 머릿결은 동백기름을 발라 반들반들하게 윤이 났다. 갸름한 얼굴, 맑은 피부의 완벽한 미인이었다. 자태가 너무 고와 시린 느낌이 들었다. 고향에서 온 고모였다. 아버지는 명절에 남동생만 데리고 고향엘 다녀왔기 때문에 어려서 본 고모의 모습은 아슴푸레했다. 고모도 나를 몰라보았다. 고모의 콧날은 오똑했고 깊은 눈빛이 번들거렸다.

고모의 출현에 새삼 슬픔이 분출한 어머니가 서럽게 울었고, 고모도 아버지의 상청 앞에서 곡지통哭之痛을 쏟아냈다.

“아이고, 아이고, 동새앵……! 우째 이런 날벼락이……! 이기 무신 사단이가? 이래 허망하게 가뿔마 늙은 부모, 처자식덜은 으짤기고. 이 무정한 사람아!"

외양과 달리 고모의 목소리는 저음으로 갈라져 나와, 딴사람 입에서 나오는 소리같이 생경했다.

"상가喪家에 가서 개고기 먹었다며? 개고기 먹고 축이 진 기라. 내가 여러 차례 말했니라. 신령님이 개고기를 먹으마 안 된다고 했제. 내가 그 말을 하마 동생이 뭐라 캤는 줄 아나? '시끄럽다. 치와뿌리라. 양반 가문 딸이 무당질 허는 것도 부끄러운데, 무신 새 날아가는 소리 허노?' 이러며 콧등으로 들었는기라."

"그날 상가에 가지 않했으마 개고기 먹지 안 했을 낀데예……."

어머니가 울음을 삼키며 말했다.

"뭐니 뭐니 캐도, 올케 팔자에 과부 살이 꼈으이 이런 망극헌 일이 일어난 기다."

어머니를 바라보는 고모는 눈빛이 기괴했다. 고모가 그런 말을 하지 않아도 어머니는 아버지의 죽음을 자신의 탓으로 여기며 마음 깊이 수치스러워하고 있던 터였다.

"다 지 팔자요, 지 죕니더. 하늘허고 땅이 딱 붙어버렸으면 싶습니더."

어머니는 한숨을 몰아쉬고 옷고름으로 눈물을 찍어내며 말했다.

"아이고, 그런 소리 말거라. 금쪽같은 자석(자식)을 생각혀야제.

내사 그 일로 온 기라. 죽었다 캐도 살길이 열리는 기다. 쥐구멍에도 해 뜰 날 있다 카는 말도 못 들었나?"

어머니가 경황이 없었다며 고모에게 남편을 소개하고 인사드리라고 했다. 나도 남편을 따라 절을 했다.

"하마, 겡이 신랑이라꼬? 허우대 멀쩡허고 씰만허게 생겼구마."

어머니는 고모 앞에 동생들을 나란히 세우고 절을 시켰다.

"이래 문디 가스나들만 줄줄이 낳아 가 어찌 살 끼고?"

고모는 우리 자매들의 인사를 받는 둥 마는 둥 하면서 남동생 손을 끌어당겨 무릎에 앉히고 동생의 손을 쓰다듬으며 찐득찐득한 눈물을 흘렸다.

"이래 천금 같은 3대 독자 혈손을 두고 우째 그리 급하게 황천길로 갔을꼬? 그나저나 올케가 이런 참경을 당하고 얼이 빠져 줄초상 나는 거 아인가 걱정했드마 그래도 잘 견디고 있구마."

"행님, 목숨이 모집니더. 죽을 만큼 고통을 당해도 죽지 않는데 형민 아배는 참 허망허게 갔십니더. 그래도 그 양반이 사람 보는 눈은 남달랐십니더. 뒷모습 보고 이 서방을 사위 삼겠다 캐서 내사 무신 그런 소리 하냐고 했지만도 이 서방은 뒷모습이 실할 뿐만 아니라 앞모습이나 마음 모습이 바르고 각별헙니더. 장사 치르고 나서 이 서방이 없었으마 으쨌으까 싶었습니더. 이 서방이 순직허고 실해서 미덥십니더."

어머니는 사위를 흐뭇한 시선으로 바라보며 고모 들으라고 칭찬을 했다.

"내사 차차 겪어 봄사 알 거이고, 앞으로는 으짤 끼고? 국량局量해 보았나?"

"지도 으찌 해야 좋을지 막막합니더."

하늘같이 믿고 의지하던 기둥이 무너져 버린 처지에서 어머니는 허둥거리고 있었다. 중국말 한마디 못하는 어머니가 중국 땅에서 가장家長을 잃고 가주家主가 되어 그 많은 농사를 지으며 홀로 살아갈 자신이 없다고 탄식하고 있던 참이었다.

"올케! 내 말 잘 들어야 헌대이. 지금 중국을 빠져 나가지 않으마 영영 고국 땅으로 갈 수 읎는 시절이 온다카이. 죽어도 고향에 가서 죽고, 살어도 고향에 가서 살어야 할 거 아이가?"

말투가 어찌나 결연한지 엄포를 곁들인 명령 같았다. 집안 살림 외에 바깥 일을 모르는 어머니는 다른 의견을 내세울 만한 염량을 지닌 분이 못되었다. 무엇보다 어머니는 자신이 가문의 종부로 조상님께 봉제사하고 시부모님을 모셔야 하는 외며느리라는 처지를 생각하고 있었다.

고모는 할머니가 우리를 데리고 오라 했다는 것이었다. 어머니는 말없이 고개를 끄덕였다.

"지도 고향으로 돌아가 시어른 모셔야 한다꼬 생각허고 있십니더. 염치 읎서가…… 어무님께서 그러키나 말렸는데, 아들 아배 언 땅에 묻고 무신 염치로 낯 들고 시어른 앞에 나서겠십니꺼?"

이런 속내로 근심하고 있는 어머니에게 고국으로 가자는 고모의 말은 어쩌면 숨통을 틔워 주는 구원자의 말 같을 수 있겠다는 생각이 들었다. 그러나 나는 아니었다.

"어무이 예! 가지 마이소 고마. 고향에 간다 캐도 아버지가 안 계신데 누가 농사를 지으며, 누가 어무이캉 동생을 돌보겠십니꺼?"

"아이라. 니 아부지 독자 아이가. 형민이는 조상님 받들고 니 할배, 할무이 모셔야 되제."

어머니는 고향으로 돌아가지 않으면 용서받을 수 없는 천하의 불효가 될 거라고 했다.

"어무이! 그라마 내는요?"

"니는 출가외인인 기라. 이 서방허고 시댁으로 들어가 시부모 모시고 살어야 한대이."

"내만 떼놓고 간다 카십니꺼?"

"우짜겠노? 여필종부女必從夫라 캤다."

어머니 말이 백 번 옳았다. 남편에게 어머니를 따라가자고 할 수도 없었다. 남편이 돌봐야 할 시부모와 동기들이 있었다.

바깥일 보기를 불편해하는 남편은 주로 사랑채에서 사무를 보고 집 밖의 일은 하오가 전담했다. 하오는 전답 매입자를 찾는 한편, 장춘의 일본 영사관을 찾아가 어머니와 동생들의 귀국 허가 신청을 했지만 불가하다는 답이었다. 어머니는 어찌할 바를 몰라 발을 동동 굴렀다. 고모는 걱정 말라며 큰소리를 탕탕 쳤다.

"참말로 못된 놈들이구마. 그냥 댕게 오는 건 괘안코 아주 귀국

허는 건 안 된다 카이 그기 무신 심술일꼬? 걱정 붙들어 매그라. 내사 어떤 놈 목을 비틀어서라도 올케랑 아덜 데꼬 갈 끼다."

이틀 후 고모는 개성에 다녀와야겠다며 하오에게 앞장서라고 했다. 개성은 우리 마을에서 제일 가까운 도시로, 일본인들이 많이 살고 있었다. 그날 저녁 고모와 돌아온 하오가 혀를 내두르며 고모의 행적에 대해 소상히 말했다. 하오는 말이 많은 사람이 아닌데 혼자 담고 있기엔 벅찼던지 입을 다물지 못했다.

고모가 개성 시내 한복판에 있는 대궐 같은 어느 집 대문 앞에서 걸음을 멈추더니 말하더란다.

"하오야! 내는 시방 소풍 나온 기 아이고 귀국 허가를 받아 낼라꼬 허는 기대이. 내는 중국말 몬 허이 내 말대로 전해야 헌대이."

고모가 주문을 외우고 나서 대문을 탕탕 두드리자 하인이 문을 열고 무슨 일인지 물었다. 고모는 "이 집에 악귀를 몰아내지 않으마 사람이 죽는대이"라고 큰 소리로 말하며 하오에게 통역을 하라 했다는 것이다. 터무니없는 고모의 말이 과장된 뻥이 아닌가 싶어 하오는 그대로 전할 수 없어서 머뭇거렸다.

"이 사람아! 어서 알려 주라 카이. 이 집 아들 목숨이 경각에 달려 있대이."

하오는 마지못해 고모의 말을 통역하면서도 허풍쟁이가 하는 소리를 전한 것이라면 어찌할까 걱정되었다. 그런데 하오의 말을 들은 하인이 쪼르르 안에 들어갔다가 한참 만에 나오더니 고모와 하오를 안으로 들어오라고 했다. 그 집은 거대한 장원이었다. 오래된

정원수 사이로 해가 환하게 떠 있고 공기는 신선했다. 작은 대문들을 지나 여주인 앞으로 안내되었다. 여주인은 고모의 요요한 아름다움에 압도당한 듯 눈을 떼지 못하고 빤히 바라보기만 했는데, 고모가 먼저 입을 열었다.

"조선에서 왔습니더."

하오를 매개로 하여 고모와 안주인 사이에 대화가 오갔다.

"조선이라? 듣자 하니 우리 집에 변고가 생긴다고 했다는데?"

"그렇습니더. 이 집에 우환이 끊이지 않고 이 집 대주가 하는 일마다 문제가 생겨 속을 끓이고 있지예."

"그렇긴 하오만, 조선에서 온 당신이 그 일을 어찌 아시오?"

"나는 관운장을 모신 무당입니더."

안주인은 화들짝 놀라며 말했다.

"당신같이 아름다운 여인이 무당이라니 믿을 수가 없군요. 그럼 당신이 우리 집 우환을 없앨 방법을 알고 있다는 겁니까?"

"보믄 알 끼다. 쌀 한 되 담은 소반을 내 앞으로 가져오그라."

여주인은 하인을 시켜 하얀 쌀이 담긴 소반을 고모 앞에 득달같이 대령했다. 고모는 그 소반을 당겨 쌀알을 몇 알씩 쟁반 위에 나눠 놓고 요령을 꺼내 흔들더니 중얼중얼 주문을 외우고 나서 마당으로 내려가 동편 담장 곁의 나무를 가리키며 소리쳤다.

"저기 저 나무 밑에 송장이 묻혀 있대이. 퍼뜩 저 나무 밑을 파보그래이. 원한 진 혼백이 이 집안을 휘젓고 댕긴대이."

고모는 위풍당당하게 명령했다. 하오가 그대로 통역했다. 이윽고 하인을 시켜 나무 밑을 파자 육탈된 인골이 나왔다. 그 집은 개성 시장 집이었다. 하얗게 질린 여주인이 고모 앞에 무릎을 꿇고 빌며 애원했다.

"신령님! 신령님! 제 아들을 살려 주십시오. 아들이 죽어가고 있습니다. 무엇이든지 신령님이 하라는 대로 하겠습니다."

여주인은 죽음의 나락에 떨어져 아들의 목숨이 위협당하는 것에 맞서 싸우려는 용사 같았다. 고모가 아들의 생살여탈권을 쥐고 있는 단 한 사람의 구원자라도 되는 듯 필사적이더라 했다.

고모와 하오가 그날 저녁 시장 부인이 태워 준 마차를 타고 돌아왔다. 집안으로 들어서는 고모의 목은 꼿꼿했다. 문을 열어 놓은 채 버선을 벗어 옷에 묻은 먼지를 탁탁 털었다. 열불 나는 속을 털어내는 듯했다.

이튿날도 시장 부인이 마차를 보냈고, 고모는 하오를 대동하고 도도하고 당당한 모습으로 그 집을 다녀왔다. 사나흘 뒤, 고모는 시장 집 액막이굿을 하러 간다고 했다. 굿하는 날, 고모가 어머니와 나를 시장 집에서 보낸 마차에 타라 했다. 나는 고모가 굿하는 게 재미있을 것 같아 고모를 따라 나섰다. 어머니는 몸이 좋지 않다고 했다.

요한의 할머니로부터 성경에 기록된 무당에 대해 듣고 있었기에 어머니는 드러나지 않게 고모를 뜨악하게 생각했다. 하물며 굿판에 갈 생각은 추호도 없었던 것이다. 고모는 그런 어머니에게 눈을 흘기며 콧방귀를 뀌고 내 손만 잡아끌었다.

시장 집 마당엔 차일이 쳐 있고 멍석이 깔려 있었다. 돗자리 위에 차린 제상엔 돼지머리가 입을 벌린 채 지전을 물고 있었다. 제상 앞에는 피골이 상접한 소년 환자가 비단이불을 덮고 누워 신음하고 있었고, 그 옆에 환자의 부모인 시장 내외가 검은 싸매이(솜 두루마기 같은 옷)를 입고 엄숙하게 서 있었다.

고모는 요란하게 요령을 울리며 주문을 외다가 신명이 오르자 기이한 동작으로 광란의 춤을 추었다. 마당 한구석에 서 있는 하인들이 탄성을 질렀다. 한삼을 손에 쥐고 춤추는 모습은 현란했다. 요령을 제상 앞에 던진 고모는 큰 쥘부채를 집어 활짝 펴고 허공을 탁탁 치며 노기 어린 목소리로 명령했다.

“물렀거라! 물렀거라! 관운장님 나가신대이. 원이 지고, 한이 지고, 못 먹어 비명횡사 헌 귀신아, 썩 물러가고 다시는 얼씬도 허지 말그래이!”

고모의 걸음걸이나 말소리는 위엄찼다. 관운장 같다고 수군거리는 말도 들렸다. 고모가 주문을 외면서 쥘부채를 접어 시장을 툭툭 쳐서 앞으로 끌어냈다.

“이 축생만도 못헌 인생이 거드름 피우고 오만방자하야 무주구천에 떠돌던 귀신에게 앙화殃禍를 받고 있는디…….”

고모는 저주의 끈을 붙잡은 듯 춤을 추면서 부채로 시장의 몸을 후려쳤다. 한낮에 시작한 굿은 해거름에야 끝났다.

나는 난생 처음 그런 굿판을 보고 돌아온 뒤 여러 날 잠을 설

쳤다. 고모가 무섭고 귀신이 금방이라도 내 머리를 잡아챌 것 같아 낮이고 밤이고 머리카락이 곤두서는 느낌이었다. 고모가 조선에서 온 신묘한 무당이라는 소문이 눈 깜짝할 사이에 개성 시내에 확 퍼져 날개를 타고 돌아다닌다고 했다.

하오는 고모에게 경외심을 느끼는 듯했다. 나는 고모가 점점 두려웠다. 고모는 며칠이 지나지 않아 귀국허가증을 손에 쥐고 돌아왔다. 개성시장이 준 우리 가족의 귀국허가증이라고 했다.

나는 그 허가증이 조금도 반갑지 않았다. 그것은 어머니와 동생들을 데리고 가는 호신부였지만 나에게는 혈육과 헤어져야 하는 무정한 이별의 증표였다.

가산을 처분하기로 하고 나서 어머니가 사위에게 말했다.

"이 집은 자네 장인이 피땀 흘려 마련한 집인 기라. 자네 내외가 이 집에서 살 수 있으마 내사 딴 말 안 하겄지만도 부모 슬하로 들어가야 하니, 이 집을 팔어야겄재. 을매나 받을지? 아무래도 내는 이 집을 그저 팔문 안 될 거 같대이."

어머니는 이 말을 하면서 눈시울을 적셨다.

"장모님께서 의중이 계시면 말씀해 보십시오."

남편이 어머니의 마음을 헤아리려는 듯 조심스럽게 말했다.

"내는 자네 장인이 자식처럼 아꼈던 하오에게 우리 집을 넘겨주고 싶대이."

"그리하시지요."

남편은 어머니의 뜻에 토를 달 입장도 아니었다.

"경이 니는 어떻노. 내 생각이?"

어머니가 내 대답은 들으나 마나라는 표정으로 물었다.

"어무이 생각대로 하이소 예."

어머니는 가볍게 고개를 끄덕이며 이런 말을 했다.

"고맙대이. 니 아부지, 잠시도 쉬지 않고 몸이 부서져라 일해 모은 논밭, 다 두고 가시더라. 어데, 논밭은 고사하고 쌀 한 톨도 못 쥐고 빈손으로 가셨제. 집, 재산, 이런 기 다 무신 소용이겠나? 니 아버지가 돌아가시기 전에 내보고 하오는 시대를 잘못 만나 고아가 되었다며 잘 돌봐 주라 캤대이. 나중에 장가 보내마 집도 마련해 주고 전답도 떼어 줄 기라고 하셨제. 니 아부지는 어렵게 사는 사람들을 보마 그냥 지나치지 못했니라. 밖으로 새어 나가믄 큰일 날 소리라 발설 안 했지만도, 독립운동 허는 분들에게 자금도 억수로 대주었대이. '베푼 은혜는 모래사장에 써놓고 받은 은혜는 대리석에 새겨놓고 살어야 헌다'는 생각으로 사셨는 기라."

어머니는 한숨을 섬으로 쏟아내며 말을 마친 뒤 하오를 불렀다.

어머니가 하오에게 집을 넘겨준다고 하자 하오는 믿기지 않는지 눈을 멀뚱멀뚱하게 뜨고 한참 동안 어머니를 바라보기만 했다.

"세상에 공것이 어디 있노? 지 대접은 지가 받는 거 아이가? 매사에 성실하게 살아온 거이 모두 니 앞으로 쌓인 기다. 아무 말 말그라. 집이 있으마 전답도 있어야것제. 내사 물 대기 제일 좋은 논

세 마지기랑 이 집에 딸린 남새밭도 니 앞으로 해줄 기다."

어머니의 말을 들은 하오는 무릎을 꿇고 흐르는 눈물을 닦을 생각도 않고 말했다.

"저는 팔려 온 노비입니다. 그런데 어르신들께서 저를 종으로 여기지 않고 가족같이 여겨 주셨습니다. 제게 이러지 않으셔도 저는 평생 이 은혜를 갚으며 살려 하고 있습니다. 이런 좋은 집을 제게 주시겠다니, 제가 어떻게 이 집을 받겠습니까?"

하오는 도리질을 하며 받을 수 없다고 했다.

"내는 이 집을 남에게 넘길 수가 없구마. 어른이 니를 자식같이 여긴 거사 니도 알 기고. 두말허지 말그래이."

하오는 배운 것은 없어도 세상 물리는 밝았다. 노비 신세가 어떤 것인지 알고 있었다. 하오는 주인이 아무리 잘 대해 줘도 자신이 노비 신세를 면할 길은 영원히 없다고 체념하고 있었다. 그런데 언감생심 꿈도 꿔보지 못한 면천에 번듯한 집이며 전답까지 준다니 어리둥절하여 긴가민가했다.

그런 하오의 낯빛을 바라보며 어머니는 만 가지 감회에 젖어 한 마디 한 마디에 살가운 정을 담아 하오에게 당부했다.

"요즘 내도 사는 기 다 허망허고 한 세상 어찌 살꼬 싶은 때가 많대이. 나무는 베이고 뿌리가 늙어도 흙 속에 물 기운만 있으마 새봄엔 움이 트고, 싹이 나고 잎을 피우지만도 인생은 한번 가뿔믄 그만 희망이 없제. 인자 니도 살아 돌아올 가망 없는 부모 잊어뿔고 살그라. 인명은 재천인 기다. 사람이 무신 재주로 세상을 골라서 태어나것나? 니 혼자 살아가기 힘든 험한 세상이지만도 이 집에서 뿌리내리고 장개 가서 아들 딸 낳고 잘 살그래이. 폭풍우 내려치고 풍랑 심한 바다에서도 배들이 각각 다른 방향 항구로 가는 것은 닻의 방향을 다르게 매어놓기 때문이라 카더라. 내 말 알아들었제?"

"예, 명심, 또 명심하겠습니다."

무릎 꿇고 힘주어 다짐하는 하오의 말은 가슴 깊은 곳에서 뜨겁게 터져 나오는 결의 같았다. 그런 하오를 이윽히 바라보는 어머니의 안색이 오랜만에 환하게 피어났다.

눈물의 레일을 달리고

1945년 3월 2일 신새벽이었다. 며칠째 입맛을 잃어 속이 빈 탓인지 마차를 타자마자 내내 속이 울렁거렸다. 만주의 3월은 한겨울이나 마찬가지였다. 얼어붙은 눈길은 울퉁불퉁하고 미끄러웠다. 마차는 간단없이 요동쳤다. 여동생들은 잠이 덜 깼는지 깔깔거리고 재잘거리는 대신 선잠에 취해 입을 다물고 있었다. 간혹 고모가 묻는 말에는 형민이가 시무룩한 어투로 마지못해 답을 하곤 했다.

어머니는 시종 앞만 바라보고 있었다. 나는 어머니의 가냘픈 두 어깨에서 눈을 떼지 못했다. 아버지가 떠난 뒤 마지못해 삶을 이어온 어머니. 험난한 앞날을 헤치고 나갈 배짱도 강단도 요령도 없는 어머니가 고향으로 돌아가 어찌 살아갈지 걱정스럽기만 했다.

하늘은 눈이라도 내릴 듯 두꺼운 구름에 가려져 있었다. 해가 뜰 시간이 지났음에도 주변은 희미한 여명과 같았다.

하오가 서둘러 말을 몰았지만 역에 도착하자마자 열차가 들어왔다. 조금만 늦었으면 열차를 타지 못할 뻔했다고 고모가 소리치며 뛰어갔다. 하오가 하루 전에 이삿짐을 부치지 않았더라면 어쨌을까. 새삼 하오의 주도면밀함이 고마웠다.

어머니와 동생들도 뜀박질로 개찰구를 빠져나갔다. 어머니는 눈물을 줄줄 쏟으며 뒤돌아보다가 넘어질 뻔했다. 겨우 중심을 잡고 어서 돌아가라고 내게 손을 저었다. 고모가 동생들의 등짝을 후려치며 퍼뜩 기차에 오르라고 다그치는 모습이 보였다.

그렇게 어머니와 동생들을 태운 기차가 이별의 기적소리를 남기고 떠나갔다. 길림성 장춘역은 춥고 쓸쓸했다.

나는 눈물을 삼키려고 이를 악물었다. 그래도 눈물은 저절로 흘러나와 앞이 보이지 않았다. 상실의 크기가 산같이 밀려들었다. 꿈에서도 상상해 본 적이 없는 어머니와 아우들과의 헤어짐이었다.

마음이 바작바작 탔다. 처음으로 정말 외롭다는 생각을 했다. 남편이 있고 아이가 있는데도 혼자임을 처절하게 느꼈다. 끔찍한 슬픔이었다. 가슴이 찢어질 것 같고 오금이 저려 대합실 바닥에 무너지듯 주저앉고 말았다. 등에 업고 있는 아이가 갑자기 악 쓰듯 울었다. 남편이 내게 손을 내밀며 침통한 어조로 말했다.

"일어나시오. 아이가 울지 않소."

얼마나 울었는지 눈이 벌겋게 충혈된 하오가 속히 마차를 타자고 재촉했다.

마을로 접어들자 느티나무 밑에 여러 사람이 모여 있는 것이 보였다. 남편과 하오가 무슨 일인지 궁금하다는 말을 주고받았다. 집에 도착하자 하오가 재빨리 마방에 말을 매어놓고 나갔다. 사정을 알아보고 온 하오가 헐떡이며 큰일이 났다고 했다. 마을 장정들을 노무자로 끌어가려고 일본 경찰들이 집집마다 수색을 하고 있다는 것이었다. 어서 몸을 숨기자며 하오가 남편의 팔을 끌었다.

남편과 하오가 두어 발도 떼기 전에 신동철이 들이닥쳤다. 그는 가끔 시시껄렁한 볼일로 우리 집을 드나들었고, 아무도 반기지 않는 마을을 어슬렁거렸다. 그러다 눈에 거슬리는 사람이 걸리면 반드시 해코지를 했다. 그럴 때마다 아버지가 나서서 무마해 주었다.

만주 일대를 장악한 일본군이 항일 유격대를 토벌하는 데 혈안이 된 시절, 신동철은 한인이 사는 마을들을 돌아다니며 얼토당토않게 청장년들을 항일 유격대로 몰아붙이곤 했다. 재만 한인들에게 저승사자만큼이나 악명 높은 자였다. 그는 밀고하기 전에 돈을 주고 무마하면 큰 인심 쓰듯 슬그머니 놓아주었다. 그의 손아귀에 걸리면 맨입으로는 빠져나오지 못했다. 그가 체포해 간 사람이 입었던 상의를 빼앗아 입고 유유히 다니기도 했다. 한집안의 가장이나 자식이 이유도 모르게 끌려간 집을 찾아가 손을 써주겠다고 생색을 내며 금품을 갈취해 가거나 젊은 아낙을 능욕하는 뻔뻔한 짓도 서슴지 않았다. 그런 신동철이 마당으로 들어서는 것을 본 하오는 안절부절못했다.

나는 신동철을 본 순간, 남편을 해코지하러 온 것이라는 직감이

들었다. 정신을 똑바로 차려야 한다고 생각했다. 거두절미하고 그에게 머리 숙여 공손히 인사했다.

"어서 오시이소. 아부지 안 계셔도 이래 오셔가 참말로 고맙십니더. 사무실로 드갑시더."

신가는 내 공손한 태도가 찜찜한지 뜸을 들이다 입을 열었다.

"됐고, 애교가 끝내주는데. 그렇다고 내 할 일 안 할 수 없지. 지금 두 사람 어디로 행차하시는 길인가?"

내게는 비꼬아 일별하고, 신가는 남편과 하오를 보고 유감스럽다는 듯 능글맞게 말했다.

"행차라니요? 무슨 말입니까? 생사람 잡지 마십시오."

하오가 짐짓 성난 목소리로 말했다.

"임자를 아직 못 만난 거 아냐? 너 진짜 젊다. 허기사 너라고 성깔이 없겠냐? 헌데 너 나를 길거리 어슬렁거리는 강아지로 보지 마라. 내가 너 같은 종놈의 주제넘은 짓거리 봐주는 것은 순전히 땅속에 묻힌 네 주인 덕인 줄 알고나 있냐? 그런데 말이다. 오늘은 별 볼일 없는 네 놈이 내 주머니를 채워줄 것을 생각하니 천국이라도 가는 기분이다. 내가 잡은 노무자 한 명에 얼마를 받는지 너는 모르지?"

무턱대고 꼬투리를 잡은 것처럼 살살 구슬리는 투로 느물거리는 신가의 언동은 하오를 도망자로 몰아 명백한 사실을 추궁하는 것 같았다. 카랑카랑한 신가의 말소리가 귓전을 때렸다.

"거짓말하지 마라. 귀신을 속여도 나는 못 속인다. 나는 조선 놈들 사냥하는 것으로 한가락 해온 몸이시다 이거야. 내 말 안 들으면 바로 세상 뜨게 해주기도 하거든."

일제 식민 치하에서 일본 헌병이나 경찰의 끄나풀로 동족을 괴롭힌 자들 가운데서도 가장 저주스런 대상이 바로 헌병 오장이었다. 일본 헌병대는 일제의 어떤 권력기관도 쪽을 못 쓸 만큼 가공할 만한 권력을 휘두르는 기관이었다. 식민지 백성을 억압하기 위해 한인 앞잡이가 필요했던 헌병이나 경찰은 식민지 백성 가운데 범법자들이나 드러나서는 안 될 약점을 지닌 지식인이나 대체로 질 나쁜 한인들을 끄나풀로 이용했다. 그 끄나풀들은 대부분 인간으로서 지녀야 할 최소한의 양식이나 윤리 의식을 벗어나는 행위를 거침없이 자행했다. 같은 민족이 고문으로 살해당하고 능욕당하도록 부추기는 악행이 일본인보다 더 악랄했다. 일본인 상관에게 경멸당하면 화풀이로 동족을 사사건건 물고 늘어져 더욱 괴롭히는 것으로 앙갚음을 일삼았다.

1910년 한일합방 후 일제는 일본열도는 내지內地이고 한반도는 반도라 칭하며 일본과 한국은 하나의 국가라 했다. 만주 지역에 거주하는 한인들을 자국민을 보호한다는 명목으로 헌병대와 일경을 주둔시키고 산간벽지까지 감시의 고삐를 조였다.

1941년 태평양 전쟁을 일으킨 일본제국은 식민지 백성을 제외시켰던 징병제도를 철회했다. 많은 한국의 선각자와 지식인들은 일제의 압력에 학생들을 전선으로 보내는 데 앞장섰다. 대동아공영大

東亞共榮을 위한 성전聖戰이라는 미명 아래 장래가 촉망되는 학생들이 전선의 총알받이가 되었고 수많은 장정들이 노무자로 강제 동원되었다.

남편은 노무자로 끌려갔다. 논두렁에서 원동기를 작동하다 다리를 크게 다쳐 징병이 면제되었다. 그런 남편을 신동철이 노무자로 끌고 가려 하자 하오가 자신이 가겠다고 나섰다. 그런 하오를 노려보던 신동철이 승리감에 도취된 목소리로 거창하게 떠벌렸다.

"하! 너는 노비지 사람이 아니라고 생각했구나. 그런데 일본제국에 충성을 하겠다 이거냐? 조-오치, 좋아! 인생살이가 종살이로 끝나면 되겠냐? 가자! 가!"

나는 남편과 하오가 끌려가는 모습에 놀라 까무러칠 것 같았다. 순간 현기증이 밀려와 하늘과 땅이 흔들렸다. 내가 딛고 있는 땅이 노랗게 무너지며 모든 것을 삼켜버릴 듯한 환각에 사로잡혔다. 무턱대고 신동철의 바짓가랑이를 잡으며 무릎 꿇고 빌었다.

"무신 영문입니꺼? 우리 아부지를 생각해서도 이라지 마이소. 이 사람 놓아 주이소. 다리가 성치 않습니더. 아시지 않습니꺼?"

"당신 아버지라? 그렇지. 나도 의리가 없는 인간이 아니지. 그러니까 이제까지 봐준 것 모르나 본데, 내 주머니를 비워놓고 당신네 식구들 몽땅 한국으로 가버렸다면서? 당신 부부는 어디로 도망칠 셈이었나?"

물심양면으로 돕던 아버지가 고인이 된 것이 동네 사람들까지 노무자로 끌고 가게 된 원인이었다. 아버지의 그늘이 사라진 터, 무사히 해결될 수 없는 참담한 일이었다.

세상이 공모해서 나를 불행의 나락으로 밀어붙이는 것 같았다. 남편이 손사래를 치며 걱정 말라고, 꼭 살아 돌아오겠다고 했다. 남편의 울림 좋은 목소리가 꿈속에서 들려오는 듯했다.

남편을 끌고 간 신동철을 생각하면 죽여도 시원치 않을 것 같았다. 자다가도 화를 삭이지 못하고 벌떡벌떡 일어났다. 야차 같은 인간, 아니, 간에 붙었다 쓸개에 붙었다 하는 개새끼. 아니, 개가 들으면 화가 날 것 같은, 개만도 못한 축생畜生. 세상에 태어나서 처음으로 욕을 하고 살의를 느꼈다. 이미 신동철은 내 저주의 말을 들을 수 없는 곳으로 사라지고 없었다.

아, 어머니가 남겨 주신 재산을 신가에게 다 주고 남편을 끌어가지 못하게 할걸……. 때늦은 후회가 막급했다. 다급할 때 정신을 차렸어야 했는데 그러지 못한 어리석음이 뼈에 사무쳤다.

아버지가 생전에 신동철의 됨됨이를 파악하고 적지 않은 돈을 주어 가며 그를 회유해 왔지만 아버지가 고인이 되자 드디어 마각을 드러낸 것이다. 남편은 결국 그자의 마수를 피하지 못하고 끌려가고 말았다. 나라를 잃고 자주독립을 꿈꾸던 수많은 독립지사들이 목숨 걸고 독립운동을 할 때 신동철은 일제의 밀정으로 동족을 팔아 치부를 했다. (한·중 수교가 이뤄진 뒤 남편이 신동철의 소식을 들었다며 기가 막히다고 했다. 신동철은 해방된 조국에서 경찰 총수 노릇을 하며 떵떵거리고 살았고, 자식들도 출세시켜 명문 가문을 이루고 산다는 것이었다.)

남편이 끌려가자, 살아 계시다는 하나님은 어디 계신지 회의가 들었다. 요한의 할머니가 와서 남편과 하오가 꼭 살아 올 거라고 했다. 집에 있는 나보다 노무자로 끌려가 고생하고 있는 남편을 생각해서 쉬지 말고 기도하라며 데살로니가전서 5장 16절과 18절 말씀을 읽어 주었다.

항상 기뻐하라
쉬지 말고 기도하라
범사에 감사하라
이는 그리스도 예수 안에서 너희를 향하신 하나님의 뜻이니라

슬플 때나 고통스러울 때나 항상 기뻐하라는 것이 될 법이나 한 일인가 싶었지만 그렇지 않으면 정말 슬픈 일이 생길 것 같아 의문을 접었다. 그리고 그 할머니 말대로 마음을 다잡으려고 애면글면 했다.

나는 요한의 어머니와 이웃들의 도움을 받으며 시댁으로 들어갔다. 시댁 가족들에겐 남편은 선인촌 일이 정리되면 올 거라고 둘러댔다. 그날 밤 나는 시아버지를 따로 뵙고 남편이 신동철에게 끌려간 이야기를 했다. 그 이야기를 들은 시어른은 깊은 절망에 빠져들며 안색이 납처럼 굳어졌다. 어색한 침묵이 흘렀다. 이윽고 거북한 침묵을 깨고 시어른의 입이 열렸다. 기억의 창고에 꽁꽁 숨겨둔

과거의 이야기를 장탄식을 토해내며 비장한 목소리로 풀어내기 시작했다.

"너희들 혼사가 오갈 때 내사 사돈어른께는 말씀드렸니라. 그래. 우리는 이 씨가 아이고 김 씨다. 좋은 시절이 오면 본성을 찾을 것이다. 네 친정아버님으로부터 밀정 신가가 수시로 너희 친정에 드나든다는 말도 들었다.

그자는 내가 처음 하얼빈으로 도망쳐 몇 년간 살 때도 우리 가족을 추적했다. 그를 따돌리느라 성을 바꾸고 여러 곳으로 이사를 다녔다. 신가 이야기를 네 친정아버지께 듣고 너희 내외를 멀리 보낼까도 했다. 네 부친께서 걱정 말라시더라. 그 어른이 돌아가셨으니 이런 기막힌 일을 당하는구나."

나는 고개를 숙이고 시어른의 말을 경청했다.

시댁의 고향은 경상도 거창이라 했다. 조상 대대로 물려받은 전답으로 농사짓고 먹을 것 걱정 안 하고 살던 소박하고 선량한 농사꾼 집안이었다. 별안간 나라가 망했다. 강토를 강점한 일제는 농민들의 땅을 약탈하기 시작했다. 일정 기간 내에 토지와 전답의 소유권 등기를 하라고 시한부 공고를 냈다. 땅을 뺏기 위한 구실이었다. 농민들은 그런 사실에 무지했고, 공고된 사실조차 알지 못했다. 시아버지도 그랬다. 대대로 소유해 온 전답은 등기가 없다 하여 문제된 적이 단 한 번도 없었던 것이다. 관습적인 소유권이 법 위에 있었다.

파종할 시기가 된 이른 봄날, 시아버지는 논에서 못자리를 손보고 있었다. 그때 시댁과 마주 보이는 마을 이장이 논두렁에 나타나 시아버지에게 시비를 걸었다. 이장은 일본인 지주의 마름(관리인)이었다. 마름 뒤에 가리기누(일본 남자의 전통 옷)를 입고 나막신을 신은 일본인이 험한 낯으로 손사래를 치며 알아들을 수 없는 일본말을 지껄였다.

"빨리 그 논에서 나오시오. 이 논은 이미 다나카 상 논이 되었는데 모르셨소? 어서 나와요."

마름이 왜장치는 소리에 시아버지는 한마디로 황당했다. 말이 되는 소리가 아니었다.

"무신 구신 씻나락 까먹는 소린교?"

시아버지는 마름의 말이 가소로워 일소에 부치며 하던 일을 계속했다.

"이리 나와서 서류를 보시오. 다나카 상 이름으로 등기되어 있소. 와서 이 서류 보란 말이오."

마름이 그런 일을 여러 번 겪은 듯 흰 종잇장을 흔들며 시아버지에게 으름장을 놓았다.

시아버지는 등줄기에서 식은땀이 흘렀다. 뭔가 심상치 않은 일이 일어난 듯했다. 더는 대꾸할 가치가 없다는 투로 시아버지는 들은 둥 만 둥 못자리에 엎드려 일하고 있었다. 마름이 발을 동동 구르고, 일본인은 마름에게 큰 소리로 호통치고 있었다.

"이봐요, 김 씨! 이거 돌아버리겠네. 나오라면 나와야지, 다나카 상 논이라니까요."

"비싼 밥 묵고 와 식은죽 먹은 소릴 해대노? 언감생심 어디다 대고? 내는 논 팔은 적 읎대이. 헐 일 읎서가 개하고 다니면서 남의 논 가지고 이래 왈, 저래 왈 시비인교? 사람 축에 못 드는 인사로세. 개하고 어울려 댕기는 거 보이 개새끼 아닌가?"

허리를 펴고 일어선 시아버지가 눈에 쌍심지를 켜고 논두렁에 선 일본인과 마름을 번갈아 보며 이죽거렸다.

"뭐라고? 내를 시방 개라고 했나?"

마름이 흥분하여 삿대질을 하며 논바닥으로 뛰어들어 시아버지와 멱살잡이를 벌였다. 노동으로 다져진 시아버지였다. 논바닥 한가운데서 주먹이 오가고, 엎어지고 뒤집어지며 한바탕 육박전이 사생결단하듯 벌어졌다. 이 광경을 보고 있던 다나카가 육혈포(권총)를 꺼내 공포를 발사했다.

"타당, 탕, 탕!"

시아버지는 간이 떨어지게 놀라 논바닥에 주저앉았다. 아무리 생각해도 매매한 적이 없는 땅이 타인의 소유가 되었다는 사실을 납득할 수도 인정할 수도 없었다.

갈피를 잡을 수 없던 시아버지가 면서기를 찾아가서 사건의 자초지종을 알아보았다. 군에서 소유권 등기를 하라는 공고를 냈을 때 등기하지 않은 땅은 모두 일제의 동양척식회사 소유지가 되었다고 했다. 시댁의 농지는 동양척식회사 소유로 등기 됐다가 일본인 다나카에게 불하되었다고 했다.

조상 대대로 내려온 유산이 일본인의 소유가 되었다는 기함할 사실을 알게 되었지만 되찾을 방법은 전무했다. 무지가 죄였다. 시아버지는 분노를 삭이지 못해 좌충우돌했다. 땅을 지키지 못한 죄를 자책하며 절망으로 몸부림쳤다. '차라리 죽는 게 낫다'는 말만 고장 난 녹음기처럼 되풀이했다. 하루아침에 쫄딱 망해버린 시아버지는 참담하게 일그러져 갔다. 몸을 가눌 수 없을 만큼 술만 마셨다. 만취한 시아버지가 도끼를 들고 다나카의 집으로 쳐들어가기도 했다. 대문짝을 도끼로 찍으며 '내 논 내놓으라'고 고함치다 순사에게 붙잡혀 가 죽지 않을 만큼 두들겨 맞고 영창살이까지 했다.

"당신, 이러다 생목숨 잃겠구마. 재산은 있다가도 없고 없다가도 있는 것인데 목숨이 없어지마 재산이 있어도 그기 다 무슨 소용이겠습니꺼? 정신 차리시소. 이렇게 절망하고 앙앙불락한다고 없어진 논이 돌아오는 것도 아이고. 살길을 찾아야 할 것 아닙니꺼. 자식들을 생각해야제!"

시어머니가 애걸복걸했다. 그러나 기막힌 세상에 대한 시아버지의 절망적인 분노는 하늘에 사무쳤다.

어느 날, 오밤중에 시아버지가 땀을 뻘뻘 흘리며 집에 돌아와 비수로 쪼개듯 말했다.

"내 땅을 뺏어간 원수 갚고 왔대이. 도망치지 않으마 내는 잡혀가 죽을 기다. 보따리 싸그라."

"무신 말인교? 원수를 갚았다고?"

시어머니는 금방 울음을 터뜨릴 것 같았다.

"그랬대이. 세상 다 태워버리고 싶었대이. 주재소랑 다나카란 놈 집에 불을 싸질렀다 카이. 날강도 같은 놈들 벌거벗은 모뚱어리 다 태워버렸대이."

전답을 빼앗아간 다나카에게 적의를 품고 있던 시아버지는 외눈 하나 까딱 않고 자신이 방화범이 되었다는 말을 했다. 시어머니가 대경실색하고 벌벌 떨며 허둥지둥 보따리를 쌌고, 잠에서 깬 시동기들이 아버지의 일거수일투족을 희미한 옛날 흑백사진 바라보듯 했다. 철이 든 큰시누이가 놀란 나머지 손으로 입을 틀어막으며 와락 울음을 터뜨렸다. 시아버지는 불같이 화를 냈다. 딸의 눈에서 불이 번쩍 나도록 따귀를 후려치고 이를 갈듯 완강하고 냉혹하게 쏘아붙였다.

"그치지 몬하겠노? 아비 잡으러 오라꼬 광포廣布하는 기가? 뚝 그치그래이."

그 치명적인 밤, 야반도주를 하면서 가족들은 주재소, 면사무소, 다나카의 집, 마름의 집이 있는 면 소재 마을이 활활 타고 있는 것을 보았다. 그곳엔 일본인들만 살고 있지 않았다. 한인이 살고 있는 주택들과 가게가 있었고, 방앗간과 주조장도 있었다.

불 속에서 뛰어나온 사람들의 비명과 아우성이 뒷덜미를 잡아당기는 듯했다. 모든 것이 하늘로 치솟게 하는 화마火魔를 뒤로 하고 고향을 도망쳐 나왔다. 기착지를 정하지도 않고 무조건 먼 곳으로 도주해 온 곳이 북만주였다.

죽은 듯이 살자고 다짐한 시아버지는 성과 이름을 바꿨다. 시아버지는 그런 참사를 일으킨 행위를 후회하기도 했다. 후회한 것을 다시 후회하다 스스로 단죄하며 끔찍할 정도로 고통스러워했다. 아무리 지난날과 결별을 도모했어도 마음속에 쌓인 죄의식을 벗겨내지 못했다. 겉으로 속내를 드러내 보이진 않았지만 늘 쫓기는 심정이었다. 중국으로 도망쳐 온 초창기 하얼빈에서 몇 년 살았지만 그 뒤로 1년 이상 한 곳에서 정착하지 못했다. 잊어버리고 싶은 과거로 인해 악전고투하며 악몽을 자주 꾸었다.

시아버지는 활달하고 적극적인 데다 명민한 둘째아들에게 민족정신을 불어넣어 주고 항일운동에 가담하라고 가르쳤다. 일제를 증오해야 하는 까닭을 구구절절이 토설했다.

"니는 배달민족이다. 니가 아무리 공부를 잘해 출세해도 니는 식민지 백성인 기다. 니가 해야 할 일은 우리 나라의 독립을 위해 일본 놈들과 싸우는 일이라. 일본이 망해야 우리 민족의 족쇄가 풀리제. 내도 책임져야 할 가족이 없다면 이러고 있지 않았을 것이야. 니가 크면 항일운동에 나서그래이. 우리가 살아남아 고향으로 돌아가려면 반드시 일본 놈들과 싸워서 이겨야 한대이."

이런 교훈을 받으며 자란 시동생은 자라면서 조국의 원수를 갚아야 한다는 생각을 키웠다. 시아버지는 시동생이 순수하고 혈기방장한 10대에 조선의용대에 들어가 중국 팔로군과 연합하여 해방전쟁을 하고 있는 것을 자랑스럽게 여겼다.

시아버지의 긴 고백을 들은 나는, 추적자를 피하여 위험에 노출

되지 않게 가족을 보호하려고 안전한 삶의 터를 찾아 끊임없이 유랑해 온 시아버지와 가족들이 안쓰러워 눈물이 났다. 시댁은 시할머니, 시부모, 시동생, 시누이들 모두 열 식구나 되었다. 넉넉지 않은 살림에 식구는 많고 할 일은 끝이 없어 하루도 편할 날이 없었다. 시아버지가 뭐라고 했는지 가족들은 아무도 남편에 관한 말을 하지 않았지만 시할머니는 새벽 세 시에 일어나 마당 한가운데 정화수를 떠놓고 빌고 또 빌었다. 나는 시어머니에게 요한의 할머니가 전해준 예수님 이야기를 전했다. 시어머니는 내게 예수라는 분에게 빌고 있느냐고 물었다. 내가 그렇다고 하자 시어머니가 단호하게 말했다.

"그래, 혼자 비는 것보다 둘이 빌면 훨씬 효험이 있을 거라."

"고맙십니더. 하나님은 기도를 들어 주십니더."

나는 요한의 할머니가 한 말을 되풀이하면서 스스로에게 말하고 있었다. 힘에 겨운 일을 해본 적이 없던 나로선 겉으로 아닌 척해도 고단하고 벅차기만 했다. 날마다 외나무다리를 건너는 것처럼 조심스럽고 아슬아슬한 느낌이었다.

그럴 때마다 어머니의 간곡한 가르침이 떠올랐다.

내 외가는 가세가 번듯하여 존경받는 처지는 못 되었지만 근본 없는 집안은 아니었다. 어머니는 외가의 가풍에서 보고 배운 대로 말이 없고 조용하며 남에게 싫은 말 한마디 하지 않는 우아한 기품을 지닌 분이었다.

세상 물정을 잘 몰랐고 셈속은 깜깜절벽이지만 좋은 서책을 많이 접한 만큼 인륜의 도리에는 준열했다. 내가 철들 나이에 이르자 어머니는 층층시하 어른들을 모시고 살아야 하는 시집살이를 어찌 해야 하는지 가르쳐 주셨다.

무슨 일을 당해도 시어른 앞에서 흔연한 낯빛을 잃지 말 것이며, 효성을 다해야 한다고 했다. 시동기들을 피붙이처럼 여기고 진심으로 대할 것이며, 자식들에게 부끄러운 어미가 되지 말라고 했다. 보아도 못 본 척, 알아도 모른 척, 하고 싶은 말이 있어도 열 번 스무 번 참아야 한다고 다짐을 두었다. 특히 부부간에 지켜야 할 예의에 소홀함이 있어선 안 된다고 신신당부했다.

그런 것은 어머니가 아버지를 공경하는 일상의 모습에서 자연스럽게 배웠다. 농사가 천직인 아버지는 언제나 동이 트면 일어났다. 그런 아버지보다 어머니는 늘 먼저 일어나 세수하고 가벼운 단장을 마친 뒤 조반을 준비했다. 동생들을 해산했을 적에도 부스스한 모습을 보이지 않았다.

어머니는 내게 농사일은 시키지 않았지만 길쌈하는 법과 음식 만드는 일을 엄히 가르쳤다. 가족의 밥상을 제대로 차려 내지 못하거나 길쌈을 할 줄 모르는 계집은 며느리로서, 아내로서, 어미로서 자격이 없다고 했다. 내가 열두 살이 되자 길쌈 잘하는 것이 곧 손끝 야문 일솜씨를 보이는 것이라며 나를 베틀에 오르게 했다.

명절이 되면 아버지가 비단 옷감을 끊어 오기도 했지만 평소 우리 식구들 옷과 일꾼들 옷은 어머니가 뼛골 빠지게 짜낸 무명이나 삼베로 지어 입혔다.

어머니와 동생들을 그리는 애달픔이나 어느 하늘가에 살아 있는지 죽었는지 생사조차 모르는 남편을 그리는 애타는 마음을 식구들에게 들키지 않으려고 나는 무진 애를 썼다. 부모님이 맺어 준 인연이라는 무언의 약속 가운데 아무 말 않고 순종해야 하는 존재로만 남편을 여겼다. 어쩌면 결혼 전에 한집 식구처럼 스스럼없이 지내면서 설렘 같은 감정이 희석되었는지도 모르겠다. 남편은 성실하고 근면하며 다정다감한 사람이었다. 그런 일상의 모든 행위들을 그저 그런 사람이려니 하고 소중하게 여기지 않았다.

남편이 떠나고 나자 슬픔을 동반한 후회가 가슴을 쳤다. 날마다 내가 작게 쪼그라드는 것 같았다. 무섭고 숨 막히는 세상의 한 끝에 매달려 세상이 내게 주는 상처로 전전긍긍했다. 내 의도와 상관없이 내 삶에 어렵게 엉킨 실타래를 아무리 풀어보려고 애쓴들 될 일이 아니었다. 그릇을 씻다가, 빨래를 널다가, 길을 가다가 울컥 그리움이 치밀어 오르면 두 다리에 힘이 빠졌다. 사지육신이 무너져 내릴 것 같았다. 나는 절망의 단애에서 하나님께 부르짖었다.

이루어질 수 없는 사랑

1945년 8월 15일, 해방이 되었다. 그 환희의 소식이 중국 대륙을 열광의 도가니로 몰아넣었다. 한인들은 너무나 기쁜 나머지 서로 껴안고 하늘로 솟구치듯 펄쩍펄쩍 뛰었다. 누가 앞장서서 이끌고 있는 것도 아닌데 남자들은 너도 나도 징과 꽹과리, 장구, 북을 들고 신명나게 풍물을 치며 온 동네를 휘젓고 나섰다. 언제 준비했는지 저마다 뒷덜미에 태극기를 꽂고 있었다. 풍물을 치며 움직이는 몸동작을 따라 태극기가 나풀댔다.

마을 사람들은 명절 때나 입는 깨끗한 한복 바지저고리와 색색의 치마저고리를 입고 나와 태극기를 흔들며 열광했다. 모두가 '대한독립만세'를 목청이 터지도록 외쳤다. 함성을 지르던 노인들은 태극기의 물결을 보면서 기쁨에 겨워 대성통곡했다.

나라 잃은 식민지 백성으로 멸시와 천대를 받으며 떠돈 설움, 그

통곡은 36년 동안 맺힌 응혈이 풀리는 희열 그 자체였다. 해방은 터질 듯 벅찬 감회를 안겨주는 기쁨이었다. 기쁨의 눈물로 강을 이뤄도 좋고 얼싸안고 춤추며 환호성을 질러도 좋을 해방은 조국으로 돌아갈 수 있는 꿈같은 현실을 말해 주는 환희의 정체요, 눈부신 기적이었다.

마을에선 여러 집이 귀국에 상성喪姓한 듯 부산을 떨었다. 당시 재만 한인은 216만여 명에 이르렀다. 그중 절반이 서둘러 조국으로 돌아갔다는데, 우리 마을에서도 절반가량은 귀국했다.

남의 나라, 남의 땅에서 기 한 번 제대로 펴보지 못하고 살아온 세월을 밟고 누군들 조국으로 돌아가고 싶지 않은 사람이 있을까. 귀국하지 못하고 잔류할 수밖에 없는 사람들은 신세한탄을 하면서도 기죽지 않으려고 안간힘을 썼다.

설상가상으로 중국이 내전에 휩싸여 내일을 예측할 수 없는 상황이었다. 그렇게 위태로운 가운데서도 나는 선혈이 솟구치듯 생기를 주는 하나의 희망에 매달려 있었다. 기적이라는 말은 기적이 있기 때문일 터, 남편이 살아 돌아올 기적을 믿고 기다렸다. 어머니가 떠나던 날, 장춘역에서 돌아오며 추수가 끝나는 대로 친정에 같이 가자며 나를 위로해 주던 남편의 약속도 믿고 있었다. 남편의 말이 떠오를 때면 나는 한없이 유순해졌다. 그러나 남편은 돌아오지 않았다. 시아버지는 하루가 멀다 하고 왕복 60리나 되는 선인촌을 왕래했다. 그 마을에서 끌려갔던 사람들은 대부분 중국이 해방되자 돌아와 있더라 했다. 한인들은 근로 현장이 다른 곳으로 갔기 때문에 어디로 갔는지 모른다는 답만 듣게 된 시아버지는 절망적인 소식에 곤죽이 되어 돌아오곤 했다.

참으로 견디기 힘든 시험이었다. 장춘에 가보면 한국인 소식을 들을 수도 있을 것 같은데 어디를 찾아가야 할지 몰라 막막하기만 했다. 그러기에 나를 점점 맹하고 멍청한 인간, 답답하기 그지없는 인간으로 자책했다. 기도하지 않을 수 없었다.

고문당하는 것 같은 나날이 나만의 것은 아니었다. 온 가족이 웃음을 잃었다. 아이가 무탈하게 자라는 것이 그나마 위안이 되었다.

해가 바뀌고 봄의 초입에 든 어느 날, 밤중에 남편이 돌아왔다. 우리는 말을 못 하고 서로 멍하니 바라만 보았다. 식구들이 남편을 잡고 모두 울었다. 남편이 집안에서 얼마나 소중한 사람이며 가족들이 얼마나 애를 태우고 있었는지를 보여 주고 있었다.

남편은 시할머니와 시부모님께 죄송하다며 절을 올렸다. 몰골이 너무나 험해 아무도 어떻게 지냈느냐고 묻지 않았다. 1년 만에 보는 남편의 모습은 거지 중의 상거지였다. 그래도 너무 좋았다. 기적을 가져다 준 하나님이 남편과 나를 외면하지 않으셨음을 믿었다.

남편은 지난 이야기를 한 마디도 입에 올리지 않았다. 그냥 먹으면 잤다. 식사 시간에 깨지 않으면 먹는 것도 잊고 잠만 잘 것 같았다. 며칠을 그렇게 자고 나서도 입을 다물고 있었다. 지나간 악몽을 무덤까지 비밀로 가지고 가려는 사람처럼 보였다. 그가 겪은 상처는 시간이 지나도 아물지 않을 것 같았다.

식구들은 남편이 돌아왔어도 드러내 놓고 좋아하지 못했다. 서로 이야기도 조심했다. 그의 수면을 방해할까 봐서였다.

그렇게 일주일쯤 밤낮 없이 자고 일어난 남편은 한반도가 38선을 경계로 남과 북으로 동강났다는 끔찍한 소식을 전했다. 분단의 표시와 그것이 뜻하는 바를 마치 먼 나라, 남의 땅에서 일어난 일인 것처럼 말했다. 나는 어리둥절하여 한참 동안 남편의 얼굴을 미심쩍게 쳐다보았다.

38선, 그보다 더 정나미 떨어지는 나쁜 이야기는 난생 처음 듣는 황당한 말이었다. 마치 누군가 나를 조롱하는 것 같았다. 밤새 뜬눈으로 날을 샜다. 하루에도 수십 번씩 화들짝 놀라 쩔쩔맸다. 해방이 가져다 준 기쁜 예후의 느낌이 헛되고 허망한 환상에 불과했다는 잔인한 현실에 나는 사색이 되고 말았다. 남편이 돌아왔으니 몸을 추스르는 대로 친정에 다녀올 수 있으려니, 털끝만큼도 의심하지 않았던 남편의 약속은 지킬 수 없는 약속이 되고 말았다. 어떤 항의도 할 수 없는 세상이 원망스러웠다. 실망의 쓰디쓴 현실을 삼켜야 하는 대목에서 내 가슴은 사정없이 무두질당하는 듯했다.

다시 돌아갈 수 없는 고향! 편지 한 장 보낼 수 없는 고향, 고향은 이승과 저승만큼이나 먼 생이별의 세월에 저당 잡혀버리고 말았다. 그날, 어머니와 동생들을 싣고 떠난 기차를 함께 타지 못한 후회와 갈망이 무시로 명치 끝을 후비는 비수가 되었다.

재만 한인들은 조국의 독립에 열광했다. 연고지가 있어 귀국한 사람도 있지만 조국에 가서 살겠다고 무작정 떠난 사람도 많았다. 고향이 38선 이남인 사람 가운데엔 육로가 막히는 바람에 대련에서 떠나는 마지막 귀국선을 타고 간 사람도 있었다.

만주의 해방은 1945년 8월 8일 소련이 일제에 선전포고를 하면서 이뤄졌다. 150만 명의 소련군은 열하, 치치하얼을 지나 만주로 진격했고 팔로군과 동북항일연합군이 관동군을 공격, 8만 3천여 명이 사살되고 59만 4천여 명이 포로가 되어 시베리아 강제노동소로 끌려갔다. 만주 북부와 요동반도까지 소련과 마오의 홍군이 점령했으나 재만 한인들이 가장 많이 살고 있는 만주의 남부, 길림 성, 요녕성은 장제스의 백군이 점령했다.

해방의 기쁨도 잠시였다. 일본이 항복하자 중국에서는 홍군과 백군의 치열한 내전이 벌어졌다. 4년 동안 계속된 이 해방전쟁은 중국 전역을 휩쓸었다. 우리가 살고 있던 만주국은 자동 해체되고 무정부상태에 빠졌다. 치안이 마비되면서 마적단과 토비들이 창궐했다. 토비를 비적이라고도 했는데, 군벌부대의 도망병, 만주국의 해산병, 경찰, 헌병, 특무대원들, 일본에 빌붙었던 밀정들, 살인범과 강도 등 흉악범들이 모인 집단이었다. 처음엔 소규모로 준동하던 토비가 무려 20여 만 명으로 불어났다. 무장한 토비들은 재만 한인들을 표적으로 삼았다. 토비의 습격을 당하지 않은 집이 거의 없었다. 토비들은 닥치는 대로 학살하고 방화, 약탈하며 생존을 위협했다. 우리 집도 속수무책으로 피해를 입었지만 시아버지가 파 놓은 토굴로 피해 인명피해는 면했다.

홍군은 이런 토비들의 공격에서 한인들을 보호하여 횡액을 모면하게 지켜 주었다. 공산당은 중국에 거주하는 모든 소수민족에게 중국인과 동등하게 토지를 분배해 주고 소유권을 인정했다. 재만 한인들은 공산당의 승리를 위한 해방전선에서, 장제스 군과 전투에서, 토비 소탕작전에서 한족 이상으로 목숨 바쳐 투쟁했다.

1949년, 인민해방군이 베이징에 이르렀다. 국민당 베이징수비대장은 베이징 방어를 위해 전투 준비를 했다. 수비대장의 딸이 아버지를 설득했다. 전투를 피하고, 장제스와 마오쩌둥이 협상을 하게 하자는 것이었다. 마침내 제한된 인원만 협상을 위해 자금성에서 만난다는 조건부로 장제스는 베이징 성문과 자금성문을 열게 했다. 그러자 100만이 넘는 홍군(인민해방군)이 물밀듯이 밀려들어왔다. 전남 광주 출신 독립투사 정율성이 작곡한 '팔로군행진곡'(인민해방군가)을 부르며 베이징으로 진격한 인민해방군은 마침내 자금성에 입성했다.

베이징수비대장의 딸은 공산당 비밀요원이었다. 그녀는 공산주의 사상에 철두철미했다. 그 사상이 혈연을, 그것도 자신을 눈에 넣어도 아프지 않을 만큼 사랑하고 있는 아버지를 배반했다. 그러한 행위가 바로 혁명가의 사명이라는 확신에 찬 그녀는 아버지의 몰락을 보면서도 갈등하지 않았다. 오직 위대한 신新중국 건설과 공산주의의 승리에 대한 환희에 도취되었다.

인민해방군이 베이징에 입성한 뒤 곧바로 공산당중앙위원회는 인민정치협상회의를 구성했다. 이 회의에서 신중국이 탄생되었고, 마오쩌둥은 주석으로 선출되었다. 신중국이 수립되기까지 수많은 희생의 밑거름이 있었다. 그중에서도 조선의용대가 없었다면 오늘의 중국 역사는 다른 방향으로 흘러갔을지도 모른다.

시동생 마키야마 도엔은 중학교 2학년 때 학업을 포기하고 독립군에 뛰어들었다. 그에겐 풋풋한 첫사랑의 소녀가 있었다. 소녀의 이름은 나미에였다. 재만 한인들은 창씨개명을 하지 않으면 영사관에서 거주를 허락해 주지 않았기에 모두 일본식 이름으로 개명했다. 이름만으로는 한인들은 전부 일본인이었다. 사랑은 죽음보다 강하다고 하지만 시동생은 조국의 원수를 갚겠다는 집념이 사랑보다 우선했던 것 같다. 사랑하는 연인을 두고 항일전선에 뛰어들었으니. 아니, 어쩌면 사랑하는 사람과 해방된 조국에서 아들 딸 낳고 자유와 평화를 누리기 위해 독립군으로 나서게 되었을지도 모른다.

그런데 나미에는 하필 원수의 나라 백성이었다. 독립지사들과 시아버님이 알았다면 자다가도 벌떡 일어나 가슴을 쳤을 것이다. 두 사람은 서로 상대를 한인이려니, 일본인이려니, 하며 민족과 이름의 정체성을 묻기 전에 운명적인 사랑에 빠졌다.

시동생이 항일운동에 뛰어들 때 나미에는 비로소 시동생이 한인임을 알게 되었다. 나미에는 헤어질 수밖에 없는 참담한 현실 앞에서 진실을 밝힐 수 없었다. 헤어지던 날, 두 사람은 무슨 일이 있어도 살아서 다시 만나기로 굳게 약속했다. 그들은 편지로 연락하기로 하고 각각 친구 집 주소를 주고받으며 헤어졌다. 시동생은 치열한 전투를 치르면서도 언젠가 혁명이 완수된 세상에서 나미에와의 따뜻한 세상을 꿈꾸면 생기가 샘솟았다. 헤어질 때의 약속대로 보낼 수 없는 마음만의 편지를 수없이 썼다.

전선은 예측할 수 없는 곳으로 밤낮없이 이동했다. 통신수단 또한 온전하지 못했다. 언젠가 인편에 보낸 시동생의 편지를 받은 나미에는 틈만 나면 그 편지를 읽고 또 읽었다. 그녀의 엄마가 딸이 연인의 편지를 읽다가 책상에 엎드려 잠든 모습을 발견했다. 다음 날 그녀의 엄마가 물었다.

"네가 사랑하는 청년이 분명 한국인이냐?"

나미에는 갑작스런 엄마의 물음에 입술이 떨어지지 않았다.

"엄마, 죄송해요. 일본인인 줄 알았어요. 나중에 알았어요. 한국인이라는 것을."

"아니, 괜찮다. 나도 네게 용서를 구하고 싶다. 내가 먼저 네 아빠에게 말하기 전엔 아빠에게 말 않겠다고 약속해 다오."

그녀의 엄마가 말을 끊고 나미에를 창백한 낯빛으로 바라보며 말했다.

"약속할게요. 엄마." 나미에는 결의에 찬 목소리로 대답했다.

나미에의 엄마는 자신의 과거를 딸에게 쏟아놓았다.

"나는 너나 네 아빠가 알고 있는 것처럼 일본인이 아니다. 나는 서울에서 살았던 한국인이다. 나의 전 남편은 장춘에 취재하러 갔다가 일본 경찰에 의해 행방불명된 신문기자였다. 아들도 있는데 생사를 알 수 없구나. 아들을 데리고 남편을 찾으려고 장춘으로 갔지. 시신이라도 찾으려고 추적하다 일본 경찰에 납치당하고 말았다. 눈을 가린 채 어디론가 데리고 가더니 기차를 태우더구나. 열차가 출발하자 눈가리개를 풀어주었는데, 열차 안에는 학생복을 입은 너보다 어린 소녀들과 시골 처녀들이 짐짝처럼 가득 실려 있더구나. 엄마는 그녀들이 위안부로 끌려가고 있다는 것을 눈치 챘다. 소녀들은 그런 사실을 모르고 공장에 취직하러 간다며 자랑 삼아 말하더구나. 강제로 끌려왔는지 계속 울고 있는 소녀도 있었단다.

나는 위안부로 끌려가느니 차라리 죽으려 했다. 밤중에 호송하는 경찰이 잠든 틈을 타 화장실 가는 척하고 객실을 나왔다. 어두운 밖은 잘 보이지 않았지만 열차가 높은 산 구비를 지나고 있었다. 나는 달리는 열차에서 뛰어내렸다. 그리고 의식을 잃었다. 사흘 뒤 측량기사인 네 아빠가 그 부근을 측량하다 나를 발견했단다. 네 아빠는 혼수상태인 나를 하얼빈 병원으로 데리고 가 살려낸 내 생명의 은인이다. 나는 의식이 돌아온 뒤 며칠 동안 의식불명인 척하고 상황을 살폈다. 죽으려다 살아나고 보니 다시 죽고 싶은 생각이 없더구나. 무엇보다 아들을 찾아야 한다는 생각뿐이었다. 어떻게 해야 할지 막막했다. 내가 살아 있다는 것이 알려지면 일본 경찰의 마수를 벗어날 수 없음은 뻔한 일이었다. 살아서 아들을 찾으려면 살아남을 방법을 생각해 내야 했다. 나는 과거를 잃어버린 일본 여자가 되기로 했다. 그래서 입을 열면서 일본어 외에 다른 말을 하지 않았다. 연극을 한 거지. 내가 입은 옷이라든가, 일본 교과서에서 배운 교양 있는 표준말이 나를 일본인으로 뒷받침해주었다.

의지할 데 없는 나를 선량한 너의 아빠가 후견인이 되어 주었다. 노총각이었던 네 아빠의 청혼을 거절할 명분도 염치도 없었다. 엄마는 아빠와 부부로 살면서 여러 번 내 실체를 고백하려 했지만 용기가 없었다. 나는 네 아빠에게 죄인이다. 너도 나를 용서하기 어렵겠지. 하지만 나는 일본이 지은 죄를 용서할 수 없구나."

나미에는 엄마가 뼈아픈 과거에 대해 속마음을 털며 흘리는 눈물에 가슴이 흥건히 젖은 채 물었다.

"엄마! 엄마의 잘못만은 아닌걸요. 살아서 저를 낳아 주셔서 고마워요. 엄마. 그런데 내게 오빠가 되는 엄마의 아들은 영 찾을 수 없나요?"

"공개하여 찾을 수 없는 일이라 참으로 어렵구나."

나미에 엄마는 응어리진 한숨을 쉬고 나서 이런 말을 했다.

"나미에, 놀라지 말아라. 네게 편지를 보낸 청년이 어디 있는지 은밀하게 알아보았다. 팔로군 사령부에 있더라. 그런데 불행하게도 지금 관동군에게 포위되어 있다더구나."

나미에는 그 말을 듣자 얼어붙은 얼음인형같이 되었다.

"엄마, 언제 어디서요? 그를 살려낼 길은 없나요? 그 사람을 살려 주세요."

그렇게 말하며 나미에는 엄마의 무릎에 얼굴을 파묻고 흐느꼈다.

"나미에, 네 아빠에게는 미안한 일이지만 엄마는 중국 공산당의 승리는 바로 일본의 패망이고 일본의 패망은 한국의 독립이라는 신념으로 살고 있단다. 확실히 믿을 수 있는 정보에 의하면, 지난 5월(1942년) 십자령전투에서 팔로군이 대패했단다. 현재 팔로군 사령부는 2만 명의 관동군에게 겹겹이 포위되어 있다고 한다.

관동군은 팔로군을 섬멸할 천재일우의 기회로 여기고 중국에 주둔하고 있는 20개 사단 전 병력과 전차와 공군기까지 동원하고 있다는구나. 내가 네게 이런 말을 숨김 없이 하는 것은 그 청년이 무슨 일을 당하든 그런 일로 절망하지 말라는 뜻이다. 내가 살아온 날들을 돌아보면 가장 절망적일 때 나도 알지 못하는 신의 기적이 그 상황을 더 좋은 편으로 바꿔 놓더구나. 네게 내 숨겨진 과거를 고백하고 있는 지금 이 순간도 그렇고!……."

나미에 엄마는 여왕처럼 우아하고 정중하고 예쁘게 말했다. 그녀는 결혼 후 남편 마에바라의 출장이 잦은 기회를 한 번도 헛되이 보내지 않았다. B씨의 추천으로 조선의용군 비밀요원으로 빈틈없이 활약해 왔다.

팽덕회, 주덕, 등소평 등을 비롯, 팔로군 지휘부는 탈출구 없는 절망상태에서 혼비백산하고 있었다. 절체절명의 위기였다. 퇴로를 완전히 차단당한 채 생명의 위협이 시시각각으로 조여 들었다. 항일단체엔 일본 유학을 한 엘리트들이 많았다. 일본말을 일본인보다 잘하는 조선의용군 30명이 선발되었다. 조선의용군 대장의 작전지휘하에 관동군 복장으로 무장을 갖추고 훈련을 했다. 구출작전은 칠흑 같은 밤을 택했다. 그날 밤 관동군의 암호를 알아내는 것은 나미에 엄마의 몫이었다. 한 치의 오차도 없이 준비를 마친 생환 작전이 전광석화같이 전개되었다. 일본군의 철통같은 포위망은 쥐새끼 한 마리도 빠져나갈 수 없으리만치 완벽했다.

조선의용군 용사들은 10명씩 조를 나누어 관동군 사령관의 밀명을 위조하여 겹겹이 둘러친 포위망을 뚫고 단 한 명의 탈락자도 없이 팔로군 지휘부를 전원 탈출시켰다. 구사일생의 탈출에 성공한 그들이 오늘의 중국을 이룬 역사의 주역이다.

겨울이 가고 봄이 오고 그렇게 세월이 흘러도 나미에는 사랑하는 마키야마 도엔을 기다리는 애처로운 정에서 헤어나지 못하고 있었다. 나미에 엄마는 두 사람을 만나게 해주려고 여러 번 시도해 보았지만 동에 번쩍 서에 번쩍하는 전장을 추적하여 만나게 하기란 불가능했다.

나미에 엄마는 일본의 패전을 예감했다. 일본이 항복하기 전, 그녀는 남편 앞에 무릎을 꿇었다. 숨을 깊이 들어 마시고 자신의 과거를 전설처럼 고백하며 절대로 용서하지 말라고 했다.

마에바라는 일찍이 우치무라 간조(1861~1930, 근대 일본 지식인들에게 가장 큰 영향을 끼진 기독교인)에게 심취한 공학도였다. 그는 아내의 고백에 이렇게 대답했다.

"나는 당신을 용서할 자격이 없소. 나는 당신이 어떤 일을 하고 있는지 이미 알고 있었소. 굳이 용서라는 말이 나왔으니 따지고 보면 일본제국과 그 국민인 내가 당신에게 용서를 구해야 할 것이오. 인간을 자유롭고 정직하게 사랑하며 살지 못하게 하는 권력은 악마가 휘두르는 무기와 같은 것이오. 나는 만주 일대 철도부지로부터 시작하여 중국 전역을 측량하라는 정부의 명령을 받고 동료 직원들과 그 일만 했소. 최단거리 철도 건설을 위해 해당 지역 주민들은 사람이 아닌 폐기물 같은 쓰레기로 처리되었소. 나는 머지 않아 일본이 하나님의 심판을 받으리라 확신하오. 당신 나라와 백성과 당신에게 미안하오. 나의 단 한 가지 소원은, 유일한 혈육인 나미에만은 일본으로 데리고 가고 싶소. 일본이 패망하면 일본인은 이 땅에서 살 수 없소. 내 말 이해하리라 믿소."

나미에 엄마는 남편이 선량한 사람임을 알고 있었지만 그의 영혼을 지배하는 신앙심을 발견했고, 그녀가 첩보활동을 하는 데 큰 울타리가 되었다는 것을 비로소 알게 되었다. 그녀는 딸을 남편에게 보내기로 이미 작심하고 있던 터였다. 항일투쟁으로 세워지는 중국이 반드시 공산화될 것을 예상해온 그녀 역시 일본인의 딸이 중국에서 세상과 화해하고 살아갈 수 없음을 알고 있었다.

마침내 일본 천황이 항복하자 만주국은 자동 소멸되었다. 마에바라는 딸에게 짐을 꾸리라고 했다. 나미에는 대답하지 않았다.

"나미에, 일본으로 가지 않으면 네가 사랑하는 청년에게 치명적인 부담을 줄 것이다. 일본은 중국의 원수 나라가 아니냐?"

나미에는 공포로 전율하며 아빠의 눈에 시선을 고정시키고 말없이 고개를 끄덕였다. 나미에 엄마는 쓰라린 눈을 뜨지 못했다. 그렇게 남편과 딸을 떠나보낼 때 그녀의 남편이 전에 알아둔 것이라며 그녀의 손에 쪽지를 남겼다. 딸이 사랑하는 청년의 부모가 살고 있는 곳 주소였다. 일제의 첩보력에 다시 한 번 간담이 서늘했다. 그녀는 사토 마에바라의 아내라는 허울을 벗어 던지고 당당히 조선 의용군 강혜원이 되었다.

해방 후 시동생은 가장 치열한 전장의 한 곳이던 길림성 전투에서 전사했다. 재만 한인들이 가장 많이 살고 있는 지역인 길림성과 요녕성에서 항일투쟁과 해방전쟁(내전) 당시 전사한 재만 한인과 중국인 혁명열사는 3,550명이었다. 그중에서 재만 한인이 무려 3,041명이나 되었다. 길림성 전투는 인민해방전쟁사에 기록되었고, 시동생의 장렬한 전사戰死 또한 전사戰史의 한 페이지로 기록되었으며 혁명열사로 추서되었다.

우리 가족은 '영족英族'이 되었다. 시동생의 희생으로 우리 가족이 영족이 되었다는 통지를 받은 시아버지는 자식이 죽었는데 영족이 무슨 소용이 있느냐며 애통해했지만 시동생의 영웅적인 전사를 자랑스럽게 생각했다. 자식 잃은 슬픔은 영광보다 상처가 더 깊은 것 같았다.

시어머니는 참척慘慽을 당하고 시할머니 앞에서 짐짓 내색하지 않으려고 안간힘을 썼지만 뼛속의 진기가 다 빠져나간 사람처럼 늘 허둥거렸다. 시어머니는 세상 누군들 죽음을 보지 않고 사는 사람은 없겠지만 자식을 전장에서 죽게 하는 험한 세상에 태어난 것이 한이 된다고 했다. 전쟁 없는 세상, 자식이 늙어 죽은 부모를 땅에 묻을 수 있는 태평성대에 태어나지 못한 것을 탄식하다가도 우리 가족만 평안해서 되겠느냐고 자신을 다그치듯 말하기도 했다.

골수에 맺힌 그리움

그랬다. 전쟁이 계속되면서 사람 목숨 값이 너무도 하찮아졌다. 도처에 죽음이 널려 있었다. 그런 한심한 세상 가운데 인민해방군이 진입한 우리 마을은 농지가 공정하게 분배되고 농촌소비에트 운동이 활발하게 전개되었다. 마을 사람들의 먹고사는 형편이 차츰 나아져 갔다. 우리 집도 남편이 분배받은 농지에서 근실하게 농사를 지었고, 시어머니와 내가 길쌈으로 벌어들이는 수입도 짭짤했다. 특히 삼베를 많이 짰는데, 우리 집에서 짠 삼베는 없어서 못 팔 정도로 인기가 좋았다. 베 짜는 공정이 얼마나 힘들고 복잡한지, 사람이 할 일이 못 되는 고된 작업이다. 그러나 시어머니와 함께 일하는 과정에서 나는 없어서 안 될 존재가 되었고, 고부 사이가 더욱 돈독해졌다. 시어머니는 "너는 어찌 그리 솜씨가 좋아 길쌈을 잘 하냐"며 나를 추켜세우곤 했다. 어머니의 가르침 덕이었다.

현대식 직조기술이 발달하기 전까지는 모든 가정에서 아낙네들이 가내수공업으로 식구들 옷을 해 입혔다. 무명이나, 모시, 명주 등이 아낙네들의 손끝을 거쳐 직조되었다.

삼베는 상가喪家의 필수품으로, 상주는 삼베로 굴건제복屈巾祭服과 삼베 치마저고리를 상복으로 해 입었다. 또 삼베는 살에 붙지 않고 통풍이 잘 되어 여름옷으로는 그만이다. 우리 집은 삼을 심을 수 있는 넓은 땅이 있었다. 넓은 메밀밭에 삼을 심었다. 먹고사는 일과 자식들 교육 걱정 안 하고 살게 되어 마음 놓고 지낼 수 있던 농촌 소비에트 시절, 아이들이 우리 가정을 더욱 훈기가 돌게 했다.

남편은 손재주가 남달랐다. 논에 물을 대는 양수기를 잘 다뤄 농사철엔 가까운 농가에 기술자로 불려 다니며 적지 않은 수입을 올리기도 했다. 남편은 공산당에 심취했고, 주석을 숭배했으며, 희망이 넘치는 중국을 자랑스러워했다. 집에 들어오면 아직 걸음마도 못 하는 아이의 양 겨드랑이를 붙잡고 "질라래비 훨훨" 하고 아이를 어르다가 공산당을 찬양하는 구호를 힘차게 외치기도 했다.

"공산당이여, 영원하라!"

"인민공화국이여, 영원하라!"

"마오 주석님을 찬양하라!"

아이는 아빠가 놀아주는 놀이에 "까르르……" 웃으며 화답했다.

어느 날, 낯 모르는 중년 여인이 우리 집을 찾아왔다. 마침 집안에 아무도 없어서 시어머니를 찾는 그 여인을 내가 맞게 되었다.

"저는 하얼빈에 살고 있습니다. 볼 일이 있어 장춘에 왔다가 시어머님을 뵙고 싶어 왔습니다. 이 댁 둘째 아드님 마키야마 도엔 씨가 시동생이 되지요."

그 여인은 시동생의 사진을 보여 주며 상당히 교양 있는 말투로 내게 물었다.

"예, 지 시동생입니더만도."

하고 대답하자 그 여인이 고개를 주억거리며 말을 이었다.

"저는 시동생 되는 청년의 영웅적인 투쟁을 들었고, 혁명열사로 전사했다는 소식을 들었습니다. 시동생은 우리 아이와 둘도 없이 친한 친구였답니다. 어른들끼리는 만난 적이 없지만 이 댁이 하얼빈에 살던 때니까 초등학교 다닐 때부터 친구였지요. 멀리 떨어져 있으면서도 자주 편지를 주고받으며 우정을 키웠는데 시동생이 홍군 전사가 되었더군요. 우리 아이가 늘 댁의 시동생을 생각했지요. 두 사람이 다시 만나지 못하게 되어 안타깝습니다. 제 아이도 제가 볼 수 없는 곳으로 갔습니다. 그래서 제 아이 친구 어머님이라도 만나 뵙고 싶어 실례를 무릅쓰고 이렇게 찾아 왔습니다."

여인은 감정을 억제하며 조신하게 말했다.

"아니, 아주머니 아드님도 전사했습니꺼?"

나는 내 목소리가 높아진 것을 느끼며 물었다.

"아, 예. 전사는 아니고요. 멀리 갔습니다."

여인은 당황해하는 빛을 감추며 말했다.

"안됐십니더. 자녀가 또 있지예?"

죽은 자식 잊어버리고 살라는 의미로 한 내 말에 여인의 눈 가장자리가 금세 붉어졌다.

"아들이 하나 더 있습니다. 오래 전에 장춘에서 잃어버려 찾고 있습니다만 아무리 찾아도 찾을 길이 없네……."

말끝을 맺지 못하는 여인이 눈물을 주르륵 흘리고 있었다.

"장춘에서 잃어버렸다고 했십니꺼?"

나는 문득 하오가 생각나서 다짐하듯 물었다. 여인은 목이 메어서인지 아래 입술을 깨물고 고개만 끄덕였다.

"몇 살 때 잃어버렸는데예?"

나는 한 걸음 더 다가가 물었다.

"열 살 때, 살아 있다면 스물여덟 살!"

여인은 억장이 메는 듯 군말을 붙이지 않고 숫자만 말했다.

"혹시 이름이 하오 아닙니꺼?"

나도 모르게 벌떡 일어나 하오의 이름을 말했다.

"하오? 하오? 한국말로 '한'? 그렇지요? 맞습니까?"

여인도 언성을 높였다. 확인하고 또 확인하는 과정에서 우리는 누가 먼저라 할 것 없이 서로 손을 덥석 잡았고, 여인은 울었다. 어머니를 찾으려고 애태우던 하오의 얼굴이 여인의 얼굴과 겹쳤다.

신동철에게 노무자로 끌려갔던 하오는 남편보다 더 늦게 돌아왔다. 인도네시아 쟈바 섬으로 끌려갔다가 귀국이 늦었다고 했다. 돌아오자 남편이 서둘러 막내 시누이와 결혼시켜 선인동 집에서 살고 있는 하오! 해방전쟁에 혁혁한 공을 세운 여성 강혜원이 바로 하오의 어머니였다.

새해가 되면 음력설을 쇠면서 세배도 하고 윷놀이, 널뛰기 등 신년 축하 행사를 치렀다. 아녀자들도 모두 한복을 곱게 차려 입고 행사장에 나갔다. 축하 행사 후엔 단체사진을 촬영했다. 그 사진엔 반드시 마오 주석의 사진을 맨 위 중앙에 넣었다. 단체사진이 아닌 경우에도, 각 가정의 가족사진에도 주석의 사진을 합성해 넣었다. 관공서는 물론 집집마다 거실에서 가장 잘 보이는 중앙 벽 위편에 주석의 사진을 걸어 놓고 우러러보았다. 우리 가족은 저녁마다 마오 주석의 초상 앞에서 붉은 표지의 〈마오쩌둥 전집〉과 〈어록〉을 학습하고 당의 정치학습에도 적극 참여했다. 신중국을 건국한 마오 주석은 모든 인민의 영웅이요 승리의 신과 같은 존재였다.

언제부터 시어머니의 기도하던 모습은 정치학습으로 바뀌었다. 나 역시 마오의 어록을 외우면서 하나님의 말씀을 잊어 갔다.

"여보, 조국에서 전쟁이 일어났다네."

1950년 여름, 밖에 나갔다 돌아온 남편이 심상치 않은 기색으로 한 말이다.

"그기 무신 말잉교? 와 전쟁이?"

나는 언뜻 이해가 되지 않았다. 한순간 패전으로 물러간 일본이 다시 쳐들어온 게 아닌가 싶었다.

"미군이 점령하고 있는 남쪽 군대가 북조선을 침략했다는데, 북조선이 남쪽으로 밀고 내려가 승승장구하여 곧 통일이 될 거라고 합디다."

남편이 흥분하여 숨을 거칠게 쉬며 대답했다.

"피 흘림 없는 전쟁이 어디 있다꼬? 남한이 쑥대밭이 됐다는 말입니꺼? 우리는 어느 쪽 편을 들어야 됩니꺼?"

나는 남편이 숨기고 있는 비밀을 간파하려는 듯 그의 얼굴을 빤히 바라보며 물었다.

"허, 참, 당신도. 남과 북은 같은 조국인데 무슨 그런 말을 하는 거요. 통일이 제일이지. 남조선은 일본 대신 미국의 식민지가 되었지 않소. 그래가 인민들이 깡통 차고 거렁뱅이 노릇하며 빌어먹고 산다는구려. 그런 남쪽 인민을 해방시키려고 북한 인민군대가 낙동강까지 밀고 내려갔다니 곧 통일될 것이오."

한껏 자신만만한 남편의 말에 나는 불에 덴 것같이 놀라며 남편을 추궁했다.

"깡통 차고 거렁뱅이 노릇 한다꼬요? 그러마 우리 어무이랑 동생들도 그리 살 거 아입니꺼? 어야노. 이 일을 어야노?"

내 속을 온통 뒤집어 놓는 말을 하는 남편이 원망스러웠다. 친정 식구들 생각에 숨이 콱 막힐 것 같았다. 예기치 못한 내 반응에 남편은 달리 할 말이 생각나지 않는지 어리벙벙한 표정이었다.

"여보, 풍문 아인교? 사실 여부를 확실히 모리것지만도 전쟁이 나긴 난 기라."

남편은 연민을 가득 담은 눈빛으로 나를 바라보며 위로하려고 애를 썼다. 친정 식구들 때문에 마음은 곪은 상처가 터진 것처럼 쓰리고 아팠다. 아무것도 손에 잡히지 않았다.

나쁜 소식은 어찌 그리도 빨리 전해지는지, 미군이 인천상륙작전에 성공했다는 소식이 전 중국을 휩쓸었다. 남조선 해방이 목전에 다가왔다는 승전의 기쁨을 나눌 겨를도 없이 중국의 민심이 흉흉해졌다. 미국의 참전 소식에 거대한 중국 대륙이 흔들리기 시작한 것이다. 중국 땅에서 일어난 전쟁이 아님에도 중국인들은 공포에 떨었고, 자포자기 상태의 수렁에 빠지고 말았다. 설상가상으로 중국에 원자탄이 떨어질 거라는 유언비어가 흉흉하게 나돌았다.

UN군 사령관 맥아더가 대동강 이북과 동북3성 일대에 원자폭탄 26개를 터뜨리려고 한다는 것이었다. 원자탄이 투하된다는 가공할 두려움이 전광석화처럼 번져 인민들을 공황 상태에 빠져들게 했다. 종말을 뜻하는 변천사상變天思想이 인민들 사이에 근거도 없이 퍼져 나갔다. 미국의 본격적인 중국 본토 공습을 기정사실로 보도한 언론이 공포 심리를 자극한 것이다.

중국은 세계를 지배하고 있는 미국의 막강한 군사력에 제어할 수 없는 두려움이 있었다.

"장제스가 9개 군단을 남조선에 상륙시켰다더라", "미군의 개입으로 곧 3차 세계대전이 일어난다더라" 등등…… 출처 불명의 입소문이 인민들에게 거침없이 확산되었다.

"미국 공군기가 중국 영공을 넘어와 압록강 북쪽, 동북 지방 주민들에게 기총사격을 가했다"는 보도가 베이징의 어느 신문에 기사화되자 금값이 천정부지로 폭등하고, 한 근에 6천 위안 하던 미곡이 단박에 1만 위안을 넘었다. 상인들은 사재기에 혈안이 되었다.

사람 사는 일이 고난의 연속이라는 생각을 했다. 어찌 이리도 참담한 일들을 잇달아 겪어야 하는지 탄식이 절로 나왔다.

"원자탄이 투하되마 살아남을 사람이 없을 낀데 어디로 피난을 가야 할지 막막하기만 하구먼."

남편은 근심의 무게에 눌려 위축된 안색이 잿빛이었다.

"그라마 우리 사는 곳이 일본의 히로시마나 나가사키같이 된다 아입니꺼?"

고개를 떨구고 있는 남편의 옷깃이라도 부여잡고 싶은 심정이었다. 유엔군이 중국의 국경지대까지 점령해 들어왔을 때, 우리는 '미국의 중국 공격이 임박하고 있다'는 것을 믿어 의심치 않았다.

통일에 대한 남편의 예상은 빗나갔다. 전쟁 3개월 만에 북한이 패주했다는 사실에 남편은 안색이 창백해진 채 차갑고 음울한 목소리로 말했다.

"인민군이 남조선 국방군보다 열 배의 전투력이 있고 인민군에 비해 국방군의 군 장비나 전투력이 형편없을 거라더니 겨우 3개월도 못 견디고 패주하다니!"

나는 남편의 말에 큰 충격을 받았다. 추석이 지나자 38선 이북의 모든 영토를 UN군이 점령했다는 것이었다. 남편은 불평을 늘어

놓았다. 남편은 충청도 사람 행세를 하려고 경상도 방언을 사용하지 않는 습관이 배었어도 집에서는 경상도 사투리를 썼다.

"우리 고향에 가기는 영 글렀대이. 김일성이란 자, 둘도 없는 거짓말쟁이 아이가. 남조선을 해방시켰다고 큰소리치더니 겨우 3개월 만에 심양으로 도망쳐 숨어 있다는 소문이오. 우리 식구들도 어디로든 피난가야 할 것 같은데."

근심에 찬 남편의 말을 듣고 나는 속으로 기겁을 했다. 남편은 중국이 미군에게 불가침의 요새가 아니라고 했다.

중국 공산당은 인민지원군 파병을 결의했다. 항일전쟁과 해방전쟁의 동지로 많은 희생을 감수한 조선족에게 은혜를 갚아야 한다는 것과 미 제국주의에 대항해야 한다는 것이 참전 이유였다.

그해 10월 19일, 이른바 항미원조抗米援朝의 기치를 든 인민지원군이 압록강을 건넜다. 조선의용군과 많은 조선족 청년들이 남과 북의 민족을 구하려고 참전한 것이다. 그것은 조선족들이 오랜 세월 항일투쟁을 전개해 온, 민족의 독립정신과 상통하는 것이었다.

김일성의 지원군 요청과 전황 보고를 들은 마오 주석은 곧바로 스탈린에게 전투부대 파견을 요청했다. 그러나 스탈린은 단호히 거절했다. 마오 주석은 신중국 건국 초기라 한반도에 파병하는 것이 부담스러웠다. 스탈린의 협조가 절대적으로 필요했다. 스탈린은 소련이 중국과 함께 북한을 지원함으로써 3차 대전이 벌어질 것을 우려했고, 미국이나 영국으로부터 비난받는 것을 두려워했다.

1949년 마오는 신중국의 주석이 되자마자 '중·소 동맹 상호원조조약'을 맺으려고 모스크바에 갔지만 두 달 동안이나 붙잡혀 있었다. 스탈린이 마오 주석을 믿지 않은 것이다. 그때 스탈린에게 당한 모멸과 모욕을 주석은 죽을 때까지 잊지 못했다. 주석은 늘 소련이 중국을 집어삼키려 한다고 생각했고, 소련의 팽창주의를 경계했다. 그럼에도 북한을 구하려고 스탈린의 도움을 요청한 것이다.

1951년 1월, 인민지원군이 평양을 탈환했다는 승전보가 들렸다. 이런 낭보에도 중국의 민심은 '미 제국주의가 술수를 부린다'며 의심했고, 인민들은 그 의심에 공감했다. 중국은 세계 최대 군사 강국인 미국에 대한 심리적 공포에서 헤어나지 못했다.

6·25 전쟁은 지루한 교전과 협상 끝에 3년 만에 휴전이 되었다. 또다시 남과 북은 휴전선으로 가로막혀 내가 꿈꾸던 고향은 돌아갈 수 없는 고향이 되었다.

중국 공산당은 1952년 길림성 옌벤을 '옌벤 조선족자치구'로 명명하여 조선족이라는 소수민족 명칭을 최초로 공식화했다. 자치권을 부여받은 조선족들은 큰 자부심을 갖게 되었다.

공산주의나 민주주의가 우리 가족에겐 아무런 의미가 없음에도 우리는 사상적 권력을 가진 자들 때문에 고향을 잃고 살아야 했다. 이산의 아픔과 고통 속에 살아야 하는 세월을 아무도 보상해 주지 않을 것이었다. 북한을 통해 들려오는 고향 소식은 비참하기만 했다. 어머니와 동생들이 눈에 밟혀 하루도 마음이 편치 않았다.

통일이 되어 고향에 돌아가기를 꿈꿔 오던 환상은 환멸로 바뀌고 말았다. 괴롭고 속절없는 감정은 끝 모를 수렁을 허우적거리는 듯했다. 아득한 기억을 더듬어 고향 집에 살고 있을 어머니와 동생들을 떠올리려 해도 안개 속처럼 어렴풋하기만 했다.

어느 날, 우물에서 빨래를 하다가 가슴에서 뭔가 딸깍 끊기는 것 같은 느낌이 들더니 서서히 통증이 시작되었다. 셋째아이를 낳고 산후조리가 시원치 않았던지 몇 달째 몸이 성치 않던 참이었다. 무엇보다 밥이 목구멍으로 넘어가지 않아 식사를 제대로 할 수 없었다. 막막하고 헛헛하여 갈피를 못 잡고 눕고 말았다. 한의에게 진맥도 해보고 한약을 다려 먹고 침도 맞아 보고 병원에도 가보았다. 원인을 알 수 없다고 했다. 처방약을 먹어도 효과가 없었다. 무시로 가슴이 찢어질 듯한 통증이 오는가 하면 속에서 불이 치솟아 열이 오르기도 했다. 무엇보다 사지육신 마디마디의 힘이 다 풀어진 듯 운신하기가 힘들었다. 가슴에 천근처럼 무거운 쇠뭉치가 내려앉아 있는 것 같아 아이를 제대로 건사할 수 없어 전전긍긍했다.

심약한 자신이 혐오스럽고 진저리가 났다. 암만해도 이상하다며 시어머니가 생후 6개월도 안 된 아이를 내 품에서 떼어냈다. 시어머니는 어린 것을 업고 생쌀을 이빨로 씹어 화롯불에 암죽을 끓여 젖 대신 먹였다. 땔감이 변변치 않아 때 끓이는 일이 보통 곤욕이 아니었다. 큰딸 등엔 늘 배고파 칭얼대는 아이가 업혀 있었다. 시어머니의 고생이 이만저만이 아니었다. 낳은 자식을 건사하지 못하는 내 몸이 한스럽고 수치스러웠다.

앉고 눕는 기동조차 곁에서 누가 부축해 주지 않으면 꼼짝도 못했다. 죽음처럼 잠에 빠져들면 이러다 자취 없이 죽어버리는 게 아닐까 싶은 생각이 갉죽거리기도 했다. 특별히 심한 증세를 나타내는 것도 아니면서 시난고난 병줄을 놓지 못했다.

하루는 남편이 장춘에 침 잘 놓는 한의가 있는데 죽을병도 낫게 한다는 소문을 들었다며 가보자고 했다. 나는 머리를 저었다. 침 맞아 나을 병이 아니라는 생각이 든 것이다. 남편이 정성을 쏟은 보람도 없이 차도가 없으면 그 실망을 어찌 감당하랴 싶었다. 말은 하지 않았지만 내 몸에 깊은 병이 들어 있으리라 생각했다.

"마차를 준비했소. 제발 다녀오입시더. 이러다 생사람 잡을까 걱정이 태산이오. 우짜든둥 어린 자식들하고 내를 두고 죽을 생각이 아니라면 내 말 좀 들어요."

남편의 말은 단호했다. 나도 모르게 남편 눈치를 보게 되었다. 마차가 기다리고 있다는 데야 더 버틸 수가 없었다.

유명한 한의원이라는 말대로 마부가 헤매지 않고 한의원에 내려주었다. 내 손목을 잡고 맥을 짚어 본 조선족 한의원이 한심스럽다는 표정으로 책망했다.

"이렇게 맥을 놓고서야 어찌 살기를 바라겠소. 기맥이 진해서 이대로 두면 일 나겠소. 일구월심 바라던 일이 있었던 모양인데 그것이 막히자 맥을 탁 놓아버렸지 싶은데……."

"제 아내 좀 살려 주십시오."

남편이 의원에게 머리를 숙이며 간청했다. 의원은 걱정할 것 없고 막힌 기를 뚫어주면 차츰 나아진다며 시원스레 대답했다. 내가 죽지 않고 소생할 희망이 있다는 말에 용기가 솟았다. 의원은 내 몸의 막힌 혈을 꼼꼼히 찾아 정성껏 시술했다. 신비하게도 그 침을 맞고 나자 오장육부에서 식욕이 되살아났다. 내 몸은 서서히 회복되어 갔다. 새로 태어난 듯한 기분으로 살려고 마음을 다잡았다.

고향, 돌아갈 수 없는 그곳에서 어머니와 동생들이 날마다 나를 부르고 있는 것 같았다. 고향은 떠난다고 해서 영원한 작별일 수 없는 곳. 날이 가고 달이 갈수록 가슴에 살아 오르며 그리운 냄새를 풍겨주는 곳이다. 내 존재의 출발점이자 생명의 뿌리이며, 나의 순수한 정이 맺힌 나의 핏줄이 부르는 곳이다. 삶의 환희와 슬픔이 엉긴 그리움이 골수에 맺혀 끝끝내 떨쳐버릴 수 없었다.

2부

을이의 버려진 여백

유년의 뜰

어젯밤 꿈에서 본 선인촌은 내가 떠나올 때 모습 그대로였다. 나는 하늘 끝 저편까지 푸르게 맞닿아 있는 밀밭이랑에 서 있었다. 바람결을 타고 눈부시게 일렁이는 푸른 물결 위로 목화솜 같은 뭉게구름이 둥실둥실 떠다니며 산마루에 걸려 있었다.

마을 입구엔 어느 심술궂은 비바람에 우듬지 꺾인 버드나무가 긴 머리를 풀어 내린 채 흐느적거리고, 동네 한가운데 고목이 된 느티나무도 옛날 그대로였다.

무성한 잎을 피우고 마을의 수호신처럼 서 있는 느티나무, 바람이 없어도 서늘한 그늘 밑 평상엔 동네 아저씨들이 장기를 두며 도란도란 이야기를 나누고 있었다. 앞니가 빠진 아저씨는 그늘에 앉아 있으면서도 밀짚모자를 쓰고 있는데, 낯익은 모습이다.

"아, 아버지와 친하게 지냈던 마씨 아저씨인 게야."

잠꼬대 같은 말을 중얼거리며 꿈에서 깨었다. 악몽을 꾸다가도 웃으며 깨고 싶은 내게, 선인촌의 풋풋한 꿈은 절로 미소짓게 했다.

내 인생의 새벽이 있는 그곳, 중국 길림성 장춘역에서 기차를 타고 가다가 연통산역에서 내려 동가촌東家村, 맹가촌孟家村을 지나 이십 리쯤 더 들어가면 아늑하게 자리 잡고 있는 선인촌·박가촌이라고도 하는 마을이다.

내 생애에서 가장 행복했던 시절이 고스란히 담겨 있는 마을. 그곳은 내가 지치고 힘들 때마다 아련한 신기루처럼 피어오르는 유년의 고향이다. 내게 아름다운 날들은 선인촌에서 보낸 유년 시절만이 세월의 산맥을 넘고 시간의 강을 건너 진실로 존재하고 있다. 숨가쁘게 살아온 날들, 허기진 현실의 삶 가운데 근심걱정 없고 순진무구했던 풍요로운 시절이 내게도 있었다는 것이 위안을 준다. 문득 그리움으로 담금질 당하기도 하는 추억을 나만의 은밀한 상자에 가둬놓고 배고플 때, 외롭고 슬플 때 슬그머니 꺼내보곤 한다.

그곳 겨울은 강고한 동토凍土였다. 눈이 내 키보다 높이 쌓이는 혹독한 추위가 동짓달부터 이듬해 3월이 지나도록 계속되었다. 마을 사람들은 살인적인 추위를 이겨내기 위해 진흙에 볏짚을 썰어 넣어 만든 두꺼운 흙벽돌로 집을 짓고 살았다. 진흙 집은 겨울에 보온이 잘 되었다. 한여름엔 폭양이 기승을 부려도 열기를 차단해 집안은 서늘할 정도였다. 우리 집은 동네에서 제일 근사했다.

아래채엔 일꾼들이 기거하는 여러 개의 방과 곡식을 저장하는 창고도 있었다. 하지만 혹한과 폭염을 견디기 위한 전통적인 북방식 가옥 구조로 건축된 방은 창문을 자그맣게 다는 바람에 대낮에도 굴속처럼 어둠침침했다. 바느질하던 어머니가 바늘귀를 꿸 때면 한지를 바른 창문 가까이 다가가 실 끝에 침을 발라 꿰면서도 서너 번씩 헛손질을 해댔다.

선인촌은 물이 귀했다. 어머니는 물 한 방울도 허투루 버리지 않았다. 동절기가 되면 어머니는 밥 지을 때 말고도 군불을 때서 우리 5남매의 천국에 훈기가 돌게 했다. 우리의 밝은 웃음소리와 어머니의 온기와 포근함, 그리고 자상한 아버지의 자식 사랑이 온 집안을 가득 채웠다. 그곳은 내가 자라며 마음껏 휘젓고 다니며 뛰놀던 화려한 양지였다.

나는 옛날이야기를 좋아했다. 어머니가 반짇고리를 끌어당기는 날은 어머니 무릎 곁에 턱을 괴고 다가앉아 옛날이야기 해달라고 졸랐다. 나만이 아니라 남매들이 다 어머니의 옛날이야기를 좋아했다. 유난히 겨울이 긴 북만주 지역 동지섣달 긴긴 밤이면 엄마는 '종從전', '유충렬전', '콩쥐 팥쥐', '심청전', '춘향전' 등 눈물 없이 들을 수 없는 이야기들을 해주었다. 전에 들은 이야기도 어머니가 고저장단을 맞추고 가락을 가다듬어 이야기할 때마다 우리는 넋을 놓고 어머니의 입을 바라보면서 울기도 하고 웃기도 했다. 어머니는 슬픈 장면에선 목이 메어 진짜 눈물을 흘리기도 했다. 시대를 바꿔 태어났다면 어머니는 명배우가 되었을 것이다. 이야기 밑천이 다 달아나면 호랑이 이야기를 소설처럼 지어 내서 해주었다. 오빠는 그런 이야기를 좋아했지만 나는 무서운 대목에서는 귀를 막고 돌아앉아버리곤 했다. 아버지도 어머니의 옛날이야기 솜씨가 청산유수 같다고 했다.

어머니는 시집 올 때 한지에 필사한 책을 두 궤짝이나 가져왔단다. 할머니가 혼수인 줄 알고 책 궤를 열었다가 새파랗게 질겁을 했다는…….

"하이고, 이기 무신 쓰레기가? 쟈가 이 쓰레기 가지가 알상급제 허고 어사화 꽂을랑갑다. 머리털 나고 시집오는 처자가 책 궤 메고 오는 것 본 인사 있으마 말들 해보그라. 박 씨 집안에 서책 읽고 가사歌詞 짓는 인사가 모자라가 책방도령 메느리 덧붙이는 기가? 내사 그 꼴 못 본다. 고마 이 궤짝, 잿간에 가지고 가서 당장 불 싸지르그라."

고함치는 할머니 앞에서 어머니의 서책들은 어머니의 눈물 깃에 젖어 불구덩이로 들어가 재가 되었다고 한다.

어머니가 가져온 서책들은 재가 되었어도 어머니의 뇌리엔 녹슬지 않은 생생한 이야기들이 남아 있었다. 그 이야기들은 원본보다 더 진하고 감미롭고 감동적으로 각색되어 누에고치에서 명주실 뽑아내듯 새록새록 풀려 나왔다. 우리는 어머니의 옛날이야기를 들으며 잠이 들었고, 비가 오거나 눈 내리는 날엔 어머니가 삶아 준 옥수수, 군고구마, 찐 감자 같은 군것질을 하며 옛날이야기를 들었다.

겨울철에 접어들면 온 산야에 눈이 쌓이기 시작했다. 회색 하늘에서 얼어붙은 땅으로 내리는 눈은 선명한 빛을 잃은 채 하염없이 내려 쌓였다. 지상에는 장설같이 눈이 쌓여 있어도 눈구름이 걷힌 쪽빛 하늘은 쨍그랑 소리를 내며 쪼개질 듯 창창했다. 모질게 드높은 하늘을 보고 있으면 공연히 눈물이 났다. 그런 나를 어머니는 청승스럽고 사위스럽다며 야단을 쳤다. 무정하고 쌀쌀맞게 차디 찬 하늘은 내 가슴을 전율시켰다. 그토록 추운 날씨에도 햇살이 비치는 양지쪽 회양목이나 앞산 소나무 가지에 하얗게 얹혀 있는 눈은 아무도 모르게 조금씩 녹아 내렸다. 사철나무의 검푸른 잎새는 눈을 짊어지고 묵묵히 제자리를 지켰다. 함박눈이 쌓여도 단 한 줌의 눈도 품어 주지 못하는 헐벗은 나뭇가지들이 하늘을 향해 안쓰러운 몸을 떨고 서 있는 모습은 너무도 가난하고 초라했다.

선인촌은 오십여 호의 초가집들이 옹기종기 모여 있는 동네였다. 박씨들만 모여 사는 집성촌이라 모두 항렬을 따져 아지매, 아제, 누부, 오빠라고 불렀다. 설 무렵이면 눈이 유난히 많이 내렸다. 강추위 속에 내리는 눈은 녹을 겨를이 없어 눈 위에 눈이 쌓이기 일쑤였다. 그래도 부지런히 눈길을 내어 갇혀 지내는 법은 없었다.

명절이 다가오면 어머니는 가마솥에 조청을 고아 거실 한 모서리에 여러 개의 찹쌀엿 단지를 늘어놓았다. 내가 좋아하는 식혜와 강정, 한과도 만들었다. 노란 콩가루와 검은깨로 위아래 고명을 놓은 찰시루떡은 온 식구가 좋아했다. 떡국에 쓸 가래떡도 많이 뽑았다. 가래떡은 무병장수의 기원을 담은 떡이라 했다. 조랭이떡도 만들었다. 액厄막이의 의미를 담고 있다는 조랭이떡을 떡국에서 건져 먹는 맛은 호사에 가까웠다. 섣달 그믐날이 다가오기 전, 아버지는 오빠를 데리고 조부모님 계신 고향에 갔다. 설엔 이웃끼리 세찬歲饌을 나눠 먹었다. 섣달그믐날 어머니는 가래떡과 한과를 담아 언니와 내 머리에 이어 주고 이웃집에 갖다 주고 오라 했다. 세찬은 평소 우리 집과 가까이 지내는 몇몇 집에만 드렸다.

해마다 요한의 집엔 내가 갔다. 따끈따끈한 양재기를 머리에 이고, 조그만 대소쿠리에 한지를 깔고 한과를 담은 보퉁이를 들고 갔다. 눈이 첩첩이 쌓인 골목길을 지나 요한네 집 문을 두드리며 "요한아! 요한아!" 하고 부르면 요한 엄마가 달려 나왔다. 요한 엄마는 재빨리 세찬을 받으며 내 시린 손을 이끌고 할머니 방으로 데리고 갔다. 나와 동갑내기인 요한은 할머니와 한방을 쓰고 있었다. 내가 크면 손주며느리 삼겠다던 할머니 방은 행복의 부피가 팽팽하게 느껴지는 풍성함이 가득했다.

할머니는 말에 공들임 없이 입가에 가득 담은 미소와 함께 나를 추켜 주어 나는 금세 황홀해지곤 했다.

설빔으로 치장한 우리 자매들은 어머니께 세배를 드렸다. 그리고 요한의 집에 가서 어른들께 세배를 드린 뒤 새해 예배를 드렸다. 어머니는 두둑한 감사예물을 드렸는데, 그 헌금은 나라를 위해 쓴다고 했다.

요한의 할머니는 얼굴이 달걀처럼 동그스름하고 아름다웠다. 앉거나 선 자세가 언제나 꼿꼿하고 당당했으며, 매무새에 흐트러짐이 없었다. 외출할 때는 꼭 자주색이나 검은색 비단 남바위를 쓰고 다녔다. 이마를 덮은 남바위 한가운데 가지런히 달린 조그만 오색구슬이 찰랑거리는 모습을 볼 때마다 나는 침을 꼴깍꼴깍 삼켰다. 그 구슬의 아름다움과 화려함은 나에게 희망에 찬 환상을 심어 주었다. 솜을 둔 할머니의 남색 비단 두루마기는 또 얼마나 멋스러웠던지! 마치 하늘의 황궁에서 내려온 항아님 같았다.

나는 어른이 되면 그런 남바위에 그런 두루마기를 해 입으리라 다짐했다. 그때 내 존재의 모든 것은 미래의 환상과 행복한 꿈을 담고 있었다. 할머니의 그림자는 깊고 그윽했다. 나는 사뿐사뿐 걷는 할머니의 걸음걸이와 기도하는 모습도 닮고 싶었다. 어쩌다 혼자 방에 있을 땐 할머니처럼 기도했다.

그런 할머니가 성경 이야기를 하면 나는 넋 나간 듯 그 이야기에 흠뻑 빠졌다. 요한은 나와 같이 놀기를 좋아했지만 나는 사무엘 이야기를 듣고 나서 요한에게 우리도 사무엘처럼 기도하자고 조르며 말했다.

"내는 하나님이 내 이름을 한번만 불러도 금세 알아들을 수 있을 것이대이. 사무엘은 멍청해. 하나님이 부르시는데 와 엘리 제사장을 찾아가? 그라마 안 되제. 요한아, 우리가 기도하믄 하나님이 부르실 끼고 우리는 금방 알아들을 수 있을 거 아이가?"

"너나 해라. 나는 우리 할머니가 하는 성경 이야기 다 안다. 맨날 하시니까."

잘난 척하는 요한의 반응이었다.

선인촌 사람들은 요한의 아버지나 할머니가 전도를 목적으로 이주하여 솜 장사를 한다고 알고 있었다. 실로 마을 사람들은 여러 집이 전도를 받아 하나님을 믿었다. 나는 열심히 기도했다. 하나님이 언젠가 "을이야! 을이야!" 하고 부르시리라 믿으며.

아버지의 말에 의하면 요한의 할머니와 그의 아버지는 평양을 오가며 솜 장사를 한다고 했다. 원체 추위가 극심한 지역에 사는 중국인들에게 조선의 목화솜은 인기가 좋았다. 그 무렵 조선과 만주의 국경을 넘나드는 무역은 쉽지 않은 일인데 이문을 많이 남기는 솜 장사를 하는 것은 순전히 요한의 할머니가 수완이 좋아서라고 아버지가 말했다. 일본 헌병이나 순사들이 할머니를 보면 귀족 가문의 귀부인으로 보고 까다롭게 검사를 하지 않기 때문일 거라고도 했다. 그런 장사는 더 큰 일을 하기 위해서인데, 함부로 말해서는 안 되는 일이라고 했다.

요한과 동네 아이들이 모이면 술래잡기도 하고 옥수수 밭을 드나들며 숨바꼭질도 했다. 요한은 내게 붙잡히는 때가 많았다. 그럴 때면 멋쩍어하기도 하고, 분해서 씩씩거리기도 했다.

요한은 눈이 오면 눈을 뭉쳐 성 쌓는 놀이를 좋아했다. 성을 쌓고 그 안에 집을 지었다. 여러 채도 아닌 두 채를 마주보게 지었다. 땀 흘리며 정성을 다해 짓고 나서 한 채는 언제나 나를 주었다. 앞으로도 꼭 눈 집을 지어주겠다고 굳게 약속했다. 눈이 쌓여서 성채와 집들이 묻히면 그 옆에 다시 성을 쌓고 집을 지었다. 나는 요한이 눈집 짓는 것을 돕는 게 즐거웠다.

학령기가 되자 요한은 학교를 다녔다. 그 애가 책가방을 메고 학교에 가는 모습을 보면 부럽기 짝이 없었다. 학교를 다니지 못해 내 머리가 좋은지 나쁜지 알 수 없었지만 누구보다 공부를 잘할 수 있을 것 같았다.

딸들에 대한 아버지의 신념은 무재시덕無才是德이었다. 딸자식에게 글을 가르치는 것은 실덕失德을 부추기는 것과 같으며, 글을 배워도 부덕婦德과 정절을 지키지 못하는 천한 기녀妓女들과 같게 할 수는 없다 했다. 무엇보다 아버지는 재주 있는 여자는 단명하고 박복하다고 믿었다. 아버지는 남달리 총명한 딸들을 오히려 걱정하며 지적 호기심을 봉쇄하려 전전긍긍했다. '총명한 남자는 성城을 쌓지만 총명한 여자는 성을 무너뜨린다'는 《시경詩經》의 내용이 선대부터 이어져 온 우리 가문의 전통사상이었다.

딸들을 교육시키지 않는 것이 아버지의 사랑의 징표였고 양육의 목표였다. 완강한 아버지의 벽을 넘을 수 없었던 나는 쓴 약을 억지로 삼키는 심정으로 순종해야 했다. 언니도 그랬다.

둘도 없이 친하게 지내던 요한이 학교를 다니게 되면서 나와 점점 멀어졌다. 새로운 친구들과 사귀게 되자 그는 내게 곁을 주지 않았다. 날이 갈수록 서먹서먹해졌다. 몹시, 아주 몹시 서운했다.

어느 날은 요한이 내 앞을 지나면서 아는 체도 하지 않았다. 나를 못 본 척 타박타박 걸어가는 그 애를 보자 다리가 후르르 무너져 내려 무간지옥으로 떨어지는 느낌이었다.

어머니에게 학교 보내 달라고 앙탈을 부려 보았지만 어머니의 권역 밖의 일이었다. 요한의 외면은 나를 고독하게 했다. 그 무렵 나는 아무도 모르게 뿌연 안개 같은 두통을 앓으며 제 설움에 겨워 마음이 경련할 때가 많았다. 학교라는 곳이 우주만큼의 무게로 다가오기도 하고, 별빛처럼 멀어져 가기도 했다. 아이들이 학교에서 돌아올 때쯤이면 절대로 골목길로 나가지 않았다. 요한네 집 심부름도 가지 않았다. 그렇게 어린 날의 요한과 나의 우정은 끝났고, 아득한 유년의 추억 속에 회상되는 이름으로 남아 있다.

오빠는 어려서부터 신동이라는 말을 들었다. 요한의 할머니는 오빠를 여간 아끼고 사랑하는 게 아니었다. 요한도 오빠 앞에서는 껌벅했다. 오빠도 그 애가 이것저것 물으며 성가시게 해도 귀찮아하지 않고 나와 잘 놀라고 다독이며 예뻐했다. 나는 신동이라는 말이 무슨 뜻인지 정확히 알지 못했지만 아주 좋은 뜻이라 짐작하고 오빠를 자랑스럽게 여겼다. 오빠는 우리 집에서 유일한 학생이었는데, 시험만 보면 일등을 하여 상장과 상을 많이 타왔다.

아버지는 오빠의 상장을 벽에 차례로 빼곡하게 붙여 놓고 흐뭇해하며 바라보곤 했다. 오빠는 머리도 좋았지만 집중력이 대단했다. 한번 책상에 앉으면 우리 자매들이 참새 떼처럼 재잘거리며 요변을 떨고 일꾼들이 부산스러워도 귀를 막고 있는 사람같이 공부에 집중했다. 친구들과 어울려 다니는 일도 없었다.

그런 오빠에게 박태완이라는 유일한 친구가 있었다. 그는 우리 옆집에 살았다. 태완 모자는 굶으며 먹으며 어렵게 살았다. 투전꾼인 그의 아버지는 며칠씩 투전판에서 날새기를 하다가 집에 들어오면 밤낮없이 잠을 자고 일어나면 또 투전판으로 갔다.

태완 어머니는 중국 사람이었다. 주로 우리 집에 와서 부엌일을 거들며 생계를 이어갔는데, 깔끔한 구석이 없었다.

여섯 살 무렵, 처음으로 그 집에 심부름을 갔다. 그날 본 태완의 집은 조그만 마당도 있고 외양은 멀쩡했지만 방안은 엉망이었다. 아니, 방이라는 게 없었다. 그냥 흙바닥이었다. 한가운데 화로가 있고, 그의 부모가 쓰는 낡은 침상은 동쪽 벽에, 태완의 침상은 서쪽 벽에 붙여져 있었다. 침상을 반쯤 가린 울긋불긋한 천은 얼마나 오래 빨지 않았는지 때가 덕지덕지 절어 있었다.

나중에 알게 되었지만, 중국의 가난한 사람들은 대부분 그런 집에서 산다는 것이었다. 집이야 어쨌든 오빠의 유일한 친구인 그는 동작이 민첩하거나 영리해 보이는 구석은 없지만 말도 잘 하고 머리 회전도 빠른 데다 의협심이 강했다. 오빠보다 세 살이나 위인지라 키도 크고 기운도 셌다. 오빠가 초등학교에 입학했을 때였다.

아버지는 오빠에게 고급 학용품을 사다 주었다. 하루는 오빠가 학교에서 울며 돌아왔다. 하교 길에 덩치 큰 급우들에게 학용품을 빼앗긴 것이다. 빼앗기지 않으려고 저항했지만 상대가 안 되어 오히려 매만 흠씬 맞고 왔다. 아버지는 오빠의 몸을 살펴보더니 얕은 기침을 하면서 말했다.

"대장부 사내가 그깟 일로 울고 다니마 으짜겠노. 사내들끼린 그래 싸우면서 크는 것이대이. 뚝, 뚝 그치거래이."

"야가 아파 가 울지 않십니꺼? 그까짓 학용품 그냥 주지 와 이렇게 맞고 댕기노?"

오빠를 끌어안고 어머니는 몹시 안타까워했다.

태완이 그 이야기를 듣고 다음 날, 오빠의 가방을 들고 학교까지 따라가서는 수업이 끝날 때까지 교문 앞에서 오빠를 기다리고 있었다. 아이들이 우르르 교문을 나서자 태완이 오빠 뒤를 따라오는 한 학생을 낚아채며 물었다.

"어제 형민이 때리고 학용품 빼앗아간 놈이 너지? 바른대로 말하지 않으면 팔을 부러뜨릴 것이야!"

"아, 아야, 아프단 말이야. 놓고 말해. 말할게. 말한다니까."

태완이 아이의 팔을 비틀며 엄포를 놓자 아이는 비명을 질렀다.

"저기 오네. 저기 오는 애들 둘이 그랬는데. 그렇지, 형민아."

아이는 오만상을 찌푸리며 오빠를 때린 아이들을 지목했다. 그들이 다가오자 태완은 목에 힘을 주며 말했다.

"네놈들이라고? 왜 형민이 때렸냐? 너희들 나 따라와!"

"그냥 가."

오빠는 두려워하며 태완의 옷자락을 끌었다. 누이들 속에서 자란 탓인지 오빠는 남자다운 씩씩함이 없고 조용하고 여렸다. 태완은 태산처럼 버티고 서서 번개같이 두 아이의 멱살을 잡아 끌었다. 그는 그 아이들을 으슥한 골목길로 끌고 갔다.

"내가 누군고 하면 바로 형민이 형이다. 오늘 네놈들 임자 만났다. 형민이 때린 만큼 네놈들을 흠씬 두들겨 패줄 테다. 알았니?"

태완의 부리부리한 눈과 덩치를 보고 부들부들 떨고 있던 아이들은 태완이 주먹을 날리기 전에 오빠에게서 빼앗은 학용품을 돌려주며 잘못했다고 싹싹 빌었다. 태완은 어른처럼 말했다.

"야, 이놈들아, 도둑질할라고 학교 다니냐? 남의 물건 빼앗는 건 날강도고 도둑놈이야. 알겠어? 앞으로 형민이랑 사이 좋게 잘 놀겠다고 약속하면 이번 한 번은 봐주겠다. 어쩔래?"

태완이 험상궂은 인상으로 우격다짐을 하자 아이들은 다시는 그러지 않겠다고 맹세했다.

아버지는 물론 어머니도, 누가 시키지도 않았는데 오빠를 생각하는 태완의 심성에 탄복했다. 이런 일이 있고 나서 아버지가 태완을 학교에 보냈다. 오빠보다 나이가 위지만 그는 오빠와 같은 학년이 되었다. 태완은 오빠의 든든한 보디가드였다. 눈이 많이 오는 날은 그가 오빠를 업고 오기도 했다. 오빠는 우리 자매들보다 태완을 더 좋아하는 것 같았다. 오빠가 그를 만나면 낄낄대고 툭툭 치면서 장난도 치고 즐거워했다. 그런 모습을 보면 그가 무슨 말을 어떻게 해서 오빠가 저렇게 웃고 야단일까, 궁금하기도 했다.

태완은 밤마다 우리 집 뒤 울타리에 기대서서 하모니카를 불었다. 그는 하모니카를 정말 멋지게 잘 불었다. 특히 달 밝은 밤에 부는 하모니카 소리가 참으로 듣기 좋았다. 그 소리가 온 마을을 휘감고 밤 하늘을 향해 비상하는 것 같았다.

언니는 하모니카 소리가 너무 애잔하고 처량하다며 싫어했다. 그의 아버지가 투전판에서 따 온 것이라는 하모니카는 동네방네 귀물이었다. 아이들은 태완만 보면 하모니카를 불어 보라고 했다. 부잣집 아이도 하모니카가 없던 시절, 그는 하모니카 때문에 아이들 앞에서 뽐낼 수 있었다. 그래도 젠 척하는 모습은 없었다. 어른들은 나이답지 않게 의젓한 구석이 있다며 그를 칭찬했다.

태완이 초등학교 5학년 되던 해, 장가를 가야 하는 뜻하지 않은 일이 벌어졌다. 그의 각본에 없는 등장인물이 나타난 것이다.

어느 날 태완 아버지가 방울같이 생긴 귀엽고 조그만 처녀를 데리고 왔다. 태완 아버지는 처녀를 데리고 오게 된 경위를 자랑스럽게 늘어놓았다.

"노름 판에서 밑천이 떨어진 어느 아비가 딸을 내놓았지. 나는 무슨 일이 있어도 저 애를 따다 며느리 삼으려고 작심하지 않았겠나. 허, 그랬는데 내가 판을 싹 쓸었다니까. 횡재한 거지. 횡재."

"너 몇 살이냐?"

남편의 말을 듣고 마음이 물러터진 태완 어머니가 물었다.

"열여덟 살입니다."

처녀는 이미 자신의 운명을 받아들인 듯 선선하고 야무지게 대답했다.

“열여덟이라고? 아이고, 나이를 어디로 먹었기에 그렇게 콩알만 하냐?”

태완 어머니가 자라다 만 것 같은 처녀를 찬찬히 살피며 은근하고도 처연한 낯빛으로 어이없어 하며 말했다.

“허, 참, 미련하기는. 비교할 데가 그리 없어 콩알 타령인가? 제대로 먹지 못하면 자라지 못하는 게지.”

아편에 절은 태완 아버지가 푸석푸석한 얼굴에 비죽비죽 웃음기를 얹어 타박하고 나섰다.

일찍이 동네 노인들이 아편쟁이에 노름꾼인 태완 아버지를 마을에서 추방하려고 여러 차례 모임을 가졌다. 동네 젊은이들과 자라나는 아이들에게 나쁜 영향을 끼친다는 우려에서였다. 노인들의 회의는 만장일치가 아니면 가결되지 않아 태완네 건은 번번이 무산되었다는데, 이는 태완네 조상의 공덕 때문이라 했다.

박가촌(朴家村)

박가촌은 350여 년 전 역관으로 청나라를 왕래하던 박순득이라는 태완의 선대에 의해 조성된 집성촌이다. 그 시절 백성들은 농업 외의 생산 수단이 없었다.

한번 어느 고을에 터를 잡으면 이주가 어려웠다. 몇백 년이 지나도 하늘만 바라보며 살았다. 장가를 가는 남자와 달리 여자는 태어나면 죽을 자리까지 알고 살았다. 삼국시대부터 1,500년이 넘도록 남자들은 처가살이를 했기 때문이다. 혼기에 이른 자녀가 있는 양가에 혼인이 결정되면 신부 집은 뒤뜰에 작은 서옥(壻屋, 사위집)을 지었다. 혼인 날 신랑이 와서 혼인을 청하면 신부의 부모는 혼인을 허락하고 혼례를 치른 다음 첫날밤을 서옥에서 보내게 했다. 신랑은 다음 날 혼자 본가로 돌아가 부모에게 하직 인사를 하고 처가로 갔다. 그리고 본가를 오가며 처가살이를 했다. 신부는 자식이 장성할 때까지 친정에서 살다가 시댁으로 가기도 했지만, 친정에서 그냥 사는 경우가 많았다. 한국에서 처가살이 전통은 17~18세기까지 지속되었다. 나라에서도 전혀 간섭하지 않았다.

황해도 사리원에서 태어난 박순득은 형들이 일찍 죽는 바람에 독자 아닌 독자로 자랐다. 그는 장성하자 신의주로 장가를 갔다. 그의 처가살이는 굴욕과 고역의 세월이었다. 장모는 오뉴월에도 서리가 내릴 만큼 표독하고 표리부동하여 종잡을 수 없는 사람이었다. 박순득은 온갖 허접쓰레기 같은 일을 도맡은 상머슴과 다름이 없었다. 장인 역시 사위를 단 한 번도 가족으로 대하지 않았고, 곡식 축내는 더부살이요 군식구로 여겼다.

약삭빠른 역관으로 돈벌이에 이골이 난 장인은 사위를 부려먹을 줄만 알았지 사람대접을 하지 않았다. 외동딸로 자란 아내도 저밖에 몰랐다. 살가운 구석이라고는 눈을 씻고 봐도 없었다. 자식을 낳고 살아도 손톱만 한 정도 주지 않고 저만 위하라고 했다.

박순득은 본가가 멀어 내왕하기도 힘들었다. 효성이 남다른 그는 늙은 홀어머니만 생각하면 가슴이 메었다. 역관인 장인을 따라다니며 알게 된 중국의 혼인제도는 한국과 전혀 달랐다.

박순득의 처가는 무남독녀 외딸이 낳은 외손주들을 친가로 보낼 생각을 하지 않았다. 박순득은 따가운 눈총과 모욕을 받으면서도 자식들을 생각하며 태연자약한 척했지만 깊은 숨을 들이마시곤 했다. 그는 그대로 살다가는 명을 단축시킬 것만 같았다. 자식들이 태어나도 기쁘지 않았다. 자식의 앞날을 생각하면 아뜩했다. 더 이상 견딜 수 없다 싶어 본가에 다녀오겠다는 말을 남기고 처가를 나왔다.

그는 끓어오르는 분노의 에너지로 생명의 길, 사람대접을 받으며 살 길을 찾아 압록강을 건넜다. 장인을 따라 다니며 목숨의 위협도 여러 번 겪은 그였다. 그가 중국으로 간 것은 허황된 공상의 단계를 뛰어넘어 인생의 새판을 펼쳐 보겠다는 절실함에서였다.

살아남기 위해 앞뒤 재지 않고 온몸으로 희망을 부여잡고 걷고 또 걸었다. 그렇게 그는 선명한 미래를 향해 발톱이 빠지도록 뿌리내릴 곳을 찾아 헤매고 다니며 좌절도 했다.

박순득의 발이 멈춘 곳, 그곳은 태어나고 자란 고향과 비슷한 정취가 있었다. 앞산은 나지막하고 뒷산은 울창한 소나무가 솔향기를 풍겼다. 인가가 멀지 않은 산자락 아래 반 타원형을 이룬 분지였다. 터를 닦고 집을 지으면 고향 마을과 다를 바 없는 고을이 될 것 같았다. 앞산을 올라가 보았다. 광활한 황무지가 봄빛을 머금고 보랏빛을 띤 아스라한 산자락까지 뻗어 있었다. 주인 없는 황무지가 분명했다.

박순득은 양지쪽에 밤이슬과 비를 피할 만한 움막을 지어 놓고 황무지를 일궈 씨앗을 뿌렸다. 기름진 땅이었다. 그는 그곳에 몸과 마음의 닻을 내렸다.

땅은 수고한 만큼 충분히 보상해 주었다. 수확의 기쁨이 처가에서의 상처와 자신의 내면을 갉아먹던 분노까지 걷어냈다.

집을 지어 놓고 노모를 모시러 갔을 때 노모는 그를 죽은 사람으로 여기고 있었다. 노모는 그가 처가를 떠났다는 날짜를 기일로 잡아 제사까지 지내고 있었다.

박순득의 이야기를 들은 친척 십여 가구가 긴가 민가 하면서도 고을 원員이나 이방吏房들, 지주들의 지긋지긋한 수탈과 굶주림에서 벗어날 수 있다는 말에 솔깃하여 박순득을 따라 나섰다.

임진왜란과 병자호란으로 강토는 초토화되고 나라 재정은 파탄이 나 백성들이 죽지 못해 연명하던 시절이었다. 박순득이 비록 허세를 부린다 해도 그 말을 믿고 싶어 했고, 그가 하는 이야기가 모두 아름다운 풍경소리같이 들렸다.

그를 따라 온 인척들은 상상해 본 적도 없는 광대한 황무지가 사람의 손길을 기다리는 새벽별 같은 세상이 기다리고 있음을 보았다. 그들은 흥분된 마음으로 박가촌朴家村을 일궈 냈다. 나중에 이웃 마을 중국인들은 선인촌鮮人村이라 불렀다.

박가촌 사람들은 부지런히 황무지를 개간하고 먹고사는 걱정을 덜며 지냈다. 어떻게 알고 오는지, 촌수를 따질 수도 없는 박씨 성인 사람들이 마을로 스며들어 처음에 십여 호가 자리 잡았던 박가촌은 어느새 50여 호가 넘는 마을이 되었다. 호사다마好事多魔라던가, 먹고살 걱정 없고 눈치보고 살지 않아도 되는 세상이 펼쳐진 마당에 심각한 문제가 생겼다.

혼기에 이른 처녀 총각들 문제였다. 동성동본에 인척끼리 혼인

할 수는 없는 일, 집안 어른들이 모여 절충안을 만들어 냈다. 처녀가 중국인과 결혼하는 경우 처가에서 원하면 서옥을 지어 3년을 처가에 살다가 시가로 들어오고, 총각이 중국 여자와 결혼하면 중국식으로 시댁에 와서 살게 하자는 것이었다.

박순득은 지참금을 지불하고 참한 중국 여자와 혼인하여 노모를 봉양했다. 세월이 흐르는 동안 중국으로 귀화하여 개간한 농지를 소유한 사람이 많아졌다.

봄이 오고 여름이 지나갔다. 박가촌 사람들은 조국이 일본에 망하여 식민지가 되었다는 소식을 들었다. 민족의 뿌리를 잊지 않고 있던 박가촌 사람들은 슬퍼하며 울분을 토했다. 일본인들은 만주까지 집어삼켰다. 청장년들이 항일운동에 나섰다.

그 선봉에 선 이가 태완 할아버지였다. 일본 경찰은 태완 할아버지를 찾아내려고 태완 할머니와 태완 아버지를 끌고 갔다. 그때 태완 아버지는 아홉 살이었다. 일본 경찰은 어린 아들 앞에서 어머니를 고문했다. 피를 토하며 죽어가는 어머니를 보아야 했던 소년은 기절하고 말았다. 깨어난 소년은 정상이 아니었다. 입만 열면 헛소리를 했다. 일경은 어린아이에게 아편을 피우게 했다. 아편에 중독된 태완 아버지는 아편을 얻기 위해 일경의 끄나풀이 되었고, 자기 아버지를 밀고했다. 아들의 밀고로 체포된 태완 할아버지는 혹독한 고문 끝에 결국 옥사하고 말았다.

태완 아버지는 자신의 잘못으로 부친이 옥사했다는 것을 알고 나서 한동안 아편을 끊고 미친 듯이 쏘다니다 어디론가 사라졌다. 수년 뒤 그가 아들을 안은 중국 여자와 마을로 돌아왔다. 그는 마을 사람들의 기피인물이 되었다. 여전히 아편을 피우고 마작 판을 쫓아다녔다. 태완 엄마가 마작 판에서 따온 어느 노름꾼의 아내라는 소문이 돌았다.

청일전쟁 후 다롄 항을 차지하고 있던 일제는 막대한 아편을 수입하여 중국인들에게 팔았다. 집집마다 가족들이 초콜릿 먹듯 아편을 피웠다. 심지어 군인들도 아편을 피워 위계질서가 무너졌고, 전의戰意를 상실했다.

태완의 아버지로 인해 마을에서 아편을 피우는 사람이 생겨나기 시작했다. 어른들은 박씨 가문의 수치라며 태완 아버지 보기를 헌 짚신짝 보듯 했다. 태완네를 마을에서 추방하자고 어른들이 또다시 갑론을박하던 중에 태완 아버지가 처녀를 데려온 것이다.

태완은 장가를 가지 않겠다고 했다. 마약에 빠져 죽음을 재촉하고 있는 아버지처럼 살고 싶지 않았다. 오빠와 함께 학교를 다니는 것은 순전히 요한의 할머니가 말하던 천사의 도움이라고 생각하고 있었다. 그래서 그는 오빠를 천사처럼 소중히 여기고 사랑했다.

태완은 요한의 집에 가서 할머니에게 성경 이야기를 듣고 기도하고 나면 어두운 터널을 지나 밝은 햇살을 품고 있는 것 같다고 했다. 학교를 졸업하면 돈을 벌어 어머니가 걱정 없이 살게 해주고 싶었는데, 성경 공부하는 학교에 보내 달라는 것이 가장 큰 기도 제목이 되었다고 했다. 그런 태완을 장가보내려는 그의 아버지는 태완이 학교를 집어치우고 남의 집 머슴살이를 해서 식구들을 먹여 살리기를 바랐다.

무슨 일이 있어도 처녀를 며느리 삼으려고 한껏 부풀어 있는 태완 아버지는 장가가지 않겠다고 천길 만길 뛰는 아들의 말을 귓등으로 들으며 책망했다.

"얼간이 같은 놈, 제깐놈 처지에 어디 가서 저런 처자를 각시로 맞아올 수 있을까? 감지덕지해도 시원찮을 판에 장가를 안 가겠다고? 싫으면 그만두라지. 내다 팔면 한판 벌일 밑천은 되지. 암, 그렇고말고. 판돈으로 내놓아도 좋고."

하루살이는 하루를 날기 위해 천 일을 늪 속에서 산다고 한다. 태완 아버지는 평생 투전판의 늪에서 허우적대며 판돈을 싹쓸이해 보고 싶은 집념 하나로 버텼다. 평생을 가책에 시달리며 아편에, 술에, 투전판에 의지하며 살아온 인생이라 딱히 할 줄 아는 일도 없었다. 투전판에서 돈을 딸 때도 있지만 잃는 적이 더 많았다. 한 냥을 잃으나 백 냥을 잃으나 쓰린 속은 마찬가지였다. 내일을 기약할 수 없는 투전꾼은 입이 없는 하루살이와 다를 것이 없었다.

그런 태완의 아버지는 태어나서 제일 잘한 일이 투전판에서 마누라를 따온 일이라 여겼다. 그런데 며느릿감을 따는 횡재를 얻고 보니 세상이 엽전만 해 보였다.

그는 자신이 살아온 늪이 아무리 더러워도 공중을 날 수 있다면 누가 뭐라 해도 상관 없었다. 세상천지에 가난한 노름꾼 자식에게 딸을 줄 부모는 없다. 아들 하나 있는 것 몽달귀신 면할 길이 없을 터였다. 대를 이을 후손을 얻지 못한대도 아버지를 팔아 목숨을 지탱해온 죗값이 아니겠느냐며 일찍이 단념하고 있던 참이었다.

태완은 날마다 벌레 씹은 얼굴을 하고 다녔다.

"태완 오빠, 와 성내고 댕기나? 무섭고마."

태완은 우리 자매들과도 허물없이 지내던 터였고 특히 내게는 자상한 오빠 같아 일부러 팔을 툭툭 치며 말을 건넸다.

"나는 딱 죽었으면 싶다. 참말로 장가 가기 싫다. 베이징이나 어디 먼 곳으로 도망가고 싶다. 기찻삯만 있으면 당장 가고 싶다."

한숨을 내뱉으며 아무한테도 말하지 말라고 다짐을 두었다. 나는 고개를 끄덕이며 약속했지만 그가 도망가 버리지 않을까 조마조마하여 오빠에게 말하고 싶은 것을 겨우 참고 있었다.

얼마 후 태완은 그의 집 마당에서 간소하게 혼례를 치렀다. 마을 사람들이 모두 호의적이 아닌 터라 요한네 가족과 우리 식구와 동네 아주머니 몇 사람이 참석했다. 태완의 표정은 잔뜩 부어 금방이라도 터질 듯했다. 새색시는 가무잡잡하고 밤톨처럼 야무지게 생겼지만 키가 신랑의 겨드랑 밑에도 미치지 못했다. 키도 작고 깡마른 새색시가 빨간 치파오를 입고 있는 모습이 마치 장난감 인형 같았다.

요한의 할머니는 새색시가 예쁘고 재바르게 생겼다며 '귀여운 골무각시'라고 별명을 붙였다. 골무각시는 낯꽃이 좋았다. 생글생글 잘 웃고 인사성도 발랐다. 태원의 투전꾼 아버지도 모처럼 안색을 활짝 폈고, 태완 어머니는 며느리를 얻어 온 남편에게 황송해하는 모습이 역력했다.

태완은 장가 간 뒤부터 하모니카를 불지 않았다. 태완 어머니가 매일 우리 집에 건너와 부엌 일을 돕고 있어 자연스럽게 고부가 아침부터 저녁까지 우리 집안일을 돌봤다.

학교를 그만두겠다는 태완을 아버지가 꾸짖었다. 매일 오빠와 학교를 오가던 태완이 낮에는 방에서 나오지 않고 밤에만 동네 주변을 빙빙 돌기 시작한 것은 장가들고 일 년쯤 지나서였다. 둘도 없이 친하게 지내던 오빠를 피하고 아버지 앞에 나타나지 않았다. 태완 엄마도 영문을 모르겠다고 했다.

그럴 때 온 동네가 태완으로 인해 술렁거리는 사건이 생겼다. 그날 나는 또래들과 느티나무 아래서 공기놀이를 하다가 무심코 지나가는 태완을 보았다. 저만큼 가던 그가 갑자기 게거품을 물고 쓰러져 버르적거렸다. 그의 곁으로 다가간 아이들은 놀라 두려워하며 주춤주춤 뒷걸음질쳤다. 나는 그에게서 눈을 떼지 못하고 보다가 부리나케 태완 엄마에게 알리려 달음질을 쳤다. 나는 "태완 오빠, 오빠, 죽으마 안 된대이" 하면서 태완 엄마에게 알렸다. 마른하늘에 날벼락 맞은 듯 얼굴이 하얗게 질려 뛰어가는 태완 엄마 뒤를 나도 따라 뛰었다.

어느새 마을 어른 두세 분이 태완의 주위에 멈춰 있었다. 태완 엄마는 아들을 보자마자 털썩 주저앉았다. 치파오 자락을 끌어당겨 게거품을 흘리며 발작하고 있는 아들의 얼굴을 가리고 태완의 이름을 부르며 어쩔 줄 몰라 했다.

"불편하게 하면 안 됩니다. 가만히 계십시오. 잠시만 그대로 두면 곧 툴툴 털고 일어날 겁니다. 자주 이렇게 발작했습니까?"

할아버지 한 분이 물었다.

"두세 살 때 이런 적이 있었지만 자라면서 건강했습니다."

태완 어머니가 눈물을 컥컥 삼키며 목멘 대답을 했다.

할아버지 말대로 모두 속수무책으로 그를 주시하고 있었다. 이윽고 그가 발작을 멈추고 한참을 그대로 누워 있었다. 태완이 정신이 돌아오자 자기 어머니를 밀어 내고 주위를 두리번거리면서 부스스 털고 일어났다. 자신 안에 감춰진 추악한 꼴을 들켰다는 수치감에서인지 낯빛이 홍당무 같았다. 그는 둘러선 사람들의 눈길을 외면한 채 역정이 치미는 듯한 태도로 뒷산 쪽을 향해 휘적휘적 걸어갔다. 그 뒤를 그의 어머니가 발을 뗄 힘이 없는지 신발을 질질 끌며 어깻죽지를 축 늘어뜨리고 따라갔다. 그는 등 뒤로 손사래를 치며 따라오지 말라고 했다.

"그랬구먼. 그래서 장가를 가지 않으려고 한 게야. 태완이 나이면 양물이 물색 모르고 앙탈을 부릴 때지. 기가 빠지면 간질은 시도 때도 없이 발작하는 병이 아닌가."

할아버지 한 분이 혀를 차며 말했다.

"자식이 그런 병이 있는 것 알면서 남의 딸 신세 망친 것 아냐?

에이, 참!"

마주 서 있던 어른이 태완 부모를 타박했다.

"이 사람아, 아까 태완 어머니가 말하지 않던가. 그 증세가 일면 아무도 모르는 곳에 가서 혼자 그 일을 치러 냈던 모양이네. 저렇게 실하고 준수한 태완이가 불치병을 앓고 있는 줄 누가 알았겠나."

노인들은 안쓰러운 눈으로 멀어져 가는 태완의 뒷모습을 보며 안타까워했다.

동네 아이들로부터 태완이가 밤중에 뒷산 바위굴에 가서 미친 사람처럼 혼자 씨부렁거리는 것을 보았다는 말을 들은 적이 있다. 오빠도 태완이랑 같이 가는 때도 있다고 했다. 나도 한번 따라가 보려 했지만 초저녁잠이 많아 한 번도 따라가 보지 못했다.

태완이 뒷산 굴에 가서 무엇을 했는지 비로소 짐작이 갔다. 하나님께 기도드리면 소원을 이뤄 주실 거라며 나한테 기도하라던 태완의 진지한 모습이 떠올랐다. 태완의 은밀한 병세가 공개된 뒤 그는 사람을 피했고 말을 거의 하지 않았다. 발작의 빈도도 잦아져 아무 데서나 발작을 일으켰다.

골무각시도 태완의 병세를 알고 반 넋이 나간 가운데 말을 잃은 사람 같았다. 삽삽하고 잘 웃던 골무각시가 웃음을 잃은 채 아들을 낳았다. 해산하고 삼칠일이 지나도 골무각시는 밖에 나오지 않았다. 어쩌다 우물 길에서 이웃을 만나도 입을 굳게 다물고 눈을 아래로 깔고 다녔다. 우리 집에도 오지 않았다.

아이가 태어나고 6개월이 지난 어느 날, 골무각시가 갓난아이를 두고 사라졌다. 새벽에 골무각시가 조그만 보퉁이를 든 채 울면서 얼굴을 한 손으로 가리고 큰길 쪽으로 가는 것을 누군가 보았다는 말이 퍼졌다. 골무각시가 종적을 감추고 난 뒤부터 태완은 다시 하모니카를 불었다. 골무각시가 떠나간 큰길을 망연히 바라보며 하모니카를 불고 있는 그의 모습을 나는 자주 목격했다. 그 하모니카 소리는 날이 갈수록 더욱 애잔해져 갔다. 오빠는 학교에서 돌아올 때면 태완의 집을 먼저 들렀다. 전에는 태완이 오빠를 보살폈지만 그의 건강이 나빠지자 거꾸로 오빠가 그를 보살피느라 노심초사했다.

골무각시가 사라지던 해 겨울이었다. 밤새도록 눈이 쌓인 이른 아침, 태완 어머니가 사색이 되어 오빠를 찾더니 태완을 보지 못했느냐고 물었다. 그의 행방이 묘연해졌다는 것이었다. 우리 집 일꾼들과 오빠가 그의 어머니와 함께 그를 찾으러 허둥지둥 돌아다녔다. 동네 사람들도 나섰다.

그의 이름을 부르며 애타게 찾아다녔지만 그의 모습은 끝내 흔적 없이 사라지고 없었다. 마을 어른들은 눈이 사람 키만큼 쌓인 눈길을 내며 찾아다니다가 단념했다. 봄이 되어 눈이 녹으면 시신을 찾아야 할 것 같다고 했다. 결국 태완의 시신은 이듬해 눈이 녹아내린 논두렁 길 아래서 발견되었다. 골무각시가 떠나간 길가였다.

오빠는 허탈해하며 태완의 집 앞을 서성거리기도 하고, 그의 아기를 안고 집으로 와서 눈물을 흘리기도 했다. 태완이 떠난 자리가 메워지지 않아 한동안 밥도 잘 안 먹고 우울하게 지냈다.

오빠는 허공을 바라보며 멍하니 있는 때가 많았다. 살아 있는 오빠의 상처가 얼마나 깊은지 죽은 태완이 알까? 골무각시가 낳은 아들을 두고 평안한 죽음의 잠을 잘 수 있었을까? 태완에게 묻고 싶었다. 아버지와 어머니는 오빠가 잘못될까 봐 전전긍긍했다. 오빠의 기혈을 돕는 한약을 지어 먹이기도 했다.

태완이 죽고 난 다음, 갑작스런 아버지의 별세는 우리 가족에게 청천벽력이었다. 날벼락이 따로 없었다. 남겨진 식구들의 정신을 온통 교란시켰다. 오빠는 탈진한 듯 병색까지 완연했다. 싱그럽던 모습은 찾아볼 수 없었다. 깊은 슬픔에서 헤어나지 못하는 오빠, 살아 있는 것을 생지옥처럼 여기는 어머니와 온 가족이 숨 막힐 듯한 침묵의 나날을 보내고 있었다.

우리가 조선으로 간다는 소식을 들은 오빠의 선생님이 우리 집을 찾아왔다. 선생님은 민족정신이 투철한 한인 교육자로 알려진 분이었다. 선생님이 어머니에게 말했다.

"조선으로 가신다는 말씀 들었습니다. 박 군은 여기 두고 가시지요. 다른 학생들이 3년을 공부해도 습득하기 어려운 한자를 겨울방학 한 달 동안 다 습득한 천재입니다. 한 자를 가르치면 열 자를 깨우칩니다. 아드님을 우리 학교에 맡겨 주시면 중학교는 물론 대학까지 공부 시키겠습니다. 우리 민족의 미래를 위해 박 군 같은 인재가 필요합니다. 박 군을 두고 가시면 안 되겠습니까?"

선생님의 말은 진지하고 간절했다. 그러자 고모가 끼어들었다.

“선생님 말씀은 고맙지만도, 야는 3대 독자입니더. 이곳에 두고 가서 대를 끊을 수는 없습니더.”

“여기서 공부한다고 부모형제와 연을 끊는 것은 아니지요. 방학 때는 보내겠습니다. 학업을 마치면 언제든지 고향으로 돌아갈 수도 있고, 박 군이 원하는 대로 자유롭게 할 수 있을 것입니다.”

“그기 말대로 안 될 깁니더. 시절이 시절인 만큼 떼어놓고 갈 수는 없십니더. 오도가도 몬허는 시절이 곧 닥칠 깁니더.”

고모는 알쏭달쏭한 말을 흘리면서 거절했다.

“무슨 말씀인지 잘 모르겠습니다만, 안타깝습니다. 이대로 보내기가 너무 아쉽습니다. 형민아, 네 생각은 어떠냐?”

선생님은 곁에 있는 오빠의 어깨를 쓰다듬으며 아쉬움을 표했다. 오빠는 고개를 숙인 채 묵묵부답이더니 이윽고 얼음장 같은 표정으로 결연히 말했다.

“선생님! 지는 여게가 무섭십니더. 잘못한 것도 없는데 형벌을 받고 있는 것 같십니더. 태완이 죽고 아버지까지 돌아가신 여게서는 못 살겠십니더. 어데든 여게 아닌 곳으로 가고 싶습니더. 선생님, 지는 여게가 싫십니더.”

이런 말을 하며 오빠는 부르르 떨었다. 오빠의 상한 영혼이 진저리를 치는 것 같았다. 선생님은 천천히 고개를 끄덕이며 오빠의 등을 다독였다.

“셈(선생님) 예, 우리 아가 아버지가 돌아가시고 형제같이 지내던 친구도 죽고 그래가 맴을 못 잡고 있십니더. 아를 생각해가 이리 오셨는데 참말로 고맙고 죄송헙니더."

어머니가 머리 숙여 감사의 인사를 드렸다. 고모가 여러 말 하지 말라는 투로 잘라 말했다.

"걱정 말그라. 조선에 가서 공부하믄 되는 기다."

어머니는 세상 물정을 몰랐다. 어머니의 일은 자식들 보살피며 살림하는 게 전부였다. 그런 어머니는 천상 소박한 살림꾼 아낙이었다. 마음씨가 비단결같이 고운 어머니는 무슨 일에나 자기주장을 할 줄 몰랐다. 무엇보다 남에게, 그 대상이 자식이라도 듣기 싫은 말은 하지 않았다. 그러기에 성정이 모질게 강하고 드센 할머니 시집살이에도 불평 한 마디 없이 감내했을 것이다.

어머니의 심성을 간파한 고모는 마음대로 어머니를 휘둘렀다. 그 많은 전답을 처분한 뒤 어머니에게 개성 시내 포목점에 가서 비단과 옷에 넣을 솜을 사오라고 했다.

"이 옷감으로 퍼떡 누비옷을 짓그라. 돈을 보따리에 싸 가마, 국경에서 일본 경찰이나 헌병에게 걸리는 날엔 다 빼앗긴대이. 그라니 두툼한 솜옷에 돈을 넣고 누벼 입고 가야 한대이."

고모 말대로 어머니는 식구들의 누비옷을 지었다. 솜두루마기, 솜바지, 솜저고리를 지으면서 그 많은 지폐를 넣고 한 땀 한 땀 누비옷을 만들었다. 손끝이 야무진 언니가 거들었어도 여러 날이 걸렸다.

1945년 3월, 언니는 마차를 타고 집에서 출발할 때부터 질금거렸다. 장춘역이 가까워오자 언니는 훌쩍훌쩍 울기 시작했다. 어린 조카도 언니를 따라 울었다. 나는 언니를 아주 좋아했고 언니도 나를 끔찍이 사랑했다. 언니가 혼인을 하고도 함께 살게 되어 언니와 헤어져 산다는 것을 한 번도 상상해 본 적이 없었다. 언니가 낳은 작은 천사는 얼마나 사랑스러운지, 나는 그 조카를 업고 있다가도 보고 싶어서 돌려 안고 물고 빨았다. 언니와 조카를 두고 떠난다는 것이 실감이 나지 않았다. 고모는 왜 와서 우리 가족을 갈라놓나 싶어 미웠다. 고모의 뒤통수에 눈을 하얗게 흘기며 울고 있는 언니 곁으로 바싹 다가가 언니에게 속삭였다.

"언니야, 내는 갔다가 바로 언니한테 올 기다. 내가 안 오마 언니가 오만 될 기고. 안 그렇나? 내사 꼭 올 기다. 언니야, 울지 말그라."

언니는 나를 끌어안고 질기디 질긴 핏줄의 이별을 슬퍼했다. 역에서는 제대로 이별의 말을 할 겨를도 없이 쫓기듯 열차에 올라야 했다. 기차는 언니에게 슬픈 기적소리와 검은 연기를 남기고 덜커덩거리며 출발하더니 쏜살같이 남으로 내달았다. 어머니는 언니가 너무 울어서 몸이 상하지 않을까 걱정이라며 가슴에 손을 얹고 눈물을 훔쳤다. 오빠는 말을 잃은 지 오래였지만 재잘거리기 좋아하는 동생들도 어머니의 치마고리만 잡아 비틀고 있었다. 거대하고 새까만 열차에 기가 질린 듯했다.

추운 날씨에도 열차 안은 중국인 승객들이 뿜어내는 역겨운 냄새가 진동했다. 잘사는 중국인들은 수십만 석 지기로 장원을 가지고 제왕같이 사는 사람들도 있지만, 가난한 농민들은 세상에 태어나서 시집 장가가는 날 한 번 목욕한다고 했다. 옷도 한번 입으면 때가 끼어 반질반질해도 다 해져 입을 수 없을 때까지 평생 빨아 입는 법이 없었다. 머리카락은 기름기가 떡처럼 엉겨 있어도 감을 줄을 몰랐다. 우리 식구들은 그런 냄새에 어느 정도 익숙해 있었다. 고모는 열차에 오르면서부터 코를 막고 있었다. 참다못한 고모가 차창을 열자 화차에서 석탄가루가 날아들었다. 여기저기서 창문 닫으라고 '쏼라쏼라' 아우성이었다.

국경 지역에 이르자 우리 가족은 열차를 갈아타기 위해 하차하여 대합실로 갔다. 고모는 고약한 냄새 때문에 어질어질하다며 비틀거렸다. 그제야 언니와 헤어진 것이 현실로 다가와 가슴이 서늘해졌다. 언니와의 이별은 우리가 선택할 수 없는 일이었다. 울며 돌아갔을 언니의 모습이 파도처럼 밀려왔다. 마음이 줄곧 선인촌으로 달려갔다. 언니 없는 세상으로 가야 한다는 사실에 모골이 송연해졌다. 가슴에 커다란 돌덩이를 얹은 것처럼 답답하고 무거웠다. 어머니를 따라가기 싫었다. 이대로 기차를 타면 영영 언니를 못 보게 될까봐 조바심이 나서 견딜 수가 없었다. 언니는 곱고 착하고 아름다운 사람이다. 나는 언니와 함께 살면서 언니 같은 여자가 되고 싶었다.

"어무이, 내는 집으로 가고 싶대이. 언니캉 애기 데꼬 살 기다. 내를 언니헌티 보내도. 내는 나중에 갈 기다."

나는 갑자기 울음이 복받쳐 말끝을 여미지 못했다.

“뭐라? 을이, 니 혼자 돌아가겠다고? 인자 선인동 우리 집은 없대이.”

어머니는 소맷자락을 붙잡고 흔드는 내 머리를 쓰다듬으며 말했다.

조선으로 가는 기차가 도착했다. 그런데 곁에 있어야 할 동생 정이가 보이지 않았다. 대합실 안을 다 둘러보아도 정이의 모습은 찾을 수 없었다. 어머니는 사색이 되었다. 나는 막내 동생의 손을 잡고 정이를 부르며 발을 동동 굴렀다. 어머니와 오빠가 동생의 이름을 소리쳐 부르며 역 주변을 헤맸다.

출발을 알리는 기적소리가 울리고 있었다. 우리 식구들이 기차에 오르지 못하고 정이를 부르며 애를 태우고 있는데, 정이가 단발머리를 찰랑거리며 해맑은 모습으로 타박타박 철길을 건너오고 있었다. 어머니가 달려가 정이를 와락 휘어잡고 야단을 쳤다.

“이 소견머리 읎는 것아! 니 어데 갔다 오노?”

“내는 구경하고 왔니더.”

물색없이 천연덕스런 정이의 대답에 고모가 정이의 머리를 쥐어박으며 호통을 쳤다. 정이는 얻어 맞고도 건성이었다. 오빠는 그런 정이를 노려보다가 팔을 홱 낚아챘다.

“인자 니 손목을 묶어가 내가 끌고 다닐 기다. 니 또 어무이 속태울 기가?”

제멋대로일 때가 많은 정이도 오빠 말에는 금세 고개를 푹 숙인 채 잘못을 인정했다.

"에미 간 떨어지는 줄 알았대이."

오빠는 정이의 팔을 휘어잡고 기차에 태웠다. 기차에 오른 오빠는 가방에서 노끈을 꺼내 정말로 정이의 손목을 묶고 그 끈 끝을 오빠의 손목에 맸다. 얼마나 속이 탔으면 저럴까 싶었는지 어머니는 빙그레 미소 짓고 있었다.

구름이 흘러가는 죽그릇

장춘을 출발한 지 나흘 만에 김천역에 도착한 우리 가족은 할머니 집으로 갔다. 할머니 눈에는 손자밖에 보이지 않았다. 오빠를 얼싸안고 '내 새끼, 내 새끼' 하며 울다가 어머니를 돌아본 할머니는 불구대천지 원수를 만난 듯 눈에 쌍심지를 켰다. 이내 서슬이 시퍼렇게 치를 떨며 모진 말을 쏟아냈다.

"야, 이 문디 같은 년아, 내사 만주 가지 말라 안 캤드노? 팔자 드센 년이 생떼 같은 내 아들 잡아 묵고 무신 염치로 내 집 문전에 발을 들여놓노. 아이고, 저년이 삼생에 무신 웬수가 져 만리타향 동토에다 내 자식을 묻었단 말인고?"

어머니는 말없이 마당에 서서 발을 구르며 날벼락을 치는 할머니께 큰절을 올렸다. 오빠와 우리 세 자매도 어머니가 하는 대로 따라서 절을 했다.

"씨잘데기 읎는 문디 가스나들은 다 뭐꼬. 아이고, 내 팔자야! 문디 가스나덜이 떼 죽으로 몰려온 기 이 무신 사단인가? 내 눈앞에 얼쩡거리지 말거래이. 꼴도 뵈기 싫대이."

아버지는 명절이 되면 오빠만 데리고 고향에 다녀오곤 했다. 할아버지가 별세했을 때도 오빠는 아버지, 어머니를 따라 고향에 다녀왔다. 손자 낳기를 고대하는 할머니에게 을이 밑으로 줄줄이 태어난 딸에 대해 차마 말하지 못했던 것 같았다.

그래도 그렇지, 처음 보는 손녀들을 죽은 까마귀 보듯 하는 할머니가 원망스럽고 무서웠다. 동생들은 울음보를 터뜨리며 어머니 치맛자락 뒤로 숨었다.

할머니는 자고 나면 날마다 사흘 굶은 시어머니 상을 하고 어머니를 치죄하고 닦달했다. 할머니 앞에서 어머니는 고양이 앞의 쥐였다. 숨 한 번 크게 못 쉬고 할머니의 학대를 온몸으로 받아냈다. 우리도 방에서 마음 놓고 나가지 못했다. 어머니가 차려다 주는 밥을 숨어서 먹으며 도둑고양이처럼 끼니를 때웠다.

그런 와중에도 배짱 두둑한 정이는 방에 처박혀 있는 것을 견디지 못했다. 마당에 나가 뜀박질을 하고, 동네를 이리저리 헤집고 다니기를 좋아했다.

할머니에게 바지랑대로 맞아도 그때뿐이었다. 정이 때문에 당하는 어머니의 곤욕도 아랑곳하지 않는 정이에게 나는 어머니 생각 좀 하라고 타이르곤 했다.

"올케! 어무이가 올케 꼴 안 보겠다꼬 저리 성화니 으짜겠나. 가스나들 데꼬 따로 나가야겄제. 내가 알어서 집과 전답을 마련할 것이니 그리 알그라. 그라고 만주에서 돈 가지고 왔다 카는 말은 아무헌티도 허문 안 된대이. 동티난다."

고모는 만주에서부터 돈 가지고 왔다는 말 하지 말라고 골백번도 더 어머니를 어르고 구슬렸다.

"그리 허믄 안 되지예. 우짜든둥 지는 어무님 모시고 살어야 헙니더."

어머니는 시어머니 혼자 두고 딴 살림 날 생각이 추호도 없다고 한 것이다.

"올케, 어무이 명 재촉할 기가? 문디 가스나들 보믄 속에서 천불이 난다 카더라. 올케를 보는 어무이 맴도 편치 않고. 조석으로 어무이 집에 가가 식사해 디리고 농새일 하문 되제. 안 그렇나? 어무이는 손자만 있으마 그만이다."

고모의 강권에 셈속이라고는 도통 모르는 어머니는 누비옷을 다 뜯어 감춰 온 돈을 모두 고모 손에 맡겼다. 고모가 마련한 우리 집은 마을 한 귀퉁이에 떨어져 있는, 방 하나에 부엌 딸린 오두막이었다. 할머니 눈밖에 난 어머니와 우리 세 자매는 오두막집이라도 할머니 집에서 나올 수 있어 속이 후련했다.

고모가 샀다는 우리 밭은 깔그막(언덕) 위에 있는 자갈투성이였고, 논도 산비탈에 있는 다락배미 네 마지기였다. 모 심을 때 비가 오지 않으면 모 한 포기 꽂을 수 없는 천수답이었다. 소출이 많이 나오는 해라도 한 마지기에 겨우 나락 세 섬이었다.

추수한 곡식이 다 떨어져 춘궁기가 되면 재력 있는 집에서 모심은 논과 보리밭을 담보로 곡식을 얻어 입에 풀칠을 해야 했다. 여름 보리와 가을 추수에 이자를 덧붙여 갚는 터무니없이 비싼 고리대금이었다. 어렵게 얻어 온 양식은 도둑이 퍼가는 것처럼 순식간에 없어졌다.

보리나 쌀 한 줌에 쑥이나 아욱, 명아주, 여린 무궁화 잎 등을 넣어서 죽을 끓여 먹었다. 양식이 떨어져 견디다 못해 바가지를 들고 할머니 집이나 고모 집에 가면 할머니는 "우리 먹을 것도 없대이" 하며 욕바가지를 안겼고, 고모는 바가지에 반도 안 차게 보리쌀을 담아 주면서 눈을 흘겼다. 우리 식구는 수저와 국그릇은 각각 썼지만 죽이나 밥은 양재기 하나에 퍼 담아 모녀가 같이 먹었다.

멀건 죽을 퍼놓은 양재기에 구름이 흘러가는 것이 보일 때도 있었다. 우리 자매들은 한 숟갈이라도 더 먹으려고 허겁지겁했다. 어머니는 그 꼴이 보기 싫다며 먹을 것을 삼등분 해주었다. 어머니의 분배는 공평했다. 그러나 어머니 몫은 아예 없었다. 먹을거리는 늘 모자랐고 성에 차지 않았다. 눈에 먹을 것밖에 안 보이던 배고픈 시절을 지내야 했다. 어머니는 집안 살림은 알뜰하게 했지만 가족을 먹여 살리는 일에 두량이 없었다.

우리는 명절 때나 쌀밥을 먹었다. 할머니는 오빠만 편애했다. 아버지가 만주에서 보낸 자금으로 번듯하게 새집을 짓고 논도 여러 마지기 있는 할머니가 오빠 외의 우리 식구를 남처럼 취급했다. 아니, 남보다 더 미워했다. 할머니가 우리를 싫어해서 오빠는 우리 집에도 할머니 몰래 다녀갔다. 오빠는 할머니 모르게 양식을 조금씩 가지고 와서 슬그머니 놓고 가곤 했다. 어머니는 그런 오빠를 나무랐다. 할머니를 속이는 짓 하면 안 된다고. 허기진 삶의 고개를 넘겨야 하는 어머니는 바윗돌처럼 무거운 짐을 진 가장이었다.

어머니는 손재주가 좋아 자수 솜씨가 특출했다. 농사지으면서 자수를 놓아 팔기도 하고 삯바느질도 했다. 시집오기 전에 가사를 많이 지었다는 어머니는 글재주가 있었겠지만 만주에서 돌아온 이후 어머니 손에는 삽과 괭이가 들려 있었고 호미질, 홀태질 등 온갖 농기구를 다뤄야 했다. 어머니 손은 서릿바람에 굴러다니는 가랑잎같이 까슬까슬했다. 서툰 낫질을 하다 손을 베거나, 쇠스랑질을 하다 발을 찍기도 하여, 손과 발이 성한 날이 없었다. 그렇게 고생하며 농사를 지어 가을에 추수를 하면 타작마당에서 봄과 여름을 나며 얻어먹은 빚을 갚아야 했기에 남는 양식이 없었다. 어머니는 지주에게 논을 얻어 소작을 짓기도 했다.

그러나 도조(賭租, 지주의 전답을 빌려 농사지으면서 내는 소작료)가 터무니없이 높았다. 죽도록 농사를 지어도 지주가 60~70퍼센트를 가져갔다. 그나마 소출이 적다는 핑계로 소작논을 빼앗아 이 사람 저 사람에게 옮겨주는 바람에 죽을 맛이었다. 내년엔 나으리라 기대하는 어머니에겐 오빠가 있다는 게 바로 희망이었을 것이다.

어머니의 희망인 천재 오빠는 안타깝게도 초등학교 6학년에서

더 이상 학업을 이어가지 못했다. 그토록 애지중지하는 손자였지만 할머니는 오빠를 중학교 보낼 생각조차 하지 않았다. 할머니는 공부하고 철천지원수가 진 분이었다. 오빠의 학력은 개성초등학교 졸업이라는 한 줄에서 그쳤다. 우리 동네는 아이들이 우글거렸지만 학교 다니는 학생은 한 명도 없었다.

일본제국이 한국에 세운 모든 학교는 일본인 자녀만 선발했다. 한국인은 친일파나 지주의 자녀 외에는 초·중고등학교에 마음대로 취학할 수 없었다. 한인 자녀들은 교회가 운영하는 야간학교나 가립학교假立學校, 전수학교傳授學校 등 사립 기관에서 어렵게 수학했다. 그러니까 우리 동네에는 지주나 친일파로 공립학교에 들어갈 수 있는 자격이 있는 집안도, 사립학교를 보낼 여유가 있는 집안도 없었던 것이다. 소년들은 지게 지고 나무 하고 퇴비로 쓸 풀을 베러 다니며 부모들을 따라 논밭에서 일했다. 열 살도 되기 전, 소녀들은 호미 들고 김매고, 밥하고, 동생들 업어 기르다 나이 차면 베 짜는 법을 배워 베를 짜다가 시집갔다.

중국에서 돌아오고 얼마 뒤 광복이 되었다. 천지가 개벽하는 놀라운 새 세상이 열렸다고 했다. 긴 칼을 차고 철거덕거리며 고샅(마을 길)을 휘젓고 다니던 일본 순사, 숨이 넘어가게 떼 쓰며 울던 아이도 "순사 온다. 뚝!" 하는 엄포 한마디로 울음을 꺽꺽 삼켰던, 호랑이보다 무서운 순사, 공출에 시달리는 농민들이 감춰놓은 양식을 귀신같이 찾아 빼앗곤 몰매를 안기던 순사, 세숫대야, 요강, 숟가락까지 놋그릇을 싹 쓸어가던 순사, 청년들을 학도병으로, 처녀들을 위안부로, 장년들을 노무자로 끌어가던 저승사자 같던 순사들이 야반도주하여 자취도 없이 사라진 해방에 사람들은 열광했다.

오빠는 초등학교 졸업 학력으로 면서기가 되었다. 당시 시골에서 면서기는 대단한 출세였다. 어머니가 대차고 셈속을 차릴 줄 알았다면 우리가 가져온 돈을 고모에게 뺏기지 않았을 것이다. 그 돈으로 어머니가 오빠를 공부시키겠다고 했다면 할머니가 달라졌으리라 생각해 보지만, 할머니처럼 공부에 넌더리를 내는 분을 이길 수는 없었을 것이다.

어머니는 오빠가 교육자가 되기를 바랐다. 진학을 못 하여 실망하던 중에 면서기로 취직이 되자 장차 면장이 되는 것으로 어머니의 소망이 바뀌었다. 오빠가 면서기를 하며 월급을 얼마나 받는지 어머니는 알지 못했다. 어머니는 할머니에게 날마다 날벼락을 맞지 않아도 남편을 먼저 보낸 평생 씻어낼 수 없는 부끄러운 과부라는 생각뿐이었다. 그러기에 할머니의 홀대를 당연하게 여기는 듯했다. 나는 어머니를 괴롭히는 할머니가 야속하고 속이 상했다. 선인촌에 살 때 날마다 어머니가 읽던 성경책에는 먼지가 쌓였다.

해방이 되자 살판이 벌어지리라는 기대가 들끓었지만, 날이 가고 달이 가도 사람들 형편은 나아질 기미가 보이지 않았다. 노적가리를 산더미처럼 쌓아 놓고 살던 선인촌 시절은 지나갔고, 남은 것은 가난 외에 아무것도 없었다. 언니가 그립고 조카가 보고 싶고 선인촌 시절이 그리워 미칠 것 같았다. 선인촌의 아름다운 영상과 눈부신 날들의 추억이 무시로 내 뼈를 깎아내는 듯했다.

고모네 집은 늘 풍족했다. 굶주린 우리가 고모 집에 가면 먹다 남은 밥을 벽장에 감췄다. 고모는 가난한 사람을 개돼지 취급했다.

"올케는 우째 저 문디 가스나들을 끼고만 있노? 숟가락을 덜그래이."

이러며 어머니에게 어린 정이와 나를 도시에 식모살이로 보내라고 채근했다.

"행님, 무신? 그런 말을…, 내는 굶어 죽어도 자식들허고 같이 살랍니더."

어머니는 고모에게 말도 못 꺼내게 했다. 그 무렵 피멍 든 맘고생에 고된 노동으로 시달리던 어머니가 시름시름 앓기 시작했다. 고모가 기동을 못하는 어머니를 찾아와 다그쳤다.

"무신 고집이 그리 쎄노? 가스나들 굶겨 죽이지 않을라마 정이를 수양딸로 보내그라."

"어데? 저 어린 것을 누가 수양딸로 데려가겠십니꺼?"

"내는 허튼 말 안 한다카이. 보낼 데가 없으마 이런 말 하겠나? 내사 정이 데려갈 집을 다 알아봤대이."

"어딘데예?"

"부산이대이. 자식 낳지 몬해가 입양할라 카는데 아들보담 딸이 좋다는 기라. 잘사는 집이대이. 정이가 그 집으로 가믄 배불리 먹을기다. 내만 믿으마 된대이. 으짤 기가?"

어머니는 고모가 하는 말을 듣기만 했다.

“와? 입이 붙었나? 와 말이 없노? 엽렵하게 기를 처지도 못 됨서 끼고만 있을 기가?”

반박할 말이 없는 어머니는 생각해 보겠다는 말로 곤경을 면하려 했다.

“그래, 생각해 보나 마나제.”

고모는 찝찝한 표정을 지으며 돌아갔다. 자식들의 생계를 책임지지 못하고 있는 어머니는 밤잠을 이루지 못하고 뒤척거렸다. 어머니는 몸보다 마음이 더 아파 기신을 못 하는 것 같았다. 설상가상으로 그해 흉년이 들어 천수답에 모 한 포기 심지 못했다.

할머니는 무슨 일에든 심사가 뒤틀리면 어머니에게 화풀이를 했다. 한 가지 신기한 것은, 아버지가 남긴 유산을 어디다 두고 빈털터리로 왔느냐는 말을 입에 담지 않는 일이었다. 고모의 농간이었을 것이다. 그날도 치맛자락에 삭풍을 몰고 온 할머니가 문짝이 부서지게 방문을 열어젖히며 한바탕 왜장을 쳤다.

“이 문디 같은 년아, 니가 시방 날마둥 방바닥에 등짝 붙이고 빈둥거리고 있을 개 팔자가? 생떼 같은 내 자식 잡아묵었으마 염치라는 기 있어야제. 당장 일나거래이.”

어머니는 누렇게 뜬 얼굴로 간신히 일어나다가 다시 쓰러지며 “죄송헙니더……” 했다.

“야, 이 문디 같은 년아, 어데, 시방 아프다꼬 네 활개를 펴고 자빠져 있느냐 말이대이. 아무짝에도 쓰잘데기 없는 가스나들 다 남의 집 귀신 될 남남인 기라. 밥숟가락 줄이라 카이."

할머니의 살기등등한 말에서 고모의 부추김을 짐작할 수 있었다. 할머니는 우리 자매들을 남의 집 귀신 될 것들이라며 양식 축내는 암귀暗鬼라고 했다.

어머니는 할머니의 불호령을 거역할 수 없었다. 무엇보다 먹는 끼니보다 굶는 끼니가 더 많은 가난 속에 자식을 붙잡고만 있을 수 없다는 생각을 했을 것이다. 결국 정이를 수양딸로 보내기로 한 어머니는 정이를 안고 사정을 했다.

"정이야! 니를 배부르게 먹을 수 있는 집으로 보낼 기다. 쪼매만 가서 있그라. 에미가 꼭 다시 데려오겠꾸마."

"어무이! 내는 안 갈란다. 와 언니캉 신이는 두고 내만 가라 카나? 내는 싫다. 안 갈 기다."

정이는 가지 않겠다고 앙탈을 부렸다.

"쪼매만 가서 있으마 에미가 다시 데려온다카이."

어머니는 한 말을 되풀이하며 버르적거리는 정이를 달랬다.

"어무이야! 와 내만 미워하노? 와 내만 쫓아낼라 카노? 내는 안 갈란다."

정이는 생난리를 부리며 몸부림쳤고 어머니는 울었다. 정이는 우리 자매들 중에 제일 영리하고 당차고 야무졌다. 공부를 시켰다면 열 아들 부럽지 않은 몫을 해낼 재목이었다.

고모 손에 이끌려 집을 떠나던 날, 정이는 핼쑥한 얼굴에 주먹 같은 눈물을 흘리며 돌아보고 또 돌아보면서 고개를 넘어갔다. 그때 정이는 일곱 살이었다. 고모가 정이를 데려다 주고 어떤 대가를 받았는지 모르지만, 쌀과 고기를 사 와서 기고만장하여 말했다.

"퍼뜩 쌀 씻어 밥 하고 이 괴기로 국을 끓이그래이. 니 어무이는 이걸 먹어야 일어난대이."

"정이는? 정이는……?"

어머니가 고모를 맞으며 물었다.

"걱정 말그래이. 그 집에서 아가 똘똘하고 이쁘다꼬 좋아했대이. 먹는 것, 입는 것 걱정 않고 잘 있으마 되는 기다. 올케가 이리 팅팅 부어가 자리보전하고 있는 거이 영양실조인 기라. 이 쌀로 밥해 묵으마 일어날 기다."

고모가 돌아가자 어머니는 내게 쌀의 진기津氣가 돌게 죽 끓이는 법을 가르쳐 주며 죽을 끓이라고 했다. 어머니는 그 죽을 몇 숟가락 뜨다 목이 메어 끄윽끄윽 앓는 소리를 내며 픽 쓰러졌다. 자식 팔아 먹은 어미가 음식이 목구멍으로 넘어가겠느냐며 숟가락을 던졌다. 나는 어머니 간병에 정성을 쏟았다. 영양실조라는 말을 짐작으로 알았다. 어머니의 병은 먹지 못해 생긴 것이었다. 끼니를 거르지 않으니 기력이 차츰 회복되었다. 나는 더 이상 어머니의 짐이 되어서는 안 될 것 같았다. 어머니 고생 덜어주려면 내가 남의 집으로 가는 길밖에 없었다. 마주 대하기 껄끄럽고 불편한 고모를 찾아가서 떨어지지 않는 입을 열었다.

"고모, 내도 남의 집에 가야지 싶십니더. 갈데 좀 알아봐 주이소."

"니 엄마가 가라 카드나? 잘 생각했대이. 먹는 입 하나 덜어주는 기 효도 아이가."

고모가 싱글거리며 반색을 했다. 고모는 득달같이 내가 갈 집을 마련했다. 내 절실한 결심을 들은 어머니가 음산하고 쓸쓸한 시선으로 나를 바라보며 말했다.

"에미가 죄 많은 목심인 기라. 니 아부지 살아 기실 때 행복이 모가지까지 차마 꽉 동티가 난다는 옛말이 가끔 떠올랐대이. 아무리 그렇다 캐도 딸자식을 남의 집에 보내는 이런 참담헌 지경을 당하다니 기가 막히대이."

어머니는 날 끌어안고 진저리를 쳤다. 그리고 기도했다.

"주님, 이 어린 딸을 주님 손에 맡깁니다. 굶주리지만 않게 도와주십시오."

아버지를 살려주지 않은 하나님이 어머니 기도를 들어주실지 믿어지지 않았지만, 그래도 나는 아멘으로 화답했다.

"어무이, 걱정 마시소. 내는 돈을 많이 벌어 올 기다."

어머니의 질린 낯을 외면한 채 나는 고모를 따라 부산으로 갔다. 주인집은 운수업을 했다. 온갖 잔심부름을 했는데, 잠시 쉴 틈도 없이 하루 종일 종종거려야 했다. 그래도 끼니 때면 보리쌀과 흰쌀이 반씩 섞인 고봉밥을 먹을 수 있었다. 원체 굶주렸던 나는 주인이 먹고 난 밥상에 남아 있는 밥을 원수 갚듯 먹어 치웠다. 배불리 먹을 수 있는 것 때문에 고단한 것도 참을 수 있었다.

숟가락을 들면 어머니와 동생의 모습이 떠올라 목이 메기도 했다. 고모는 월말이면 꼬박꼬박 나를 찾아왔다. 그 집은 고모가 단골로 다니며 점도 봐주고 굿도 해주는 집이었다. 마음씨 좋은 주인아주머니가 고모에게 내 월급을 주고 때로는 옷감도 주었다.

고모는 주인아주머니와 호들갑을 떨며 이야기하다 돌아갔다. 고모가 그 집 대문을 나설 때마다 고모의 치맛자락을 잡고 물었다.

"고모, 정이가 보고 싶습니더."

"이 길로 정이헌티도 댕겨 갈 기다."

"고모, 정이 한 번만 보게 해주면 안 되겠나? 주인아주머니헌티 허락 받으마 될 긴데예."

"월급 받고 일하믄서 어디 간다 카노? 잘 있다카이."

고모는 더 말을 붙이지 못하게 동생 소식을 잘랐다. 명절 때도 집에 가지 못하고 그렇게 한시 반시 쉴 틈 없이 살았다. 내 월급으로 어머니를 돕는다고 생각하면 어떤 힘든 일도 고생으로 여겨지지 않았다. 몸이 멀어지면 마음도 멀어진다더니 언니를 향한 사무친 그리움도 차츰 사그라들었다. 너무 멀리 떨어져 버린 언니와 나 사이에서 오갈 길 없는 망각의 세월과 함께 희미해져 갔다.

1950년 여름, 전쟁이 터졌다. 나는 가다가 죽는 한이 있어도 어머니 곁으로 가야겠다는 생각에 안절부절못했다. 머뭇거리다 어머니를 영영 보지 못하면 어쩌지 싶은 조바심에 참을 수가 없었다.

"지는 예, 우리 집으로 가야겠십니더."

주인아주머니에게 목에 힘을 주어 말했다.

"이 난리에 어찌 가겠노? 지달려 보그라. 곧 전쟁이 끝난다 카더라. 그라마 그때 보내주마. 니 고모가 널 잘 데리고 있으라 캤는데 니 혼자 가다가 잘못 되마 으짜겠노?"

"아입니더. 가다 죽어도 어무이 곁으로 갈랍니더. 집으로 가게 해주이소."

주인아주머니는 못 가게 말려서 단념할 내가 아니라는 감을 잡은 듯 아쉬워하며 나를 놓아주었다. 다음 날 아침, 옷 보퉁이를 들고 나서자 주인아주머니가 작은 보퉁이 하나를 내밀며 말했다.

"그동안 애 많이 썼대이. 내는 니캉 오래 같이 살고 싶었니라. 간다 카이 으짤 수 없다만도, 니는 영리하고 부지런한 데다 성실해가 나중에 잘살 끼다. 이 속에 주먹밥이랑 건빵을 넣었대이. 집이 성주라 캤드나? 그 먼 데를 걸어서 우째 가겠노? 길을 모르마 열 번 스무 번 물어서 가그라. 그라고 이 돈은 네 몸에 지녀라. 알긋나?"

주인아주머니는 돈 넣은 주머니에 끈을 달아 치마 허리 속에 묶어 주었다. 그 자상한 손길에 마음이 울컥했다. 얼마가 들었는지 그 자리에서 열어 볼 수 없었지만 어머니에게 가지고 갈 돈이 생겼다는 것이 말할 수 없이 기뻤다.

부산을 출발한 나는 국도를 따라 걸었다. 겁이 나기도 했다. 그래도 집으로, 어머니 곁으로 가는 길은 양 겨드랑이 사이에 날개가 달린 것 같았다. 칠월의 폭양은 불볕처럼 따가웠다. 비 오듯 쏟아지는 땀을 닦으며 쉬지 않고 걸었다.

"이 길이 대구로 가는 길 맞습니꺼?"

이렇게 묻기를 열 번도 더 했을 것이다. 대구로 가는 국도에 들어서자 군인들을 태운 군용트럭이 줄 지어 북쪽으로 달려갔다. 화물트럭이 달려오면 무조건 태워 달라고 소리치며 손을 흔들었다. 마음씨 착한 아저씨가 트럭이 가는 곳까지 조수석에 태워주기도 했는데, 그런 요행은 한 번으로 그쳤다.

북으로 갈수록 피난 행렬이 줄을 이었다. 북으로 가는 군용트럭과 남으로 내려가는 우마차들이 피난 짐을 가득 싣고 가는 것을 보며 전쟁이 끝없이 이어질 듯한 생각이 들었다. 피난 행렬을 거슬러 대구로 가는 길을 묻자 어떤 아주머니가 손사래를 쳤다. 대구는 전쟁이 벌어지고 있으니 부산으로 돌아가라는 것이었다.

사흘째부터 장맛비가 쏟아지기 시작했다. 도로는 비로 질척거렸다. 무기를 싣고 가는 트럭들이 나뭇잎으로 위장한 채 달리면서 진창 물을 흩뿌렸다. 쏜살같이 달리는 지프차들은 군용트럭보다 흙탕물을 훨씬 많이 뿌렸다. 내 옷은 어느덧 흙물로 누렇게 변했다. 줄기차게 내리는 빗물이 옷에 묻은 흙탕물을 씻어내기도 했다.

길을 걷다가 밤이 되면 인근 마을로 무작정 들어가 하룻밤 신세를 졌다. 인심이 각박하지 않아 길가 주막집을 찾아가면 마을에 혼자 사는 할머니 집이나 아들이 군대 가고 시어머니와 며느리가 사는 집으로 안내해 주었다. 그런 집엔 대개 부산으로 간다는 피난민들이 빈방을 선점하고 있어 마루 끝에서 웅크리고 자는 둥 마는 둥 날을 밝히기 일쑤였다. 그래도 아침에 길을 나서기 전에 따뜻한 보리밥 한 그릇을 내미는 인정은 예사로웠다.

낙동강은 7월 중순까지만 해도 낙동강방위선(워커라인, 1950년 8월 1일)이 쳐 있지 않아 무사히 건널 수 있었다. 성주가 가까워지자 어디선가 전투가 벌어지고 있는 듯 지축을 울리는 폭음이 들려 왔다. 천둥 같은 포화 소리로 두려움에 떨면서도 내 집으로 가고 있다는 벅찬 기쁨 속에 걷고 또 걸었다. 전투가 벌어졌던 철로의 다리가 끊어졌고 도로는 흉측하게 패여 있었다. 천신만고 끝에 도착한 우리 동네 입구엔 대포가 배치되어 있었고, 인적이 없어 적막해 보였다. 젖 먹던 힘을 다해 두 주먹을 거머쥐고 집을 향해 뛰었다.

“어무이, 어무이!…….”

사립문을 들어서면서 나는 목청이 찢어지게 울부짖었다.

“이게 누기고? 을이 아이가?”

어머니는 맨발로 뛰어나와 죽은 자식이 살아 돌아온 것처럼 반기며 양팔을 벌려 나를 끌어안고 부르르 떨었다. 나는 어머니 품에 안기자마자 까무륵 의식을 잃었다. 거지 중에도 상거지 꼴이 되어 집으로 돌아온 나는 노독에 더위를 먹어 수일 동안 정신 없이 앓았다. 어머니는 나를 처연한 기색으로 안쓰럽게 들여다보며 말했다.

“괘안치? 아니, 괘안치 안 해도 된대이. 이래 왔으니 차차 나을기다. 울어도 된대이. 그 먼 길 오니라고 을매나 고생했노? 대견하고 자랑스럽고마. 인자 다시는 남의 집 살이 안 보낼 기다. 에미 곁에서 맘 놓고 쉬거래이."

이런 어머니의 말에 울지도 못했다. 어머니 사랑은 내 마음을 밝혀 주는 빛이 되었다. 내 손을 붙잡고 어머니는 "하나님 감사합니다"라는 기도를 계속하고 있었다. 어머니 얼굴에 화색이 돌았다. 어머니와 나는 서로에게 기쁨의 빛이 되고 있었다. 천국의 맛이 이런 것일까 싶었다.

악마가 할퀴고 간 자리

"박 동무, 왔습니꺼?"

오빠를 체포하러 온 인민위원의 강압적인 말투가 마당에서 들려와 나의 행복은 짧은 순간에 공포로 바뀌었다. 어머니가 마른 침을 삼키고 나서 목청을 가다듬으며 말했다.

"아래, 말씸디린 대로 출장 가서 안 왔십니더."

"거짓말 마이소. 출장? 어디다 숨겼습니꺼? 우린 다 압니더. 빨리 인민위원회에 나와 해방된 조국에 충성하마 됩니더. 박 동무는 아직 어려 가 큰 죄 지은 기 없으이 자수하마 될 긴데 와 숨겨 둡니꺼? 퍼떡 찾아 출두시키이소."

"내사 그러고 싶지만도 출장간 아가 돌아와야 되지 않것습니꺼?"

간신히 돌아온 마을은 호랑이 굴이었다. 성주는 이미 인민군 세상이 되어 있었던 것이다. 인민군이 쳐들어오기 전에 오빠는 우익 인사들을 따라 몸을 피했다고 했다. 어머니는 어디선가 오빠가 잡혀갈까봐 전전긍긍했다. 내가 집에 돌아오고 나서 8월이 되자 국군과 인민군이 낙동강을 사이에 두고 전투가 치열했다. 인민군은 낙동강을 건너 부산까지 점령하려 했고, 국군은 낙동강을 최후의 방어선으로 삼고 있었다. 바로 눈앞에서 전투가 벌어지는 게 아닌데도 밤낮으로 쏘아대는 총 소리와 포탄 터지는 소리가 진동했다.

마을은 뒤숭숭했고 사람들은 오금을 펴지 못하며 우왕좌왕했다. 나는 돌아왔지만 정이 소식은 알 길이 없었다. 어머니는 정이 때문에 애면글면 속을 태웠다. 참다못한 어머니가 고모에게 정이를 데려오라고 애걸하다시피 졸랐다.

"행님! 정이 좀 데려다 주이소. 그 어린 것을 남의 집에 보내고 이 전쟁 통에 죽었는지 살았는지, 내사 사는 기 목에 가시가 걸린 것 같습니더. 제발 아 좀 데꼬 오시이소."

나는 그런 어머니의 모습에 짜릿한 쾌감을 느꼈다. 언제나 어머니는 고모나 할머니에게 터무니없이 당하기만 하고 있어 속에서 천불이 나는 때가 많았다. 할머니나 고모가 억울한 말을 할 때, 어머니는 왜 당당하게 사실대로 해명하고 대거리를 못하는지, '죽으면 죽지' 하고 왜 맞서지 못하는지 원망스러울 때가 많았다.

침묵하고 있는 어머니가 답답하여 애가 마르다 못해 어머니를 미워하면서도 사랑했다. 어머니는 유교의 윤리를 하늘처럼 받드셨다. 효나 우애의 본질이 공경하고 받드는 것이라고 했다.

그런 어머니가 정이를 데려오라고 고모를 닦달하는 모습을 보며 나는 오랜 갈증으로 목이 탈 때 찬물을 마신 것처럼 시원했다. 딸자식을 남의 집에 보낸 어머니의 슬픔과 고통이 뼛속까지 배어 있는 모습이었다. 그 고통을 입으로 토해 내지도 못하고 찢어지는 마음을 삭여 내고 있던 어머니! 가슴에서 피가 솟구치는 듯했다.

"올케, 정신 나갔나. 이 난리 속에 내보고 부산을 갔다 오라 카다니 말이 되노? 정이는 잘 있을 기다. 걱정 말그래이."

"그라믄 정이가 사는 집 주소를 갤차 주이소. 내사 정이 데꼬 올랍니더."

"내는 주소 같은 거 모린다."

"아니, 주소를 모리만 어찌 그 집을 댕겼능교? 차라리 같이 굶어 죽을 긴데 어린 딸자식을 남의 집에 보내다니!"

어머니는 길게 탄식했다.

"배부른 소리 그만 하그라. 참말로 내 아니었으마 다 굶어 죽었을 기다. 내는 내 목심 내놓고 부산까지 몬 간대이. 나 성가시게 말그라."

고모의 말투에 칼바람이 일었다. 어머니는 정이 때문에 애간장을 태웠다. 그렇지 않아도 나는 부산을 떠날 때 정이가 사는 집을 알아두지 않은 것을 얼마나 후회했는지 모른다. 고모가 왔을 때 어떻게든 알아냈어야 했다는, 때늦은 후회로 가슴을 치며 돌아온 것이다. 정이를 두고 나만 돌아와 큰 죄를 지은 것 같았다.

어머니의 고단한 형편은 예나 진배없이 가난의 족쇄에 매여 끔찍했다. 그래도 두 다리 뻗고 잘 수 있는 내 집이 좋았다.

"어무이 예! 내사 고생한 보람도 없구마. 고모가 내 월급 어무이 갖다준다 캤는데."

"무신 월급? 니 월급도 주더나? 밥만 메겨 준다 캤는데!"

"어무이! 그라믄 고모가 내 월급 가져다 주지 않했심니꺼?"

"야가, 무신 자다가 봉창 뜯는 소릴 하는 기가?"

그랬다. 고모는 매월 따박따박 받아간 내 월급을 십 원도 어머니 손에 건네지 않았다. 나는 발가락마다 물집이 잡히고 발바닥에도 염증이 생겨 제대로 걸을 수도 없는 통증을 참으면서 고모 집으로 갔다. 나의 주인이 준 옷감으로 화사하게 원피스를 해 입고 있는 고종 금영이가 마루에 앉아 있었다. 나는 치를 떨었다.

"니, 괘안나? 노독은 나은 기가? 부산은 은제 또 갈 기고?"

나를 보자 고모가 쌀쌀맞게 말했다.

"다시는 안 갈랍니더. 고모는 내 등골 빼 묵을 생각일랑 더는 마이소, 고마."

고모의 눈을 노려보며 쏘아붙였다. 늘 두려웠던 고모가 한낱 좀도둑으로 보였다.

"이 문디 가스나가 무신 패악질이가? 어데 대고?"

말은 강단지게 해도 처음 보는 내 살벌한 언행에 흠칫하는 듯했다.

"못 알아들었습니꺼? 그라믄 알아듣게 말할 끼다. 야! 금영아, 니 그 원피스 벗그라. 그기 다 내 옷감으로 맹근 기다. 그라니 내 옷인 기라."

"뭐라고? 이 옷이 왜 언니야 옷?"

"시끄럽다. 저 문디 가스나가 미쳤나 보대이."

"고모는 천벌 받을 끼다. 우리 어무이가 만주에서 가지고 온 돈으로 고모가 이렇게 떵떵거리고 사는 것 내사 다 안다. 오빠가 그라더라. 그때 만주에서 가지고 온 돈으로 논 50마지기는 샀을 거라 카더라. 집도 고모네 집보다 더 좋은 집을 샀을 기고."

"뭐시라꼬? 니 입이 찢어졌다꼬 말이면 다 말인중 아나? 입 닥치그라. 이 문디 가스나야."

"고모가·참말로 우리 고모라 카는 거 맞는교? 오빠가 그랬니더. 뼈가 뼈를, 살이 살을 먹는 악독한 세상이 돼가 고모가 우리를 사기치고 아버지가 남긴 전 재산을 빼앗아간 기라고. 고모는 우리 식구 피를 빼 먹은 흡혈귀, 강도 귀신이 씐 기라. 어린 내가 남의집살이하며 뼈 빠지게 번 돈을 5년 동안이나 가로채고 우리 정이 월급도 다 가로챘지 않았나? 내 월급 다 내놓그래이. 그라고 퍼뜩 내 동생 데려 오라카이."

나는 악에 바쳐 바락바락 대들며 퍼부었다.

"이 문디 가스나야, 함부로 씨부리지 말그래이. 아이고, 와 저리 당돌하고 앙칼지노? 내사 니 굶어 죽지 말라꼬 부잣집에 보내줬으이 고맙다 캐도 시원치 않을 긴데 지금 뭐라 카노?"

고모는 눈에서 파란 불이 일도록 독기를 뿜어내며 콧방귀를 뀌고 내 등을 치며 밀어냈다. 하기사 어린아이로만 생각하고 나를 마음대로 조종해 오다 뜻밖의 저항을 받았으니 당황스러웠을 것이고 할 말도 없었을 것이다. 나는 어금니를 갈며 마구 말을 쏟아냈다.

"금영아, 니 어무이헌티 내 월급 다 내놓으라 캐라! 안 그라마 니네 식구들 다 죗값으로 큰 벌 받을 기대이. 두고 봐라. 내는 느그 벌 받는 거, 두 눈 흡뜨고 꼭 볼 기다."

이런 저주를 퍼붓고 고모네 집 대문을 나서자 참담했다. 분노에 응혈이 진 뜨거운 눈물이 하염없이 쏟아져 내렸다. 어머니나 오빠 성정이 무르지 않고 강단졌다면 고모가 그렇게 우리 재산을 갈취하지 못했을 것이다. 만주에서 올 때는 어려서 잘 몰랐다 해도 나중에 다 알고도 아무 말 안 한 오빠는 마음이 착한 사람이라기보다 무능한 사람이라는 원망이 일었다.

생각할수록 분해서 끙끙 앓았다. 고모를 보면 온몸에 가시가 돋고 소름이 끼쳤다. 가난이 지긋지긋하게 싫었다. 요셉 할머니가 해준 성경 이야기가 생각났다. 어느 성에 강성한 이웃 군대가 쳐들어와 그 성을 에워싸고 성을 멸망시키려 했다. 그때 가난한 노인이 지혜를 내어 적을 물리쳤다는데, 아무도 그 가난한 지혜자를 기억하지 않았다고 했다. 하물며 나같이 가난한 존재는 억울한 일을 당해도 호소할 데도 없었다. 세상은 가난한 사람이 진실을 말해도 믿어주지 않는다. 우리는 가난했고 고모네는 부자였다.

죽음의 문명을 상징하는 총소리가 밤낮없이 들려왔다. 앞이 보이지 않는 캄캄한 동굴 같은 시절, 손자나 아들을 전쟁터에 보낸 할머니, 어머니들이 용한 무당으로 소문난 고모 집을 찾았다. 쌀이나 보리 한 되, 혹은 계란 한 꾸러미, 열무 두세 다발을 들고 고모에게 가서 점을 쳤다. 조금 여유 있는 할머니들은 "우리 손자가 군대 갔는데 소식이 읎습니더. 언제나 올난지 봐주이소"라며 애가 밭아 속곳 주머니에서 꼬깃꼬깃 감춰 둔 지폐를 내놓았다. 고모에겐 흉흉한 세상이 오히려 호시절이었다.

사람들이 점쟁이를 찾아가는 것은 자기가 생각하고 바라는 것에 맞장구를 쳐줄 사람이 필요해서라 한다. 점 보러 간 사람은 무당이 물어보기도 전에 자신의 문제나 바라는 내용을 술술 털어놓는다. 고모는 그런 사람들의 속내를 잘 짚어내 맞장구쳐 주는 데 이골이 트인, 영험한 족집게 무당이었다.

공산당은 군경 가족과 우익인사 및 기독교인을 반동분자, 인민의 적이라고 했다. 인민재판을 하여 학살하거나 감옥에 가두고 고문을 자행했다. 공산당의 척결 대상에 무당도 포함되었다. 무당은 미신으로 민심을 현혹시키는 해당害黨 분자며 반동 중의 반동이라 했다. 인근 지역 사람들은 고모가 무당이라는 사실을 다 알고 있었다. 거미줄처럼 세포조직을 만들어 주민의 일상을 감시하는 공산당원들이 고모가 점을 치고 있는 것을 가만두지 않았다. 고모뿐만 아니라 점을 본 사람들까지 모조리 인민위원회에 붙잡혀 가서 호된 고문을 당했다. 다시는 점을 치지 않겠다고 각서 쓰고, 지장 찍고,

맹세하고 풀려났다. 고모는 감옥에서 여러 날 치죄당하고 겨우 풀려났다. 온몸이 구렁이가 감았다 놓은 것처럼 검푸른 멍이 들었고, 심한 고문을 당하면서 허리를 다쳐 굴신을 못했다.

고모를 잡아 간 인민위원은 우리 마을에서 머슴살이하던 청년으로, 어깨에 따발총을 메고 으스대며 다녔다. 그는 주인네 식구들을 행랑채로 몰아내고 안채를 차지했는가 하면 그 집 전답을 분배받아 자작농이 되었다. 주인을 인민의 피를 빨아먹은 악덕 지주라고 고발하여 감옥에 보낸 그는 주인을 빼내 준다는 조건으로 혼기에 찬 주인집 딸을 협박하여 몰래 색시를 삼기도 했다.

그는 '인민공화국 만세! 김일성 장군 만세!'를 외치며 설치고 다녔지만 공산주의의 '공共' 자도 제대로 알지 못했다. 천지가 개벽한 세상이라, 종이 주인 되고 주인이 종 되는 세상이라는 것만 신봉했다. 세태에 부화뇌동하는 주민들이 엉겁결에 공산주의자가 되어 광장에서 인민재판이 벌어지면 "죽여라", "죽여라" 하고 함성을 질러댔다. 인민재판에서 살아남은 사람은 거의 없었다. 농지가 없는 집은 너나없이 농지를 분배받았다.

인민위원회에서 집집마다 사발통문을 돌렸다. 누구든 무당 집에 드나드는 사람은 반동분자며 괴뢰의 스파이라고 못을 박았다. 할머니도 고모 집을 드나들지 못했다. 고모 집은 적막강산이 됐다. 동네 아이들도 고종들과 놀기는커녕 말도 섞지 않았고, 길에서 마주쳐도 외면하고 다녔다. 나도 그랬다.

그래도 어머니는 한밤중에 아무도 모르게 고모를 찾아가 문병도 하고 먹을 것도 해다 주는 것 같았다. 어느 날 새벽, 고모 집에 다녀온 어머니가 자고 있는 나를 깨웠다. 오빠 때문에 중병에 걸린 것 같았던 어머니는 흥분하여 안색이 벌갰다.

"야, 야, 일나 보거래이. 고모가 그라는데 공산당이 금방 쫓겨갈 기라 카더라. 무당 말이야 믿을 기 못되지만도 우리 식구 만주에서 올 적에도 영험하기는 했대이. 전쟁이 끝나야 니 오라비가 올 거 아이가. 이런 말 아무헌티도 허지 말그라."

어머니는 그 기쁜 소식을 혼자 삼키고 있을 수 없어 나를 깨우고 내게 단단히 입단속을 시키며 빠르게 말한 것 같았다. 그 말은 나보다 어머니 자신에게 다짐을 두는 것 같은 투였다. 잠결에 건성으로 듣던 나는 오빠가 돌아온다는 말에 퍼뜩 정신이 들었다.

추석이 가까워지자 인민위원들이 공출 양을 조사한다며 벼 이삭에서, 콩밭, 수수밭에서 낟알을 세는 것을 보며 마을 사람들은 고개를 절레절레 저었다.

UN군이 인천에 상륙하여 서울을 탈환했다는 소식이 빠르게 퍼졌다. 전선의 허리가 잘린 인민군은 후퇴하기 시작했다. 낙동강 전투에서 패퇴한 인민군이 지역의 부역자들과 함께 퇴각하면서 경찰지서와 면사무소를 불 지르고, 투옥시킨 우익 인사들을 총살하거나 납치해 갔다. 마을마다 온통 쑥대밭을 만들며 후퇴하는 인민군의 잔악한 행위는 삽시간에 마을을 공포로 휘몰았다.

마침 우리 동네엔 큰 대나무 숲이 있어 어른들이 그곳으로 피하기로 했다. 마을 사람들은 허둥지둥 대나무 숲으로 숨어들었다. 할머니는 살 날 멀지 않은 늙은이를 설마 어쩌겠느냐며 꿈쩍도 안 했다. 할머니의 고집을 꺾지 못한 어머니가 우리를 데리고 대숲으로 숨었다. 주로 아이들과 젊은 부녀자들은 피했지만 노인들과 청장년 남자들은 집과 가축을 지키고 있었다.

앞집 아저씨는 황소 한 마리가 살림 밑천이었다. 온 식구가 황소를 애지중지했다. 후퇴하던 인민군이 그 황소를 끌어가려 하자 아저씨는 황소 고삐를 그러쥐고 매달렸다. 인민군이 아저씨의 따귀를 사정없이 때리고 허공에다 공포를 쏘아댔다. 총 소리에 놀란 아저씨는 뒤로 벌렁 넘어지면서 힘없이 고삐를 놓고 그대로 기절해 버렸다. 인민군은 그 광경에 놀라서 뒷걸음치던 젊은이의 목덜미를 잡아챘다. 그 젊은이는 고모의 아들이었다.

"이 고삐 잡고 앞장서기요. 딴 짓하면 머리통을 박살낸다. 빨리 가라. 야!"

인민군이 총구를 들이대며 고종 오빠를 황소와 같이 몰고 갔다. 가축은 물론 집집마다 양식을 강탈당했다. 저항하던 사람은 살아남지 못했다.

할머니도 양식을 탈취하려는 인민군의 바짓가랑이를 붙잡고 늘어지다 총 개머리판에 맞아 돌아가셨다. 피난하지 않은 사람들은 대부분 살육당했고, 장정들은 인민군의 짐을 지고 끌려갔다. 쌀 가마, 보리 가마, 된장, 고추장, 간장, 이불과 옷 보따리, 탄약과 무기를 지게에 지고, 인민군의 발길에 채이고 몽둥이를 맞아 가며 산으로 끌려갔다. 머슴살이하던 청년이 새색시 이름을 부르며 미친 듯이 찾아 다녔다. 대숲에 숨어 있던 색시는 미동도 하지 않고 숨죽인 채 떨고 있었다. 밤새도록 마을에선 단말마의 비명소리가 들렸다. 어머니는 나와 막내의 귀를 막아 주었다.

다음 날 인민군이 모두 떠난 것을 확인하고 대숲에서 나왔을 때, 온 마을에 줄초상이 난 것을 발견했다. 할머니의 참혹한 죽음 앞에서 어머니는 낯빛이 새파란 납색이 되어 애통하며 울부짖었다.

"목심이 둘도 아닌데, 그까짓 양식 그냥 줘 버리고 말제. 와 그러셨습니꺼?"

그때 짐꾼으로 끌려갔다 돌아온 이들은 훗날 공산당에 동조하여 입산入山한 부역자 취급을 받았다. 감옥살이도 하고 수십 년을 빨간 딱지를 떼지 못한 채 세상의 억울한 수인囚人이 되었고, 자녀들까지 연좌제로 복장이 썩어 문드러지는 고통을 겪어야 했다.

악마가 할퀴고 간 듯 처참하고 황량해진 마을에 국군이 들어왔다. 공산당에게 학살 당한 유가족들이 인민군에 가담한 자들과 그 가족들에게 목숨의 빚을 갚겠다고 눈이 시뻘개져 보복을 했다. 석 달도 안 되는 기간에 엎어졌다 뒤집어졌다 하는 난세가 사람들 가슴에 부려놓은 것은 목숨 값이 얼마나 허망한 것인가 하는 거였다. 보아서는 안 될 무서운 참극을 겪은 동네 사람들의 선량한 마음은 연기처럼 사라져버린 듯, 험한 시대를 따라 그악스러워져 갔다.

고모는 남의 문제를 귀신같이 잘 맞추는 무당이었지만 문제의 근본적인 해결 방법은 몰랐고 자신의 앞날은 더욱 몰랐다.

미모가 출중하고 공부도 잘하던 고모의 막내딸 금영이가 접신이 되었다. 고모는 딸이 접신되자 신 내림을 받아야 살 수 있다고 했다. 금영은 죽어도 신 내림을 받지 않겠다며 버텼다. 그녀는 학교도 가지 못하고 시름시름 앓기 시작했다. 고모는 강제로 딸에게 신 내림굿을 해주고 무당이 되게 했지만 금영은 무당질을 거부했고 병줄을 달고 살았다. 사람 구실 못할 것 같다며 어른들은 걱정했다. 어느 날 금영이 나를 붙잡고 신세타령을 하며 도와달라고 했다.

"언니야! 내는 죽고 싶대이. 무당 노릇 하느니 차라리 죽는 기 나을 것 같대이. 부끄러워 어찌 무당질 하겠노. 교회 댕기마 낫는다 카는데!…… 외숙모가 하나님 믿는다 카더라. 나도 외숙모 따라 예배당에 갔으마 좋겠대이. 언니가 내를 도와줄 수 없겠나? 내 혼자 갈라 캤드마 어무이가 길길이 뛴다. 교회 가는 기 무섭기도 하고……."

"우리 어무이, 오빠 때문에 열심히 교회 간대이. 할무이 살아 기셨으마 어림도 없제. 고모가 우리 어무이헌티는 왕을 믿어야 산다꼬 교회 가는 것 반대 안하는 기 참 이상타. 그란데 내캉 교회 간다믄 니 어무이가 더 난리칠 긴데."

"아이다. 우리 어무이는 언니가 하는 일은 못 본 척한데이. 우리 어무이가 언니를 함부로 대하지 못 하는 거 내는 다 안다."

내가 고모에게 대들고 난 뒤부터 고모는 나를 똑바로 대하지 못했다. 금영의 말을 들으면서 나는 고모를 향해 모질게 퍼부은 저주가 생각나 가책이 일기도 했다. 어머니처럼 열심히 교회 갈 생각은 없었지만 고종을 낫게 한다면 어떤 일이든 도와주고 싶었다.

고모는 아들 딸 6남매를 두었다. 아들들은 남자답게 출중한 미남이고 딸은 미스코리아 후보로 나섰던 빼어난 미인이었다. 고종들은 자기 어머니가 무당이라는 것을 몹시 수치스러워 했다. 그러면서도 신기神氣를 지닌 고모가 고종들을 제압하면 아무도 거역하지 못했다. 형제들 가운데 맏이인 오빠는 결혼해서 몇 년 살지 못하고 올케가 결핵으로 죽었다. 올케는 어린 자식 남매를 남겨놓고 젊은 나이에 죽으면서 눈을 감지 못했다고 한다. 집안에서 고종오빠의 재혼을 서둘렀다. 어린 것들 때문에도 재혼해야 한다고 강권한 것이다. 그런 오빠가 재취한 지 얼마 되지 않아 갑자기 죽는 바람에 두 아이는 고아가 돼버렸다.

둘째 고종오빠를 생각하면 안타깝다. 그 오빠는 고모의 요사妖邪로 인해 고통스런 생애를 살다가 젊은 나이에 생을 마감했다. 그 오빠의 첫사랑은 여군 대위였다. 오빠가 결혼 허락을 받겠다며 애인을 데리고 우리 집에도 인사를 왔었다. 아름다운 여군 대위와 나란히 선 오빠의 모습은 한결 돋보였다. 어머니가 탄복하며 말했다.

"우째 그리 잘 어울릴꼬? 지나가는 삼척동자도 천생연분이라 카겠대이."

마을 아이들도 부산을 떨며 두 사람을 보려고 아우성쳤다. 여군 대위를 본 동네 사람들이 모두 고모를 부러워했다. 그러나 고모는 고개를 절레절레 흔들었다. 고모는 이유를 밝히지 않고 극력 반대하고 나섰다. 그 일로 고모네 모자는 하루도 편한 날이 없었다. 나중에 알려졌지만 그때 고모가 오빠 몰래 오빠의 애인을 만나 자신이 무당이라는 말을 하며 두 사람의 혼인은 절대 안 된다고 했다는 것이다. 여군 대위는 목사의 딸이었다. 그 사실을 알고 고모가 결사 반대한 것이다. 고모를 만난 뒤 그녀는 오빠를 멀리했다. 오빠는 이유 없이 멀어져 간 애인 때문에 마음을 잡지 못하고 방황했다.

고모는 사람으로 다친 마음은 사람으로 치유해야 한다며 오빠의 혼사를 서둘렀다. 오빠는 떠나버린 애인을 대신할 수 있는 여자는 없다며 고모가 선택한 규수와 자포자기하듯 혼인을 했다.

오빠는 신혼 첫날밤, 밤새도록 술만 마시고 바닷가를 헤매다 새벽녘에 호텔 방으로 들어가 소파에서 구부린 채 첫날밤을 지냈다고 한다. 첫사랑을 잊지 못한 오빠는 아내에게 정을 주지 못했다. 사랑받지 못한 올케는 바실바실 말라갔다. 어쩌다 아들을 낳았지만 올케는 두 번씩이나 자살을 시도하더니 결국 자살로 짧은 생애를 마쳤다. 그런 과정을 거치면서 오빠의 마음과 몸은 만신창이가 되었다. 어떤 인연의 이끌림이 있었던지 오빠는 재혼했지만 위장이 상할 대로 상해 천공 상태에서 피를 토하다 세상을 하직했다.

열일곱 새색시

수복이 되자 우리는 목이 빠지게 오빠를 기다렸다. 오빠와 피난 갔던 면장이 돌아왔다는 소식을 들은 어머니가 면장을 찾아갔다. 면장은 대구에서 오빠와 헤어졌다며 왜, 아직도 집에 오지 않았는지 오히려 어머니에게 묻더라고 했다. 어머니는 대구로, 부산으로 피난 갔다 돌아온 유지들을 찾아가 오빠를 본 적이 없는지 수소문하고 다녔다. 마치 모래사장에서 잃어버린 바늘을 찾는 사람같이 하루하루, 피가 마르게 오빠의 안위를 찾아 헤맸지만 오빠의 종적은 오리무중이었다.

해가 바뀌고 봄이 무르익은 4월 중순, 한밤중에 오빠가 돌아왔다. 오빠는 죽음에서 소생한 사람처럼 미군 군복을 입은 늠름한 군인의 모습으로 나타났다. 오빠를 기다리다 진이 다 빠져 기신을 못하던 어머니가 오빠를 보자마자 맹수처럼 튀어 일어났다.

"이기 꿈이가, 생시가?"

어머니의 목소리는 기묘할 정도로 짱짱하고 정정하기 그지없었다. 오빠는 그동안 편지를 여러 차례 보냈는데 어째서 받지 못했는지 모르겠다며 죄송하다는 말을 거듭했다. 전쟁이 계속되는 동안 통신 수단이 원활하지 못했던 것이다.

오빠는 할머니의 예기치 않은 참혹한 죽음에 망연자실했다. 할머니의 별세는 어머니로 하여금 오빠를 품 안에 마음껏 안을 수 있는 여유를 주었다. 인물 훤칠하고 명석하며 속 깊은 오빠를 바라보는 어머니의 표정은 가슴에서 끝없는 사랑이 분출하는 것을 감추지 않았다. 어머니는 하나님을 믿고 있었지만 오빠는 어머니의 교주教主 같았고 어머니는 오빠의 맹신도였다.

오빠가 미군부대에 들어가게 된 경위를 이야기했다. 오빠는 면서기 시절 열심히 교회를 다녔다. 오빠가 교회 다니는 것을 할머니가 알았다면 천길 만길 뛰었을 일이다. 할머니는 야소쟁이들은 조상들 제사도 안 지내고 남녀간 내외할 줄도 모르며 천하에 찌질한 상것들이라는 말을 했었다.

오빠는 우리가 박가촌에서 살 때 요한의 할머니가 들려준 성경 이야기를 그냥 듣고 흘려버리지 않았다. 특히 모세나 다윗 같은 인물들과 예수님의 십자가 사건과 교훈들과 산상수훈을 배우면서 신실한 믿음의 뿌리를 내리게 된 것이다. 마침 면장이 장로여서 그를 따라 교회에 갔다. 면장은 명석하고 신실한 오빠에게 좋은 신앙의

지도자였을 뿐만 아니라 사회 선배로서 오빠를 아꼈다. 면장이 어느 날 오빠에게 말했다.

"영어를 배우게. 이 시대는 영어만 잘 하면 길이 열리게 되어 있어. 자네는 면서기로 평생을 보내기는 아까운 인재로세. 우리 교회에 주일날마다 오시는 선교사님한테 이야기해 놓겠네."

그렇게 해서 배운 영어가 피난지 대구에서 직장을 얻는 수단이 되었다고 했다. 오빠는 대구시청 앞을 지나다가 통역관 모집 공고를 보았다. 서류 접수를 하고 시험을 치렀다. 응시자는 대부분 대학생들로, 영어를 잘하는 사람들이 모였다. 필기시험을 치른 다음, 면접관이 어디서 영어를 배웠는지 물었다. 교회에서 선교사에게 배웠다고 하자 면접관은 만족스런 미소를 지으며 합격 판정을 내렸다.

오빠는 미군을 따라 평양까지 갔다가 1·4 후퇴 후 군산 미군 비행장에 배속되었지만 전쟁 중이라 쉽사리 외출 허가를 받을 수 없었다고 했다.

오빠가 면장으로 출세하기를 바랐던 어머니의 소박한 꿈은 배반당했지만 미군부대에 들어간 것은 면장 정도가 문제가 아니었다. 전시인지라 군인 봉급은 많지 않았지만 이따금 오빠가 집에 오는 날은 온갖 먹을 것이 가득 담긴 요술 상자 같은 C레이션을 우리에게 안겨주었다. 그 C레이션 안에 원두커피가 있었다. 우리는 그것을 먹는 방법을 몰랐다. 커피를 미국인들이 숭늉 마시듯 한다는 오빠의 말에 어머니는 틀림없이 몸에 좋은 귀물일 거라며 무쇠 솥에 오빠가 주고 간 커피 알을 한 대접씩 넣고 끓였다. 약도 아닌데 얼마나 쓴지, 사카린을 타서 바가지로 휘휘 저어 양재기에 퍼서 마셨다. 달고 쌉쓰름하여 무슨 맛인지 가늠이 안 되었다. 어머니는 커피를 인삼 녹용 달인 영약이라도 되는 듯 우리 자매에게 마시라고 했다. 자랑스런 아들이 C레이션을 가져올 때마다 어머니는 그 안에 든 것들을 이웃에 조금씩 나눠 주었다. 특히 알 커피를 주면서 서양 사람들이 제일 좋아하는 것이라며 끓여 마시는 방법도 어머니 식으로 토를 달았다. 동네 분들이 처음으로 우리를 부러워했다.

어느 날 윗집 아주머니가 어머니를 붙잡고 커피에 대해 물었다.

"그기, 마실수록 인이 백이는 갑데이. 엊저녁에는 식구들이 다 모여가 가마솥에 커피를 끓여 마셨제. 아들 할배랑 할무이, 영감, 아들 내외캉 손주들도 마셨고마. 그란디 밤새 식구들 눈이 매롱매롱해 가 잠을 한 숨도 못 잤능기라. 이상하제. 우째 그랬으까?"

"하기사 내도 배가 고파 커피 물 마시마 잠이 안 오더래이. 그기 커피 탓이었으까?"

어머니가 영문을 모르겠다는 듯 되물었다.

배가 고플 때면, 풍족하게 살았던 선인촌이 그리웠다. 옥수수가 지천이어서 돼지와 닭의 사료로 먹이던 그곳, 그 어린 시절을 꿈속에서도 그리워했다. 가난이 악덕이라 할 수 없지만 죄로 여겨졌다. 가난은 내 생애를 내가 원치 않는 방향으로 밀어붙이며 비정하게 난도질했다.

전쟁이 끝난 다음 해, 가뭄이 극심했다. 여름에 보리 수확을 못했고, 천수답 논엔 벼 한 포기 꽂지 못했다. 어머니는 꺼질 듯한 한숨을 모로 쉬고 가로 쉬었다. 내가 앉아 있는 자리가 가시방석 같았다. 가난한 우리 밥상에서 숟가락 하나 덜어 내는 일이 무엇보다 시급했다. 그렇다고 다 큰 딸을 더 이상 남의 집에 보낼 수 없다고 생각하는 어머니, 그리고 나 역시 남의 눈칫밥 먹는 게 지긋지긋했다. 어머니가 생각해 낸 최선의 방책은 나를 출가시키는 것이었다. 나는 변변한 혼수 한 가지 장만할 수 없는 가난한 집 딸이었다.

그때, 신랑의 나이가 나보다 열아홉 살이나 많다는 혼처 자리가 나왔다. 나는 질겁을 했다. 어머니는 혼담이 오가는 상서로운 일에 초 치지 말라며 입도 벙긋하지 못하게 했다. 직장이 좋아 처자식 굶기지 않을 거라는 중매쟁이 말을 믿고 어머니는 내게는 묻지도 않고 선뜻 허혼을 했다. 나는 그가 어떻게 생겼는지, 어떤 집안 사람인지 알지 못했다. 정혼하고 나서 그가 나를 만나겠다고 집으로 왔다. 나는 그를 곁눈으로 훔쳐보았다. 첫눈에 단 한 군데도 마음에 드는 구석이 없이 못생긴 아저씨였다. 나는 그에게 바늘 끝만큼의 호감도 가질 수 없었다.

어머니는 그를 안방으로 맞아들이고 혼사에 대해 몇 마디 나눈 뒤, 방을 나오며 나를 억지로 그 방에 밀어 넣고 방문을 닫았다. 그는 흡족한 표정으로 그윽히 나를 바라보며 내게 말을 걸었다. 그가 뭐라고 하는지 아무 말도 들리지 않았다. 아니, 그가 하는 말이 듣고 싶지 않았다. 그와 앉아 있는 방의 구들이 꺼지는 것 같더니 갑자기 칠흑처럼 어두워지고 적막강산 같다는 느낌이 들었다. 어머니가 원망스러웠다. '어떻게 저런 사람에게 시집을 가라고 할까…….'

그의 숨소리, 말소리가 모두 역겨웠다. 그냥 방에서 뛰쳐나가고 싶었다. 열일곱 살의 내 안에 사랑이라는 감정이 싹틀 수 있는 마음의 방이 있었는지 알 수 없지만 나는 아버지나 오빠같이 잘생기고 자상한 신랑감을 막연히 꿈꾸고 있었다. 내 가슴은 실망으로 얼어붙으며 무너져 내렸다.

그가 돌아가자마자 어머니를 향해 이를 갈듯 말했다.

"어무이, 내는 그 인간헌티 시집 안 갈란다. 뭔 남자가 그리 못생겼노?"

"니 간띠가(간덩이가) 배 밖으로 나왔나? 인물이 밥 멕이 줄 끼가? 인물 잘 생기마 인물값 허고 계집 속 썩이지 않는 인사 없대이."

"우짜든둥 내는 그 사람 싫대이. 시집 안 갈 기고마."

"니를 우야꼬? 미군부대 댕기는 신랑감이라꼬 시집 가겠다는 처녀들이 줄 섰다카이. 니 인물이 반반하지 않았음사 언감생심 꿈도 못 꿀 자린 기라. 시절이 난세 아이가. 젊은 남정네는 다 군대 가서 죽어 온 세상이 과부 천지대이. 니를 데려갈 신랑감이 어데 있다고 쓴 물 단 물 타령이고. 철딱서니 읎는 소리 집어치와라. 그라고 니가 시집을 가야 정이를 데꼬 올 수 있다는 거, 와 모리나? 니 생각만 하지 말고 동생 생각 좀 하그라."

평생 싫은 소리 못 하는 어머니가 대경실색하며 나를 나무랐다.

나는 어머니 말에 기가 질렸다. 그렇지, 나를 치워야 정이를 데려올 자리가 생기지. 마음만 무한히 좋을 뿐, 악착같은 데도 없고 맺힌 데 없는 어머니! 아버지가 남긴 재산을 고모에게 빼앗기지 않았다면 나는 눈 가장자리에도 차지 않는 사람에게 시집가지 않을 수 있을 텐데, 어머니에게 생떼를 부리고 싶었다. 그럴 처지가 되지 못한 나는 밤마다 수건을 입에 물고 이불을 뒤집어쓴 채 울었다. 결혼에 대한 꿈에 부풀어야 할 내 마음은 천근만근이었다.

결혼식 날, 나는 밤새 울어 얼굴이 퉁퉁 부었고 초례청에서도 울었다. 아버지가 그립고 보고 싶어 내 깊은 속살이 난자당하는 것 같았다.

"우야꼬. 신부가 어쩌자고 저리 우노? 사위스럽게……."

축하하러 온 동네 아주머니들 사이에서 들려온 말이다. 시집가는 날 울면 팔자가 사나워진다는 속설이 떠올라서 하는 염려였으리라.

혼례 치르고 처음 시댁에 간 날, 새 며느리에게 내놓은 밥이 보리쌀을 세 번 삶아 지은 꽁보리밥이었다. 돈 잘 번다는 신랑의 집은 우리 집보다 더 찢어지게 가난했다. 곱 세거리(봄에 꾸어다 먹은 나락을 가을에 세 배로 갚는 것)를 얻어 빚에 빚을 지고 살고 있다고 시어머니가 푸념하는 소리를 실컷 들어야 했다. 나는 혼인하게 되면 먹고사는 걱정은 안 해도 되리라 생각했는데 그게 아니었다. 남편 위로 형이 둘이나 있다던데 모두 얼마나 주변머리가 없으면 시댁이 이 모양일까, 아연실색했다.

설상가상으로 남편이 마련했다는 신접살이 집은 시내 변두리의 허름한 월세 방으로, 주인집 본채와 담장 사이에 달아 낸 가건물이었다. 겨우 한 평 반 남짓했다. 얼마나 오래 도배를 하지 않았는지 누렇게 퇴색한 벽지가 군데군데 찢기고 신문지로 땜질을 해놓아 초라하기 그지없었다. 혼수 해올 처지가 아니어서 방안에 들여 놓을 것도 없었다. 주인이 신경을 쓴 듯 방바닥만은 깨끗하게 새 장판을 발라 놓았다. 천정은 키 작은 남편이나 나도 머리가 부딪힐까 조심해야 할 만큼 낮았다. 부엌도 없었다. 연탄아궁이만 두 뼘 남짓한 부뚜막 가운데 입을 벌리고 있었다.

내가 혼사를 서두른 어머니의 뜻에 순종한 가장 큰 이유는 신랑이 처가를 도와줄 수 있다고 했다는 중매쟁이의 말 때문이었다. 그런데 막상 결혼을 하고 보니 싹수가 노랬다. 열두 번도 더 도망치고 싶은 마음을 억눌렀다. 살다 보면 정도 생길 거라는 어머니의 강권을 들으며 마음을 달랬다. 남편은 내게 한 약속을 지키지 못했다. 아니, 지킬 여력이 없었다. 남편에 대한 실망은 원망과 미움과 분노로 이어졌다. 속았다는 절망감에 내 마음은 무시로 자글거렸다. 남편에게 곰살궂게 대할 수 없었다. 내 기대는 결혼과 더불어 산산이 무너져 버렸다.

결혼은 거래로 이뤄질 수 있는 관계가 아닐 뿐 아니라 사랑을 살 수 있는 화폐는 세상에 존재하지 않는다는 사실을 생각할 만큼 나는 세상 물리를 알지 못했고 사려가 깊지 못했다.

남편이나 나나 고달픈 인생으로 안식처가 필요한 사람들이었다.

서로 의지하며 정을 나누고 살아야 할 부부였다. 남편은 어린 아내인 나에게 끔찍할 만큼 사랑을 주고 싶어 했지만 그럴수록 나는 남편에게서 멀어져 갔고, 싫어하는 기색을 감추지 않았다. 얼어붙은 내 마음을 녹일 만한 화기和氣가 비집고 들어올 틈이 없었다.

신혼 초부터 곤혹스런 일이 한두 가지가 아니었다. 미군부대가 무슨 화수분이나 되는 것처럼 여기는 시어머니나 시동생이 단칸방 신접살이에 와서 원하는 만큼의 돈을 손에 넣을 때까지 버티고 있었다. 점입가경으로 여학교 다니는 손위 시숙들의 딸인 질녀들을 셋이나 데리고 있어야 했다. 어린 질녀들 앞에서 싫은 내색을 할 수도 없었다. 새벽부터 일어나 남편과 질녀들 밥해 먹이고 도시락 싸서 학교 보내고 벗어놓은 빨래 치닥거리를 해야 했다. 숨이 막혔다. 기회만 있으면 남편을 타박했다. 내게 잘해 주려고 애쓰던 남편은 그런 나의 태도에 질려, 자주 술을 마셨다.

본래 시댁 남정네들은 술을 좋아한다고 했다. 유전적인 인자가 몇 대째 이어 온 것인지 알 수 없지만 형제들이 명절에 모이면 인사불성이 될 때까지 마셔 댔다. 사람이 술을 마시기 시작하면 술이 술을 먹고 술이 사람을 잡아먹는다는 말이 정말이구나 싶었다. 큰 시숙도 술로 간이 손상되어 명대로 살지 못했다. 나는 남편이 술 마시는 게 싫어 자주 시비를 걸었다. 내 마음은 항상 들떠 있었고, 남편의 굴레를 벗어나 어딘가로 훨훨 날아가고 싶었다. 그것이 그와 나 사이를 파괴하는 방아쇠가 되었다.

사랑 없이도 내 자궁은 씨앗을 잉태했다. 마음을 배신하듯 새 생명이 몸 안에서 자라서 태어났다. 서른일곱에 첫 아이를 본 남편은 하늘을 날듯 기뻐하며 애지중지했다. 나는 엄마가 될 준비가 전혀 되어 있지 않은 가운데 엄마가 되어 서툴기만 했다. 아이가 계속 울었다. 나는 아이를 안고 전전긍긍했다.

"새댁! 아가 왜 저리 울어 대노?"

부뚜막에서 저녁밥을 짓는 내게 주인아주머니가 물었다.

"모리겠십니더. 우찌 하마 좋을지 모리겠습니더."

정말 왜 우는지 몰랐다. 젖을 주라는 아주머니의 말대로 젖을 빨리는데도 조금 빨다 울고, 또 조금 빨다 울었다. 주인아주머니가 강보에 싸인 아이를 보더니 질겁을 했다.

"아이고, 아 죽이것다. 아가 이래 되도록 두다니? 혀를 이리 내두르는 것 보래이. 배가 고파 안 그러나. 새댁 젖이 안 나는갑다. 어서 암죽을 끓이거라."

"암죽이 뭡니꺼?"

"쌀을 깨끗이 씻어 이빨로 씹어 죽을 끓이거라. 어서."

주인아주머니가 서두르며 나를 책망했다. 나는 무안하기도 하고 부끄럽기도 하여 아무 말도 못하고 시키는 대로 죽을 끓였다. 죽을 끓이는 동안에도 아이는 계속 울었다. 지쳐서 우는 소리마저 힘이 하나도 없었다. 죽이 끓자 주인아주머니가 조리에 걸러 암죽을 만들어 아이에게 먹였다. 아이는 그 죽을 옴죽옴죽 받아먹더니 울음을 그치고 이내 새근새근 잠이 들었다.

“이보래이. 아가 배가 고파 잠도 못 잤구마. 엄마 되기가 쉬운 기 아이다. 세상에, 안 나오는 젖을 빨렸으이 갓난 아가 안 울고 배기겄나? 친정어무이나 시어무이가 어린 산모를 돌봐줘야 할 긴데……. 쯧쯧.”

어머니는 내가 해산하자 첫 국밥을 끓여주고 바로 집으로 돌아갔다. 늘 일이 산더미 같은지라 우리 집에서 머물 시간이 없었기 때문이다. 나는 아이 기르는 것, 사랑하는 것을 몰랐다. 그저 아이 때문에 쩔쩔매기만 했다. 날이 갈수록 남편에 대한 불만이 오장육부에 가득 차올랐다. 나는 무시로 동생들을 생각하며 울었다. 입에선 나도 모르게 남편을 원망하는 말이 튀어 나왔다.

“자기가 헌 약속도 지키지 몬 허는 기 사내가? 그래 생기 가 무신 일을 헐까? 허는 짓 보마 정나미 떨어져 어찌 살겠노?”

“니, 뭐라 캤나? 정나미 떨어진다꼬? 어디 떨어질 정이라도 있는 기가. 오뉴월에도 서리가 내리게 쌀쌀맞은 니 아이가? 니는 동생들 소리만 한대이. 인자 그 동생이란 말, 듣기만 캐도 맑은 정신으론 몬 살겠대이.”

“당신은 내헌티 거짓말 헌기 부끄럽지도 않나?”

“뭐라? 거짓말?”

남편의 손찌검이 시작되었다. 그리고 맑은 정신으로 퇴근하는 날이 없었다.

“날마다 술 마실 돈은 있고 약속 지킬 돈은 없는 기가?”

술 마시고 퇴근한 남편을 박박 긁어댔다. 남편의 손찌검과 주사가 날이 갈수록 늘었다. 남편은 시댁 식구들에게 가당치도 않은 내 험구를 하는가 하면 더 가혹하게 폭력을 휘둘렀다. 나는 맞기만 하지 않았다. 맞서서 할퀴고 물어뜯고 쥐어뜯었다. 때로는 얻어맞으면서 가엾은 어머니와 동생들이 고통스럽게 사는 만큼 나도 아프게 살아야 한다는 생각도 했다.

그런 험한 세월 속에서 둘째가 태어났다. 자식이야말로 기쁨이 샘솟게 하는 묘약이고 원천이었다. 물정 모르고 낳은 첫아이 때와는 달랐다. 남편에게 조금은 관대해졌다. 남편도 나를 대하는 태도가 달라지는 것 같더니 뜬금없이 의처증이 생겼다. 그 증세는 날로 심해져 시장만 갔다 와도 손찌검을 했다. 남편의 학대를 피해 갈 방법이 없었다. 남편은 시댁 식구들에게 터무니없는 모함까지 했다. 드디어 시어머니가 눈에 쌍심지를 켜고 올라왔다. 좁은 문짝이 부서지게 열어젖히고 들어서더니 내 머리끄덩이를 휘어잡고 등짝을 후려치며 몰아세웠다.

“아이고, 우세스러봐 어찌 살겠노? 시상에 헐 일이 읎어 가 화냥질을 헌다냐. 내는 그 꼴 몬 본대이. 당장 나가그라.”

시어머니에게 매를 맞고 있는 나를 사촌 시동생이 들어오다 보았다. 시동생이 시어머니를 뜯어 말리며 화가 잔뜩 나서 말했다.

“큰어무이, 형수 그런 사람 아입니더. 지가 증인입니더. 요새 세상에 형수 같은 분 읎습니더. 형님 내외에 아가 둘이나 되고 조카딸이 셋인 데다 내까지 얹혀 있습니더. 이 식구들 뒷바라지허니라고 하루 종일 잠시도 앉아 있을 시간도 읎는 형수가 을매나 고생허는지 알기나 헙니꺼? 큰어무이는 형님 말 믿지 마시소. 형님이 의처증에 걸린 거라예."

"뭐라 캤나. 의처증이라꼬? 아니 땐 굴뚝에 연기 나겄나? 내 아들이 읎는 소리 헐 인사 아니대이."

"말이 안 되는 소리로 형수님을 괴롭히고 있어 답답헙니더. 지를 못 믿겠으마 큰어무이 손녀들헌티 물어 보이소. 한집에 살고 있는 그 애들이 더 잘 알깁니더."

이러며 사촌 시동생이 내 변명을 해주었다. 내가 부인해도 믿지 않던 시어머니가 시동생 말엔 멈칫했다. 시작은아버지 도움으로 두 칸 방을 마련하여 사촌 시동생을 데리고 있던 때였고 시댁은 음으로 양으로 그 집 신세를 지고 있는 처지였다. 시어머니가 무시하고 함부로 대할 수 없는 사촌 시동생이었다. 그 시동생이 내 억울한 누명을 벗겨주었다.

3부

경이의 망향

새로운 보금자리

박가촌과 달리 우리 마을 한인들은 대부분 토착지주인 만족蠻族이나 한족漢族의 전답에 가혹한 소작료를 내며 농사를 지었다.

“좋고도 좋네! 이런 세상도 있으까이?! 아이고, 이렇게 허벌나게 좋은 새 시상을 못 보고 죽은 우리 영감이 불쌍혀 죽겄당개유.”

옆집 아주머니가 시어머니를 붙잡고 닭똥 같은 눈물을 흘리며 말했다. 눈물은 흘리고 있지만 좋아서 어쩔 줄 모르는 모양새가 역력했다. 평생 소작농으로 살아온 아주머니가 신중국 정부로부터 전답을 분배받은 뒤 쏟아낸 환호였다. 아무리 입을 다물려 해도 절로 입이 헤벌어지고 발끝에서 솟구치는 힘이 정수리까지 치받쳐 오른다고 했다. 분배받은 논두렁을 열두 바퀴 돌았는데 그래도 기쁨을 참을 수 없어 물이 흥건한 무논에 뛰어들어 뒹굴었다고도 했다. 꿈인가 생신가 싶어 꿈이라면 깨지 않기를 바란다고 했다.

자작농이 된 마을 사람들의 심정은 모두 그 아주머니와 같았다. 소작으로 농사 지을 때와 판이하게 각자 소유의 논밭에 밤낮을 가리지 않고 정성을 쏟았다. 퇴비를 더 주고 김도 한두 번 더 매며 뙤약볕을 마다하지 않았다. 알토란 같은 논에서 정성을 쏟은 대로 풍성한 가을 걷이를 한 첫 해, 온 마을이 잔치를 했다. 잔칫상은 십시일반 거둬 뿌듯한 기쁨을 나누고 즐겼다. 그들은 자신들의 전답을 바라만 보아도 배가 불렀고 흐뭇했다. 하지만 그토록 행복한 시절은 오래 가지 못했다.

1958년, 마오 주석은 더 빨리, 더 철저하게, 경제의 고도성장을 이루고자 했다. 강력한 사회주의국가로 개조하기 위해 모든 인민은 대약진운동에 앞장서야 한다고 했다. 대약진운동의 지상 목표는 농업 생산량 1백 퍼센트를 달성하고 공업화를 촉진하여 15년 내에 영국을 추월하고 미국과 대등하게 경쟁하자는 것이었다.

마오는 인민공사를 세우고 농민들에게 분배된 농지는 물론, 개인 소유의 산업시설까지 인민의 모든 재산을 국유화했다. 인민공사는 농촌과 도시에 둔屯을 조직했다. 둔은 50호 이상 100호 미만을 한 단위로 묶었다. 이 둔은 생산 단위일 뿐만 아니라 생활의 단위가 되었다. 부부라도 성인 남자와 여자를 분리하여 둔에 속하게 했다. 식사도 남녀가 따로 공동식당에서 했고, 취침도 남녀가 따로 공동취침을 해야 했다. 개인의 가정생활이 완전히 무너졌다. 부부끼리도 같은 대대에 속하는 것을 금했다. 부부가 만나는 것도 당의 허가를 받아야 했고, 아이들은 탁아소와 학교에 맡기게 했다. 농촌에서는 매일 일일 평가를 받고 일한 만큼 공푼을 받게 했으며, 그 공푼에 따라 가을에 수확하면 곡식을 배당한다고 했다. 직장인은 월 배당을 받게 되어, 조직에 충성하지 않고 살아갈 수 없는 제도였다.

"이게 뭔 짓이당가? 아덜 장난도 아니고 잉, 줬다 뺏었다, 우덜얼 시방 갖고 노는 것이다? 뭐다? 참말로 사람 환장허것네 잉! 당 서기를 만나 갖고 떼겡이(떼)를 써봤는디, 쇠귀에 경 읽기더라고. 아이고, 이 꼴 저 꼴 안 보고 죽은 영감 팔자가 상팔자고만 그려, 잉!"

옆집 아주머니의 억장이 무너지는 탄식은 농지를 분배받았다가 몰수당한 농민들의 고통의 한목소리였다. 고통은 서로에게 신속하게 소통을 이뤘다. 생존과 잇대어져 뼛속 깊은 곳에서 솟구쳐 나오는 배반감과 분노로 짓이겨진 고통이었다.

마을 농민들은 날마다 당 사무소로 몰려가 전답 국유화 철회를 외치기도 하고, 마을 입구 공터에 모여 파업을 하며 파종할 시기인데도 들에 나가지 않았다.

당의 정책에 집단적으로 정면대결하는 사태를 막으려고 회유하러 왔던 공안이 몰매를 맞고 쫓겨가는 판국이었다. 폭력을 행사한 마을 사람들이 구속되었지만 사태는 악화일로였다. 농지는 농민의 생명줄이다. 죽기 살기를 무릅쓰는 항거에 당국은 어쩔 수 없이 우리 마을 집단농장을 해체시켰다. 들려오는 소식으로는, 집단농장이 구축되자마자 해체된 곳이 적지 않다고 했다.

대약진운동이 진행되는 동안 흉작이 계속되었다. 하늘이 땅을 버린 듯 초목이 말라갔다. 먹을 수 있는 게 남아나지 않았다. 쑥을 캐어 죽을 끓여 연명하는 사람, 나무 껍질을 벗겨 먹는 사람, 석탄이나 흙을 먹기도 하고 산에 가서 돌을 갈아 먹다 내장이 터져 죽은 사람, 굶주리다 못해 강도나 도적이 된 사람도 부지기수였다.

집집마다 주황색 바탕에 흰 글씨로 '인민에게 봉사하라'는 구호가 적힌 나무패를 거실에 걸어놓고 온 가족이 무시로 인민에게 봉사를 다짐했다. 우리 가족은 경외하는 위대한 영웅 마오 주석을 중국의 구세주로 받들었다. 마오 주석을 위해 봉사함으로써 주석을 통해 인민들에게 봉사한다고 믿었다.

어느 날 저녁, B시청에서 생산 담당을 맡고 있는 큰시누이 남편이 왔다. 그는 얼마나 오래 입었는지 실밥이 뜯어지고 색이 바랜 겉옷을 입고 있었다. 한 번도 빨아 입은 적이 없는 듯 앞자락이 반들반들하게 땟국에 절어 있는가 하면, 구멍 난 무명 신발은 엄지발가락이 비죽이 보였다. 물이 귀하여 빨래나 목욕을 자주 하지 못하는 중국인들은 "사람이 죽어 저승에 가면 이승에서 사용한 물이 다 마를 때까지 지옥에 갇혀 있어야 한다"는 속설을 믿고 있다.

물이 귀한 중국에서 살려면 눈물도 물이라 함부로 흘리면 안 될 터였다. 이런 환경에서 허덕이다 보니 백의민족으로 불리던 한인들도 초라하고 지저분하고 냄새 나고 허접스럽기는 마찬가지였다.

"매형! 바쁘신 분이 웬 일입니꺼?"

남편이 큰시누이 남편의 눈치를 보며 입을 열었다.

"그래, 처남에게 할 말이 있어 왔네."

나는 그가 우리 형편에 감당 못할 부탁을 하러 온 건 아닌지 은근히 걱정이 됐다.

"가혹한 정치는 호랑이보다 무섭다는 말을 알고 있는가? 난 인민공사에 전 재산을 빼앗긴 뒤, 도저히 버틸 재간이 없네."

무겁게 입을 뗀 시누이 남편이 고개를 절레절레 흔들며 말했다.

"우짤라꼬 함부로 말헙니꺼? 주석님의 정책은 나라와 인민의 푯대요 희망 아입니꺼?"

남편은 가족들만 있는 자리인데 누가 그 말을 들을세라 좌우를 살피며 말했다.

"처남은 그리 생각하는가? 하기사 처남은 영족英族이라 곧 도시호구로 배정될 것이네. 도시호구로 편입되면 사회주의 사업에 헌신할 적당한 일자리도 배정받겠지."

말을 마친 큰시누이 남편은 땅이 꺼지게 한숨을 쉬었다.

"매형, 우리도 마 피땀 흘려 이룬 가산을 몰수당했을 때 기가 막혔십더. 우리 마을은 주민들의 항거로 집단농장은 해체됐십니더. 하지만도 그 논, 밭, 집, 그게 본시 우리 것은 아니었다는 깨우침이 듭디더. 우리 게 조국에 있는 기라요. 동생은 이 나라를 위해 목숨까지 바쳤는데. 그래, 잘된 기야! 이 나라가 필요하다는 우리 개인 재산, 나라에 바치고 당당하고 떳떳한 신중국의 인민이 되자! 우리 가족은 그렇게 결심했십니더. 내 전답 가지고 살아도 늘 곁방살이 같던 이 나라에서 진정한 신중국 인민이 되고 싶었능기라요!"

남편은 정색을 하고 큰시누이 남편에게 말했다. 도시호구로 이주한대도 소유한 게 없으니 미련 없이 떠날 수 있다는 생각도 털어놓았다. 도시호구가 된다는 통보는 받았지만 어디로 가는지 그때까지 몰랐다. 자식들 공부시킬 자격이 주어지는 도시호구! 자식들을 중국 인민의 한 사람으로, 도시민으로 살게 뒷받침해 보고 싶은 마음은 우리 부부에게 절실했다. 자식들의 생애에 떠오를 무지개 너머 어딘가에서 날고 있을 파랑새를 잡아다 줄 수 있을 것 같았다.

이윽고 큰시누이 남편이 뭔가 결단한 듯 조심스럽게 말했다.

“처남! 대약진운동은 실패로 끝날 걸세. 중국의 뿌리는 전통적인 가족제도 아닌가! 이 가족제도를 무너뜨린 것이 천재天災보다 더 큰 재앙을 가져다주고 있네.”

“그래도 마, 대약진운동은 진행돼 가고 있지 않습니꺼?”

남편은 마오 주석이 대약진운동을 완벽하게 발전시키고 유지해 가기 바라는 마음을 담아 말했다.

“그래서 처남은 모든 분야에서 사회주의 개혁이 완성될 거라고 생각하나?”

큰시누이 남편이 추궁하는 투로 남편에게 물었다.

“우짜든둥 주석님을 믿어야 허지 않겠십니꺼. 매형!”

큰시누이 남편은 답답하다는 표정을 역력히 나타내며 말했다.

“그렇군! 자네는 인민공사라는 거대한 관료 체계가 어떤 건지 모르고 있네. 그들은 자신들이 듣고 싶어 하는 의사와 일치되지 않는 제안을 하면 무조건 우파로 몰아 사상 개조를 해야 한다며 노개(강제노동 수용소)로 보내 버리네. 이런 조직에서는 풍년이 들어도 인민들 사정은 개선되기 어려울 것이네."

"매형! 매형은 신중국 건설에 누구보다 충성했고 사회주의 사상이 투철한 것으로 알고 있는데, 와 이래 비판적이 되었습니꺼?"

남편이 진지하게 물었다.

"공조직에 속해 보지 않은 처남은 내 말을 이해할 수 없겠지. 공조직에선 사람이 일을 선택하지 못하네. 일이 사람을 선택하지. 그것을 조직에 대한 복종이라고 한다네. 잠자코 시치미 뚝 떼고 복종하면 되겠지. 잘못된 속임수로 나라가 무너져 내리는 걸 보면서도 말이야. '능력에 따라 일하고 필요에 따라 소비한다'는 사회주의 원칙이 지켜지면 얼마나 좋겠는가. 앞으로 견디기 어려운 시절이 올 것 같네. 나는 자네 누이와 아이들을 데리고 북한으로 가려네."

평소 과묵한 큰시누이 남편이 그날은 작심하고 소회를 털어 놓고 있었다.

"뭐시라 캤습니꺼? 북한이라꼬 예? 매형 고향으로 가시겠다는 겁니꺼? 작은누이도 가고 자형과 큰누이까지 가시면 어머니께서 몹시 섭섭해 하실 텐데……."

"그렇지 않아도 평양에 가 있는 동서와 인편으로 연락을 했네. 북조선으로 오라고 하더군. 처제네는 아주 잘사는 것 같더라고. 무엇보다 이대로 가다가는 자식들 굶겨 죽일 것 같아서 말이네. 북한은 중국보다 식량 사정이 훨씬 나으니까 식구들 굶겨 죽이지는 않겠지. 작별 인사하러 왔네만 선뜻 입이 떨어지지 않아서. 자네 누이가 같이 올 형편이 못 되어 내가 대신 작별 인사 전하네. 쓸데없는 이야기를 너무 많이 한 것 같으이."

"작은 매형이 가끔 편지 보내 줘서 저도 소식은 듣고 있습니다. 북조선에서 고급 간부로 잘 지낸다 하던데 형님 가시면 모른 척하지 않을 겁니다."

남편과 이야기를 마친 큰시누이 남편은 시부모님에게 하직 인사를 드리고 떠났다. 시누이 남편이 돌아간 뒤 남편은 혼란스러워했다. 그러나 주석을 숭배하는 마음은 흔들림이 없어 보였다.

우리 가족은 심양으로 가라는 당국의 명령을 받았다. 지긋지긋한 농민 신분에서 벗어나 도시호구가 된다는 말을 듣는 순간, 행여 그 권리를 빼앗기지 않을까, 가슴이 두근거리고 조마조마했다. 나는 조상 대대로 농민의 딸로 태어나 농사 외의 일은 알지 못했다. 남편을 따라 두세 번 개성이나 장춘 시장에서 본 도시 사람들의 겉모습이 부럽기도 했지만, 도시로 나가 산다는 건 꿈도 꿔보지 못했다. 다만 자식들이 도시인으로 살았으면 좋겠다는, 막연한 희망을 품고 있었다. 농사지으며 산다는 것은 사지육신을 부려먹는 일로, 평생 고된 노동에 결박당해 살아야 하니까.

우리 형편은 먹고사는 것 말고 자식들 교육시킬 여축도 없었지만 당의 추천이 없으면 고등교육은 길이 없었다. 그러니까 농민은 자식에게 마음대로 고등교육을 시키지 못했다. 나는 자식들이 육체적인 고역을 감내하지 않아도 되는 선생 같은 공직자가 되기를 바랐다. 감불생심敢不生心, 불가능한 소망인 줄 알면서도. 그런 우리에게 도시호구를 준 당의 명령에 나는 열광했다.

"참말이네예! 우리가 도시호구 되는 기 참말이네예!"

나는 남편을 끌어안고 뱅글뱅글 돌았다. 춤을 추고 싶었다.

"그렇게나 좋은가. 당신이 이렇게 기뻐하니 나도 더 기쁘대이."

남편이 기분 좋게 활짝 웃었다.

시부모님은 심양으로 이주하는 것을 매우 불안해했다. 한밤중에 온 가족이 도망 와서 이름까지 다 바꾸고 살면서도 늘 쫓기는 심정으로 살아온 지난 시절이 생각나는 듯, 시아버지의 심사가 편치 않아 보였다.

"내는 니 어무이허고 여게 살믄 안 되겠나? 심양엔 아는 사람도 없으이 말이대이. 사람이 뿌리내리고 살던 곳을 떠나 옮기 댕기는 것보다 궂은 팔자는 없제."

시아버지가 한숨을 내쉬며 말했다.

"아부지, 거기도 많은 한인 이주자들이 마을을 이루고 산답니더. 그리고 우리가 도시호구 받은 것은 주석님의 은혜임을 잊으시믄 안 됩니더. 마을 사람들이 우리를 얼매나 부러워하는 줄 모르십니꺼? 행여라도 누군가 아부지 심기 눈치 채지 않도록 조심하이소."

이런 말을 하며 남편은 시부모님의 심기가 풀리도록 여러 이야기를 했다. 남편의 말이 시부모님에게 얼마나 설득이 되었는지 모르지만 두 분은 연통산을 떠나면서 시종 말이 없었다.

우리 가족은 심양으로 가는 기차를 탔다. 우리 내외의 좌석은 시부모와 떨어져 있었다. 올망졸망 곁에 있는 아이들은 달리는 철마의 굉음이 일정하게 계속되자, 자장가라도 되는 듯 스르르 잠이 들었다. 새로운 도시에 대한 기대와 불안이 교차하여 앉은 자리가 거북스러웠다.

"당신도 심양으로 가는 게 걱정스러분가? 심양은 요하의 동쪽과 혼하의 북쪽, 두 강 사이에 자리 잡아 두 강이 어머니의 양팔처럼 도시를 감싸 안고 있는 것 같대이. 심양 시내에서 가장 큰 시장의 하나인 서탑시장은 한인들이 상권을 쥐고 있어 한인들이 천지삐까리라, 고향 장터에 간 것 같을 끼요. 당신도 가보면 깜짝 놀랄 기라. 노점마다 우리 고향에서 먹던 음식이 다 있더라꼬. 서탑시장을 두루 보믄 소수민족을 중국 인민과 같은 반열로 인정해 준 주석님이 참 위대하다꼬 느낄 기다. 일제가 조국을 침략하지 않았다면 우리 민족이 분단되지 않았을 기고, 당신과 내도 고국에서 살았겠제."

역사의 오욕이 서린 심양으로 이사하여 도시호구가 된 우리 가족은 도시인으로 신분 상승은 되었지만 도시 생활에 필요한 기본적인 것들을 갖추고 있지 못했다. 우리는 집을 지으려면 2층 정도 땅을 돋워야 하는 저지대에 있는 집을 배정받았다. 아이들 6남매에다 시부모님까지 열 식구가 살기에는 턱없이 비좁은 집이었다.

남편은 한인들이 많이 살고 있는 곳으로 가기를 바랐지만 그곳 한인들이 우리 가족을 받아들이지 못하겠다며 거부했다. 집단농장에서 제한된 농지를 경작하며 근근이 먹고사는 그들에게 새로운

호구를 받아들일 여력이 없었던 것이다. 남편에게 배정된 일자리는 탄광이었다. 남편의 월급은 호구지책이 되지 못했다. 나는 건설 현장에 취업하여 땅 파고 흙 나르는 도시 노동자가 되었다.

심양은 우리 가족을 품어주지 않았다. 깃을 펴고 살 길이 점점 막막했다. 연줄을 대어 우리가 살 만한 곳을 찾아다니던 남편은 안산에 다녀온 뒤 그곳으로 이사하는 게 좋겠다고 했다. 보금자리를 떠나 유리하는 철새가 따로 없었다. 의논이랄 것도 없이 남편의 뜻을 따라 심양보다는 나으리란 기대로 안산으로 이사했다. 우리가 얻은 방은 블록과 잔돌로 얼기설기 칸을 막은 겹집이었다. 앞뒤 방에서 숨 쉬는 소리까지 들릴 정도로 칸막이가 허술한 방이었다. 부엌도 한 사람이 들어가 돌아서기도 어렵게 비좁았다. 좁은 방 두 개에 이삿짐을 대충 정리하고 부엌살림을 어설프게 들여놓았다.

다음 날 아침, 식사를 준비할 수 없었다. 솥단지부터 밥그릇, 바가지, 숟가락까지 부엌살림이 밤 사이 감쪽같이 사라져 단 한 가지도 남아 있지 않았다. 기가 막혀 허둥거리며 뒷방에 가서 자초지종을 말하고 큰 냄비 하나를 빌려다 어렵사리 끼니를 준비했다. 나뭇가지를 꺾어 숟가락을 대신했다. 시부모님의 안색이 참담했고, 아이들은 비죽비죽 울면서 냄비를 긁었다. 이런 몹쓸 세상에서 어찌 살꼬 싶었다.

그날 밤중에 덜그럭거리는 소리가 나서 나가 보니 좁은 부엌 바닥에 도둑맞은 부엌살림이 모조리 돌아와 있었다. 짓궂은 동네 아이들이 장난을 쳤다는 것을 나중에 알았다. 철없는 아이들의 치기 때문에 얼마나 황당하고 황망했던지!

안산은 굴지의 제철회사가 있는 공업도시라 공장에 다니는 호구가 많았다. 남편은 화학공장에 취업이 되었으나 대가족을 부양할 만한 벌이가 되지 못했다. 그나마 공장은 휴업하는 날이 더 많았다. 식구는 많고 먹을 것은 없었다. 잘 먹는 날이 옥수수떡 한 끼였다. 우리 내외는 밤에 가마니를 짜서 팔았다. 허술한 칸막이 사이로 가마니 짜는 소리와 짚 먼지가 드나들어 뒷방 사람들이 질겁을 하며 성화를 부렸다. 목구멍이 포도청이라 무엇이든 식구들 입에 풀칠할 일에 매달려야 하는 입장이 곤혹스럽기 그지없었다. 남편과 나는 염치불구하고 밤이면 가마니 짜는 일에 더 열심을 내었다. 새끼를 꼬아 대는 일은 아이들 몫이었다. 그러다 보니 아이들은 완전히 상머슴 같았다.

그 무렵, 국가에서 시동생의 보상금이 나왔다. 남편은 그 돈을 시아버님께 드렸다. 아무리 배를 곯아도 동생의 핏값에 손을 대지 않겠다는 남편의 결기였을 것이다. 시아버지는 그 돈으로 축산업을 해보겠다며 양을 사고 돼지를 사서 기르기 시작했지만 경험 없이 남의 말만 믿고 시작한 축산업은 적지 않은 보상금을 모조리 날려 버리고 말았다. 무슨 일을 당해도 불평하거나 남을 탓하지 않던 남편, 효자라고 소문난 남편도 그때만은 시아버지를 몹시 원망하는 것 같았다.

어느 날 남편이 헌 자동차를 사 왔다. 자동차를 본 아이들이 환호했다. 나도 모르게 남편에게 책망 투의 말이 튀어나왔다.

"이기 뭐꼬? 자동차 아잉교?"

"그래. 자동차대이."

"우째 이런 일이? 우리 헹편에 무신 자동차잉교?"

"꿈도 야무지대이. 이게 타고 다닐 자동차로 보이나? 아무리 생각해도 기술 사업을 해야 식구들 먹여 살릴 것 같아 자동차 수리점 차릴 생각으로 사온 기대이."

그랬다. 남편은 연통산에서 농사지을 때 논에 물을 대던 양수기가 고장 나면 혼자 씨름하며 고쳐 낸 사람이다. 눈썰미가 남달랐고 기계 만지는 솜씨가 보통이 아니었다. 여러 날 동안 자동차를 해체하여 다시 맞춰보고 또 뜯어보고 엔진 구조를 익히더니 자동차 수리점을 차렸다. 그때는 자동차가 많던 시절도 아니라 수입은 변변치 않았다(훗날 문화혁명이 끝나고 나서 다시 시작한 자동차 수리점이 집안 형편을 펴게 한 효자 노릇을 톡톡히 해냈다).

"여보, 우리가 힘들어도 큰 자식은 좋은 학교를 보내야 되지 않겠나?"

큰아들이 중학교 갈 때가 되자 남편이 내게 동의를 구했다.

"내는 자식들 가르치는 것 말고 달리 바래는 것 없습니더."

두말이 필요 없는 내 대답을 들은 남편은 이미 생각해둔 바를 말했다. 고생하는 김에 조금만 더 고생하며 이왕이면 큰애를 심양에 있는 좋은 학교로 보내자는 것이었다. 무슨 일이 있어도 자식들을 가르치려고 우리 내외는 절치부심했다.

큰아들이 심양에서 수재들만 다닌다는 중학교에 거뜬히 합격했다. 어린 자식을 심양으로 보내놓고 늘 걱정되었지만 큰아들은 장학금을 받아 가며 자신의 몫을 잘 해나갔다. 나는 딸들도 가르치고 싶었다. 나는 배우지 못한 것이 한이어서 아들딸 가리지 않고 원하는 대로 가르치고 싶었다. 큰딸은 초등학교 때부터 늘 책을 끼고 살았다. 초등학교 졸업을 앞둔 딸이 내게 간청했다.

"엄마, 중학교 시험이라도 한번 쳐보게 해줘요."

"합격해가 못 다니면 속만 상하지 않것나?"

"아니, 그냥 시험이라도 쳐보는 게 소원이에요. 엄마!"

"그래라. 시험만 치는 기다."

어린 딸의 소원이 하도 간곡하여 시험이라도 쳐보라고 했다. 시험 치르러 가는 날이었다. 매일 아침 일찍 나가던 남편이 그날은 집에 있어 남편에게 말하지 않을 수 없었다. 딸은 된서리를 맞았다.

"쓸데 없는 짓 말거라. 중학교 간다 하면 네 꼴 안 볼 끼대이."

그러고는 딸이 들고 있는 가방을 빼앗아 방구석에 던졌다.

"시험이라도 쳐보겠다는 겝니더."

"그럴 시간 있으면 집에서 낮잠이나 자라 캐라."

남편의 언성이 높아졌다. 그 자리에 있던 큰아들이 나섰다.

"아버지, 순이를 중학교는 마치게 했으면 싶습니다. 저리 공부하고 싶어 하는데……."

큰아들은 저를 가르치느라 허리가 휘는 부모 사정을 몰라서 하는 말이 아니라고 했다. 저 때문에 희생당하는 여동생에게 미안하여 그런다며 여동생을 감싸주었다. 제 오빠 뒤에 엉거주춤하고 서 있던 딸은 울상이었다. 큰아들이 주머니에서 만년필을 꺼내 등 뒤로 건네며 빨리 가라고 손사래를 쳤다. 딸이 비호같이 뛰어나갔다.

중학교에 진학하려는 학생은 많아도 교육 시설이 부족하여 경쟁이 치열했다. 나는 딸이 낙방하기를 바랐다. 다닐 수도 없는 처지에 합격하는 것보다 낙방하여 단념했으면 싶었다. 그러나 딸은 최우수 성적으로 합격했다.

"당신이랑 내캉 쪼매만 더 일하입시더. 그래가 순이를 갤쳐 보입시더."

"내 이럴 줄 알았소. 어려운 형편에 어쩌자고 고집을 부리는지. 우리는 순이가 중학교 안 가도 당당하게 공화국 인민으로 살 수 있을 기대이. 아들이야 인민을 위해 봉사할 인재로 가르쳐야 하지만 딸은 혼기 차면 시집 보내면 될 거 아이가?"

나는 포기하지 않았다. 딸을 진학시킬 것을 고집스럽게 주장했다. 남편은 딸의 진학을 포기한다기보다 나와 입씨름하는 것을 포기했다. 남편은 내게는 늘 품이 넓은 사람이었다.

중학교에 다니게 된 딸은 학교 갔다 오면 동생을 업고 부엌에 들어가 밥 하고 빨래하고 물 길어오고 온갖 궂은일을 했다. 딸의 학비를 벌기 위해 늦게까지 일터에 매달려 있는 나를 대신하여 집안일을 도맡아 한 것이다. 딸은 중학교 다니면서 제 동생들 솜옷을 제 손으로 지어 입혔다. 신발도 만들어 신겼다. 힘겹게 1학년을 마친 딸은 더 이상 학교에 갈 수 없었다.

"입학시험만 치겠다고 했다가 1년이나 다녔대이. 인자 그만 학교는 졸업하는 기다."

남편은 딸에게 엄명을 내렸다.

"우째 그리 엄하게만 헙니꺼? 어려서 굽은 낭구는 자래서도 굽십니더. 딸자식은 곱게 키워야 헙니대이. 그래야 시집 가서도 구박받지 않고 사는 거라예. 일 년 만에 졸업허는 중학교도 있답니꺼?"

나는 남편의 부당함을 지적했다. 평소 같지 않게 자신에게 맞서는 나를 멀거니 바라보며 남편이 말했다.

"당신이 그리 죽자 사자 일해도 저 애 뒤 못 댄다. 몸도 약해빠진 사람이 그러다 몸 상하면 우짤라꼬 고집인교"라며 홀쩍 일어서서 나가는 남편의 단호한 뒷모습을 보며 나는 더 이상 아무 말도 하지 않았다. 딸의 눈에서 눈물이 줄줄 흘러내렸다. 딸은 1주일 이상 학교를 가지 못했다.

일요일 오후, 뜻밖에 딸의 담임선생님이 우리 집을 찾아와서 남편을 집요하게 설득했다. 대충 이런 내용이었다. 교직에 여러 해 있었지만 순이같이 뛰어난 학생을 보지 못했다. 학비 대기가 힘들면 심양과 장춘 사이에 있는 '개원사범학교'에 보내면 되는데, 그 학교는 한 학년에 50명만 모집하며 한인 자녀 교육을 위한 교원 양성 학교다. 성적이 우수하지 않으면 절대로 추천할 수 없는 학교인데 순이를 그 학교에 추천하겠고, 합격 여부와 학비 문제는 자신이 책임지겠다는 것 등이었다.

제자를 향한 스승의 간곡한 배려가 고마웠고, 자질이 뛰어난 딸 자식을 제대로 가르칠 여력이 없는 내 처지가 한스러워 가슴이 쓰렸다. 남편이 내 눈치를 보며 선생님의 권유를 외면하지 못하고 입을 다물었다.

다음 날 저녁, 남편은 재봉틀을 사 왔다.

"순아! 이 재봉틀 좀 보그라. 너를 위해 사 왔구마. 너는 솜씨가 좋아 바느질 배워 옷 짓는 일 하면 돈 많이 벌 끼다. 학교 가지 말고 바느질이나 배우그라."

남편은 이렇게 딸을 회유했다. 딸은 재봉틀을 쳐다보지도 않았다. 배우려는 딸의 의지를 꺾을 수는 없었다.

"다시는 집에 오지 말그라. 애비 말 안 듣는 자식은 자식이 아이다. 내 눈에 흙이 들어가도 너를 보지 않을 끼다."

남편은 사범학교에 합격하여 쫓기듯 집을 떠나는 딸에게 이런 모진 말을 쏘아 붙였다. 하얗게 질린 딸은 양 어깨를 한껏 움츠러뜨리고 솜덩이가 이리저리 뭉쳐 있는 이불 하나를 머리에 이고 집을 나섰다. 큰아들이 심양 하숙에서 쓰다가 버리려고 가져온 이불이었다. 딸은 학교 기숙사에 들어갔다.

봄, 여름은 별 탈 없이 그런대로 지날 수 있었지만 겨울의 혹독한 추위는 딸에게 가혹한 형벌이었을 것이다. 깔고 잘 요도 없었다. 널빤지를 깔고 새우잠을 자며 견뎌야 했다. 용돈을 주지 못하니 헌 옷이나 자투리 옷감으로 교복도 제 손으로 지어 입고 책가방도 손수 만들었다.

방학이 되어 집에 와도 궁둥이 붙이고 앉아 있을 짬이 없었다. 온 식구가 잠자리에 든 뒤에나 공부를 하려 해도 기름값 든다며 남편이 타박했다. 딸은 길가에 나가 가로등 밑에서 책을 보며 공부했다. 그런 딸이 조악한 환경에 견디다 못해 급성관절염에 걸렸다. 걷지도 못하는 딸을 선생님이 데리고 왔을 때, 눈앞이 캄캄했다. 평생 앉은뱅이가 되면 어쩌나 싶어 안절부절못했다.

관절염에 좋다는 약을 어렵게 구해 먹였다. 급성으로 발병한 병은 빠르게 차도를 보였다. 조금 우선해지자 딸은 서둘러 학교로 돌아갔다. 그러나 그 후유증은 평생을 따라다녔다. 그때 완벽하게 치료해 주지 못한 어미 탓이었다.

휘몰아치는 광풍

마오쩌둥은 1893년 호남성 상담현 소산이라는 작은 마을에서 가난한 농부의 3남 1녀 가운데 장남으로 태어났다. 그는 여섯 살 때부터 아버지의 꾸지람을 들으며 농사일을 했고, 어린 동생들과 함께 늘 아버지로부터 매를 맞고 자랐다. 마오가 기억하는 아버지는 무섭기만 했다. 아버지를 향해 당돌하고 무례한 대꾸를 하기도 했다는 그는 어머니와 동생들과 연합전선을 펴고 종종 아버지와 대결하거나 골탕을 먹였다. 마오의 어머니는 인정 많고 자애심이 깊은 여인이었다. 가난한 이웃들을 돌봐주는 어머니와 그는 한마음으로 통했다. 마오는 어려서부터 비범하고 지적 탐구심이 강했다.

그가 열네 살이 되자, 그의 아버지는 스무 살 된 처녀와 혼인을 시켰다. 그는 아버지에게 저항했고, 단 한 번도 부부로 살지 않았다. 그의 아버지는 경서經書 공부를 강요했지만 그는 어머니의 지원을 받아 외가로 가서 신식 교육을 받고, 존경하던 은사의 도움으로 베이징대학 도서관 사서 보조로 취업하게 되었다. 그는 늘 고향을 떠나 있었으며, 결혼한 사실 자체를 잊고 살았다.

베이징대학에 있을 때 그는 가장 큰 영향을 받은 스승의 딸을 사랑하여 결혼했다. 그의 나이 스물다섯이었다. 공산당에 대한 국민당의 처벌은 잔혹했다. 아들 둘을 낳은 마오의 부인은 아이들과 함께 장제스 군에 처형당했다.

마오는 소박하고 꾸밈없는 촌스러운 미소와, 기지와 세련된 풍모를 지니고 있었다. 철학과 역사를 깊이 연구했고, 뛰어난 웅변가였으며, 대단한 문필가인가 하면 비상한 기억력과 탁월한 집중력을 갖춘 군사 전략가였다. 그는 중국 지식인과 농민과 하층민들의 절실한 욕구와 절박한 요구가 무엇인지 꿰뚫었으며, 중국 개혁의 원동력은 공산혁명밖에 없다고 생각하고 있었다. 공산주의는 착취당하는 농민들의 분노의 터 위에서 무섭게 확산되어 갔다.

마오는 농촌 소비에트를 조직하고 농민들에게 사회주의 이념과 《마오쩌둥 어록》을 교육시키고 외우게 했다. 이 교육을 통해 90퍼센트에 이르던 인민들의 문맹을 퇴치했을 뿐 아니라 언어를 하나로 통일하는 문화적 언어혁명까지 성공시켰다. 중국이라는 광활한 대륙에는 56개 소수민족의 언어와 고개 하나만 넘으면 소통이 안 되는 다양한 언어가 존재하고 있었던 것이다.

대약진운동이 전국적으로 확산되면서 남편은 '뒤뜰 용광로' 사업에 동원되었다.

"선진국의 척도는 철강 생산에 있다. 철강 생산을 국가 발전의 핵심 정책으로 한다. 현재 생산량보다 네 배 이상, 연간 2천만 톤의 철강을 생산토록 하라!"

마오 주석의 갑작스런 명령은 국시國是가 되었다.

그 시절 중국엔 일제가 군수물자 확보를 위해 건설한 제철소가 몇 군데 있을 뿐, 그마저 일제가 패망하고 기술자들이 쫓겨 간 뒤 철 생산량이 급감했다. 더구나 광산 개발이 진척되지 않아 주석의 명령에 부응할 생산 목표는 절반도 채우기 어려운 실정이었다. 생산이 불가능한 가상의 생산량 달성을 위해 주석은 기상천외의 아이디어를 시달했다. 그것이 급조된 뒤뜰 용광로였고, 단기간에 전국적으로 60만 기가 설치되었다. 생산 목표 달성에 혈안이 된 당 간부들은 1억 명의 노동 인력을 차출하여 뒤뜰 용광로에 투입했다.

남편도 그 1억 명 가운데 한 사람이 되었다. 용광로는 설치했지만 용광로에 넣을 광석이 없었다. 남편은 매일 공안들과 함께 철제 지붕, 철조망, 트랙터, 농업용 차량, 곡괭이, 삽, 쇠스랑, 도끼 등 온갖 농기구와 가정용품을 압수하여 오는 일을 했다. 그 일은 남편에게 전쟁과 같았다. 가사 도구를 빼앗기지 않으려는 주부들과 숨겨 놓은 농기구를 찾아내느라 매일 농민들과 전쟁을 치러야 했다.

남편은 참으로 못할 짓이라며 가슴 아파했다. 그런 상황이 계속되자 인민위원회가 나섰다. '가정에 있는 쇠붙이를 자진 헌납하지 않는 자는 우파 반동분자로 색출하여 노동개조소로 추방한다'는 시책을 발표했다.

집집마다 쇠붙이란 쇠붙이는 씨도 안 남기고 탐욕스런 용광로의 제물로 바쳤다. 용광로는 불가사리였다. 아궁이에 넣을 석탄이 떨어지자 산야의 나무들을 마구 베어 목탄을 만들었다. 용광로는 산의 나무를 모두 집어 삼켰다. 심지어 과일나무까지 베어 가는 바람에 과일 값이 폭등했고 집안의 가구, 문짝까지 용광로에서 재로 변했다. 그러나 뒤뜰용광로에서 용해된 쇠붙이들은 아무 짝에도 쓸모없는 고철이 되어 나왔다.

남편은 당의 긴급 명령에 의해 며칠씩 집에 들어오지 못하는 일도 있었다. 철도 양편에 10리 간격으로 밤낮을 가리지 않고 뒤뜰용광로를 설치하기 위해서였다. 특별열차를 타고 순시에 나선 주석은 밤하늘을 휘황찬란하게 밝히고 있는 용광로의 불꽃을 보며 감격을 금치 못했다고 한다.

"우리 인민들은 위대하다! 저 많은 뒤뜰 용광로에서 엄청난 양의 강철을 생산할 수 있겠지. 선진국들이라는 나라들은 왜 몇 백억씩 들여 강철 공장을 건설하지? 바보 같은 것들!"

집집마다 취사도구가 없어 차를 끓이거나 음식을 해 먹을 수 없는 처지가 되었다. 인민들의 불평이 솟구치자 주석은 한 마디로 그 불만을 잘라 냈다.

"인민은 공동식당에서 식사하도록 하라. 가정에서는 절대로 취사를 해선 안 된다. 경제발전을 위한 생산에 협력하지 않는 자들은 반혁명분자다!"

주석이 현장 순시를 할 때 간부들은 제철공장에서 생산된 고품

질의 철을 뒤뜰 용광로에서 만든 것이라며 보여 주었다.

주석은 순시의 마지막 과정에서 현대식 강철공장과 석탄 광산을 두루 시찰했다. 그는 고품질의 철을 만들려면 대규모의 현대적 제철공장에서 석탄같이 열량 높은 연료를 사용해야 한다는 것을 뒤늦게 눈으로 보고 확인했다. 그러나 그는 뒤뜰 용광로의 허무맹랑한 고철 생산작업을 중단시키지 않았다. 국민적 열기에 재를 뿌릴 수 없다는 것과 자신의 과오를 인정하지 않는 정치적 선택을 하며 진실을 외면한 것이다.

농사에 종사해야 할 장정들의 노동력이 뒤뜰 용광로에 투입되자 농사는 노인들과 부녀자들과 어린아이들의 몫이 되었다. 그들이 뼈 빠지게 일해도 힘센 장정들이 하던 일을 감당할 수는 없었다.

풍년이 들어도 추수를 못해 넓은 들에서 곡식이 썩어나갔다. 광대한 전답에 심고 거두는 일이 방치된 채 들판은 황폐해졌다. 식량 생산이 줄자 주석은 양곡 생산은 투쟁이라고 했다. 이 투쟁이 부진한 것은 혁명성이 부족하기 때문이라며 당위원회 관리들에게 엄중한 처벌을 내렸다. 이후부터 생산량에 대한 허위보고가 시작되었다. 전국적으로 곡식 생산량에 따라 세금을 부과하는 제도 아래서 관리들은 생산량을 터무니없이 높게 책정했다. 그 바람에 농민들은 추수한 곡식을 다 세금으로 바쳐도 모자랐다. 도처에서 농민들은 굶주렸고 아사자가 속출했다. 식량 문제는 점점 악화되어 양식을 구할 수 없는 세상이 되었다. 거짓말하는 공직자는 상 받고 진실을 말하는 자는 비난을 받았다.

주석은 어리석은 사람이 아니었다. 실상을 어렴풋이 짐작하고 진실을 알려 했지만 관리들은 아무도 진실을 말해 주지 않았다. 주석은 떠난 지 32년 만에 처음으로 고향인 상담현으로 갔다. 진실을 듣기 위함이었다. 고향 사람들은 옛날처럼 순수했고, 있는 그대로 어려운 현실을 호소했다. 주석은 실망하여 베이징으로 돌아와 버렸다.

베이징에서도 큰 혼란이 일어났고 도시 기능이 마비되어 있었다. 기근이 맹위를 떨치면서 거리에는 사람이 없었다. 수수깡처럼 말라 맥을 놓고 있는 인민들은 조금이라도 배고픔을 잊기 위해 집에 엎드려 있었다. 가진 것이 있는 사람들은 재산과 귀중품을 모두 현금화하려고 난리였다. 도시 인민공사가 설립된다는 사실을 알고 있는 시민들이 몰수당하기 전, 팔 수 있는 것은 다 팔아 치우려는 데서 비롯된 것이었다. 주석은 도시인들의 불안을 해소하기 위해 도시 인민공사 설립 계획을 포기해야 했다.

대약진운동은 사면초가四面楚歌를 맞고 말았다. 아사자가 3천만 명에 달하는 참혹한 시절, 사회의 혼란은 극에 달했다. 대약진운동은 대후퇴운동이 되고 말았다. 주석은 중앙의 당 지도자들 앞에서 자아비판을 하고 권좌에서 물러나야 했다. 이러한 주석의 후퇴는 반전의 계기를 위한 고도의 정치적 장고長考의 결과라는 것을 아무도 눈치 채지 못했다.

그 무렵 주석을 가장 화나게 한 것은 한때 혁명전사였던 동지들이 거대한 관료체제에 안주하며 자신들의 안위만 도모하고 몸을 사리는 것이었다. 그는 자신의 사후 배신자가 등장할 것을 극도로 염려했다. 공산주의 혁명의 역동적인 재탄생을 위해 관료화된 저들의 의식을 개혁시키려는 집념에 사로잡혔다. 그는 문화대혁명이라는 분화구를 만들 계획을 세웠고, 거대한 중국 대륙을 용암처럼 분출시킬 준비를 하고 있었던 것이다.

큰딸은 학교를 그만두라는 남편의 질책에 기를 펴지 못하고 힘들게 공부를 계속했다. 그런 딸에게 졸업도 하기 전에 예기치 않은 행운이 찾아왔다. 한인학교가 교사 부족으로 존폐 위기에 처하자 보충교사 자격으로 성적이 우수한 딸을 채용한 것이다. 굶으며, 먹으며 살아가는 옹색한 집안에 교사로 근무하게 된 딸이 월급을 고스란히 내놓아 동생들 학비며 살림에 큰 도움이 되었다. 딸을 바라보는 남편의 눈매가 부드러워졌다. 그제야 내 근심을 덜 수 있었다. 딸은 보충교사로 재직하는 가운데 틈틈이 공부하여 정식교사 자격증도 취득했다. 교직을 수행하면서 공부하랴 동생들 치다꺼리하랴 편할 날이 없는 딸은 혼기를 훌쩍 넘기고 있었다. 잘생기고 늠름한 총각만 보면 딸의 배필을 삼고 싶은 욕심이 났다.

그럴 때마다 돌아가신 아버지가 생각났다. 아버지는 내게 박가촌 앞산에 묻혀 있는 분이 아니었다. 어머니와 아버지는 항상 내 안에 있었다. 생사를 알 수 없는 어머니가, 그리고 아버지가 가르치고 기도하며 행하시던 모습을 떠올리며 부모님 앞에 부끄럽지 않은 삶을 살고자 했다.

그날도 딸을 짝 지워 보낼 걱정을 하고 있는데 늦게 퇴근한 딸이 근심에 싸인 낯빛으로 저녁을 먹는 둥 마는 둥 하더니 일찍 방에 들어가 벌렁 누워 천정을 응시하고 있었다.

"무신 일 있나? 식사도 제대로 안 하고."

걱정이 되어 물었다.

"엄마, 대약진운동보다 더 큰 일이 벌어졌어요."

"그라마 살기가 더 어려워진다는 말이제?"

"그럴 거예요. 문화대혁명이 일어났어요. 권좌에서 물러났던 마오 주석님이 부인 장칭江青을 비롯 4인방(四人幇, 야오원위안姚文元, 왕훙원王洪文, 장춘차오張春橋)을 앞세워 혁명위원회를 설치하고 10대의 어린 학생들을 군사조직같이 묶어 홍위병을 창설했답니다."

딸은 내가 이해할 수 없는 말을 했다. 남편이 우리 모녀가 주고받는 심상치 않은 말을 들은 듯 방으로 들어왔다.

"네 말이 사실이냐?"

남편은 낮은 음성으로 조심스럽게 물었다.

"예, 오늘 혁명위원회의 명령으로 저희 학교뿐만 아니라 전국 모든 학교가 문을 닫았습니다. 학생들은 10대의 어린 학생부터 대학생까지 홍위병이 될 겁니다. 낡은 사상, 낡은 문화, 낡은 풍속과 습관을 타파한다며 어린 학생들을 광분케 하면 무슨 일을 저지를지 모르겠어요."

딸의 설명을 들은 남편은 끙 하고 힘주어 침을 삼키며 말했다.

"네 제자들이 다 홍위병이 되겠구나. 무슨 일이 있어도 살아남아야 한다. 조심 또 조심해라. 네 오라비가 아직 안 오는 걸 보니 네 오라비 학교도 사단이 난 모양이구나."

나는 아들이 걱정되어 남편의 말에 가슴이 벌렁거렸다.

문화대혁명은 중국을 새롭게 한다는 미명으로 벌인 정치와 권력의 투쟁이었다. 그러기에 마오 주석은 문화나 사상보다 사람을 공격하고 통치에 거침돌이 되는 사람은 누구든 가차없이 숙청했으며 끊임없이 경계했다.

주석은 지식인을 태생적으로 싫어했다. 책은 많이 읽지만 현실에 무지하고 바람이 불면 흔들리는 나약한 인간들이라며 매도했다. 그는 지식인들의 머리에 부르주아 정신이 유령처럼 박혀 있어 교육을 시켜도 사상 개조가 되지 않는다며 혐오했다. 공산당 간부들이 지식인들에게 열등감을 느끼며 지식인들 앞에서 머리를 조아리고 겁을 먹고 있다고 질타했다. 공산당 개혁에 가장 큰 걸림돌은 지식인이라며 '인민의 적'으로 몰아붙였다.

주석은 지식계층과 당 고위 간부들에 대한 적대감을 숨기지 않았다. 그는 역사를 만드는 사람은 노동자, 농민이지 결코 과학자나 지식인들이 아니며 농민 봉기가 중국 역사 변혁의 원동력이라 했다.

주석은 육체노동에 영예를 부여하고 모든 지식인은 물론 자신의 측근들과 당 간부들까지 노동 현장으로 하방下放시켰다. 육체노동을 통해 사상 개조를 하고 인민에게 봉사하며 혁명을 완수하라는 것이었다.

그 시절 인민들은 무식하거나 가난한 것을 자랑스럽고 영광스럽게 여겼다. 주석은 열심히 일하는 노동자, 농민을 칭송하면서 농민들에게 활기를 불어넣고 힘든 노동을 열광적으로 하게 만드는 독특하고 탁월한 카리스마가 있었다. 주석에 대한 숭배와 신격화가 전국적으로 요원의 불길처럼 확산되어 갔다. 손바닥만 한 작은 책에 주석의 어록이 소홍서(小紅書, 마오쩌둥 어록)로 발간되었다. 모든 인민은 주석의 어록으로 정치 학습을 했고, 어록을 암송해야 했다.

하오와 결혼하여 선인촌에서 살고 있는 막내시누이가 문화대혁명이 시작되기 전 초등학교 졸업을 앞둔 딸 혜숙을 데리고 왔다. 중학교에 보내고 싶은데, 시어머니는 장춘으로 보내라 하지만 여맹 고위직에 있어 출장도 자주 다니고 혁명과업에 시간을 바쳐야 하는 분이라 내게 부탁한다고 간청하는 것이었다.

연통산에 살 때 시누이의 시어머니인 강혜원 여사가 우리 집에 찾아오던 날, 하오의 어머니인 것을 확인하고 바로 하오의 집으로 안내했다. 몽매에도 잊지 못하던 아들을 만났다. 모자는 한 순간에 서로를 알아보았다. 아들은 "엄마!"를, 어머니는 "내 아들, 내 아들!"을 수없이 불렀다. 하오는 짐승처럼 울었다. 강 여사는 그런 아들의 눈물을 닦아주며 같이 울었다. 극적인 모자 상봉을 성사시키고 돌아오는 내 마음은 뿌듯하기만 했다.

나중에 막내 시누이에게 들은 이야기다.

시어머니 강혜원 여사는 공산당 하얼빈 여성동맹 위원장을 맡고 있다며 하얼빈으로 이사하여 같이 살자고 하더란다. 그 말에 하오가 저를 구해 주고 손수 지은 집까지 준 은인들을 배반할 수 없다며 시어머니에게 선인촌으로 와서 살면 안 되겠느냐고 했단다.

하오 어머니는 아들의 말을 듣고 하얼빈으로 돌아갔는데, 얼마 되지 않아 장춘으로 자리를 옮겼다고 했다. 가까이 사니까 자주 왕래하며 모자의 정과 고부간의 정을 나누며 살고 있다고 했다.

막내시누이가 우리 형편을 다 알고 있으면서 부탁하는 데야 달리 핑계거리도 없었다. 딸자식 하나 더 낳았다고 생각하면 조카딸을 맡지 못할 것도 없겠다 싶어 두말하지 않고 혜숙을 맡았다. 농촌에서 도시로 진학하려면 현의 공안국 허가를 받아야 하는데, 그것은 대단히 어려운 일이었다. 시어머니가 그 문제를 간단히 해결해 줬다고 했다. 혜숙은 여러모로 할머니의 후광을 입고 있었다.

혜숙은 명성이 자자한 민완 기자였던 조부의 유전인자를 이어받은 듯 총명하고 지혜로운가 하면 얼굴도 곱고 마음씨도 예쁜 데다 리더십도 뛰어났다. 중학교 1학년 때부터 반장을 하더니 3학년이 되자 전교 2천 명의 학생 대표가 되었다.

"외숙모! 저 베이징에 다녀와야 해요."

어느 날 학교에서 돌아온 혜숙이가 말했다.

"어린 니가 무슨 일로 그 먼데를 간단 말이고?"

말로만 듣던 베이징이 별나라같이 느껴져 깜짝 놀라며 물었다.

"제가 우리 학교 대표로 관련串聯 대원이 되었어요."

"그기 무신 일 하는 긴데?"

"전국 홍위병 대표들이 천안문 광장에 모여 주석님의 사열을 받는 거예요. 관련이 끝나면 한 달 동안 여기저기 다니며 문화혁명 학습도 해야 한대요."

"으짜꼬! 한 달이나 걸리마 니 부모님 승낙을 받어야제."

"모레 출발인데요. 제가 편지로 말씀 드릴게요."

물오른 꽃잎같이 싱그러운 조카딸이 당차게 말하는 모습을 보니 신통했다.

혜숙이가 홍위병이 되어 베이징으로 떠나던 날, 나는 아침부터 서둘러 심양역까지 전송하러 갔다. 심양역은 요녕성 각급학교 대표로 선발된 남녀 중고등학생, 대학생들로 구성된 홍위병들로 인산인해를 이루고 있었다. 오후 2시 출발 예정으로 도착한 열차는 이미 홍위병들을 가득 태우고 있었다. 앉을 자리는 고사하고 설 자리도 없을 것 같았다.

"혜숙아! 으짤 그나? 니 앉지도 몬하고 가겠구마."

줄을 선 학생들에게 밀리며 열차를 타려는 혜숙에게 다가가 걱정스레 말했다.

"외숙모님! 고만 가시라니까요. 잘 다녀올게요."

내가 곁에 있는 게 부담스러운 듯, 그 애는 뺨에 홍조를 띠며 말했다. 말투가 어찌나 단호한지 한 마디도 보탤 수 없었다. 어린 조카딸을 멀리 보내는 내 마음은 불안하기 짝이 없었다. 그렇게 떠난 혜숙이가 한 달 뒤 혁명전사가 되어 돌아왔는데 오른손을 수건으로 싸매고 있었다. 나는 기겁을 하고 혜숙의 손을 잡아당기며 물었다.

"와? 손을 을매나 다쳤노? 어데, 보자!"

혜숙은 내 손을 가만히 떼어내며 당당하게 말했다.

"다친 거 아녜요. 제 손은 주석님이 잡아 준 영광스런 손이어요."

혜숙은 낯빛이 상기된 채 싸맨 손을 풀어 보이며 자랑스럽게 말했다.

"와!"

아이들이 경탄하며 벌어진 입을 다물지 못했다. 백만여 명의 홍위병이 운집한 천안문 광장 발코니에 주석이 나타나자 광장은 함성으로 마치 천둥 치는 것 같더라고 했다.

홍위병들이 열광하는 가운데 교시를 마친 주석이 연단에서 내려와 맨 앞줄의 홍위병들과 악수를 하며 퇴장했다. 동북 지방 대표로 뽑혀 앞줄에 서 있던 혜숙의 손도 잡아 주었다는 것이다. 홍위병들은 주석과 악수한 사람의 손을 한 번씩 잡아보며 눈물을 펑펑 흘리기도 하더란다. 딸들은 새까맣게 때가 묻은 혜숙의 손을 잡아보고 나서 언제까지 씻지 않고 있을 거냐고 물었다. 혜숙은 제 할머니와 부모에게 보여준 다음에 씻겠다고 했다.

입소문이 빠르게 퍼졌다. 주석이 잡은 혜숙의 손을 보려고 몰려오는 이웃들과 혜숙의 친구들 때문에 며칠 동안 법석을 떨었다.

혜숙은 베이징을 다녀오면서 한 달 동안 겪은 여러 가지 일들을 생생하게 털어놓았다. 심양역에서 탄 열차엔 좌석이 없어 짐 얹는 선반에 올라타고 밤낮 사흘을 쪼그리고 앉은 채 가야 했다. 열차가 산해관에 도착하자 뿌옇게 밝아오는 새벽 여명 속에 만리장성이 희미한 그림처럼 보이더란다. 처음 보는 베이징의 아침, 설레는 마음으로 역에서 내렸다. 혜숙은 여학생들 투숙 장소인 B여자대학 교실에 소지품을 놓고 천안문 광장으로 갔다. 광장을 가득 메운 홍위병들이 깃발을 흔들며 붉은 스카프를 매고 운집해 있는 모습은 붉게 물든 바다 같더라고 했다. 마오 주석이 홍위병들을 접견하기 위해 광장이 내려다보이는 발코니로 나왔다. 홍위병들은 혁명 구호들이 쓰인 깃발을 흔들며 함성을 지르고 광분하여 펄쩍펄쩍 뛰었다.

주석은 혁명을 완수하려면 '사구四舊 타파'에 앞장서야 한다고 했다. 교수, 교사들이 바로 타파해야 할 주자파主資派요 인민의 적인 반혁명분자라는 것이었다. 주석의 교시는 이어졌다.

"혁명은 폭동이다! 한 계급이 한 계급을 전복하는 폭력 행동이다! 나는 아직 교육을 다 받지 못한 여러분 같은 젊은 세대에게 희망을 갖고 있다. 젊은이들은 언제나 새로운 사상을 발전시켜 변화를 주도해 간다. 공자도 23세 때 새로운 사상으로 학파를 만들어 제자들을 끌어 모았다. 30대의 젊은 예수가 만들어 낸 기독교는 2천 년이 지나도록 사람들을 사로잡고 있다. 석가는 열아홉에 불교를 창시했고 마르크스가 《공산당 선언》을 쓴 것은 30세였다. 부르주아 학자들은 젊은이와 못 배운 세대에 의해 정복되었다. 젊고 지식이 풍부하지 않다는 것은 문제가 아니다. 중요한 것은 진실을 깨닫고 용감하게 앞으로 전진한다는 사실이다!"

주석은 여덟 차례에 걸쳐 천안문루에서 이런 교시를 하며 전국에서 집결한 1,300만 명의 홍위병들을 접견했다는 것이다. 주석의 명령을 받은 홍위병들은 산지사방으로 흩어져 고장 난 기관차처럼 파괴의 대열로 질주했다. 어린 홍위병이 스승을 산 채로 때려죽이는가 하면, 자식이 아버지의 뺨을 치는 하극상이 처처에서 일어났다. 찬란한 문화유산도 구악으로 몰아 홍위병의 발길이 닿는 곳마다 남김없이 파괴되었다.

혜숙은 홍위병들이 베이징 거리에서 고문으로 만신창이가 된 중년 부인에게 똥물을 먹여가며 질질 끌고 다니는 것도 목격했다.

"죽여라! 반혁명분자를 죽여라!"

혜숙도 다른 홍위병들을 따라 같은 목소리로 외치면서 곁에 있는 홍위병에게 물었다.

"저 반동분자가 무슨 죄를 저지른 거지?"

답은 간단명료했다.

"저 계집은 베이징대학 교수인데 당의 명령과 지시에 복종하지 않은 반혁명분자야!"

살인한 것도, 간음을 한 것도 아닌 여인을 무자비하게 집단 구타하여 결국 길거리에서 숨이 끊어지고 마는 것을 본 혜숙은 진저리를 쳤다.

혜숙은 한밤중에 횃불을 들고 "용은 용을 낳고, 봉황은 봉황을 낳으며, 생쥐는 생쥐를 낳는다"는 구호를 외치며 날뛰는 홍위병들도 보았다. 누군가 그들이 당권파 고급 간부의 자녀들이라고 했다. 전설에 나오는 용과 봉황으로 자신들을 신성시하는 모습이 혜숙은 놀랍기만 했다. 홍위병들은 철저히 당권파를 보호하는 조직 같았다. 인민재판 현장에서 당권파로 확인된 사람은 무조건 무죄로 석방되었다.

혜숙은 돌아오는 길에 다른 지역 홍위병들과 함께 여러 시에서 벌이고 있는 혁명활동 학습에 참여해야 했다. C시에 있는 큰 공장으로 투쟁 학습을 하러 갔다. 생산직 직공이었다는 자가 홍색연합병단 사령이 되어 간부들을 거느리고 단상에 올랐다. 혁명이 일어나면서 날마다 광장에 모여 비판대회를 연다는 것이었다.

사람의 심리는 특이하여, 누군가 학대받는 모습에 쾌감을 느끼는 듯 많은 군중이 모여들었다. 공장의 총지휘를 비롯 간부들이 단상으로 끌려 나와 인민재판을 받았다. 그들은 가슴에 죄명이 쓰인 검은 패찰을 달고 양손이 뒤로 묶인 상태에서 끌려 나와, 고문을 당하며 죄상을 고백해야 한다고 했다. 그런 인민재판은 매일 반복되었다. 처형에 해당하는 간부는 죄명 위에 붉은색으로 X표로 표시하고 살려 둘 사람은 검은 색 X표로 구분했다. 어떤 남자는 대학을 나온 기술자라 했다. 그는 대학을 나왔다는 사실 때문에 '죽어도 회개하지 않는 주자파死不改悔的走資派'라는 죄명을 쓰고 몽둥이 찜질을 당하고 있었다.

그는 주석님을 모독했다는 죄목이 추가되어 모진 매를 맞고는 비명조차 지르지 못하고 감방으로 끌려갔다. 공장은 생산 기술을 지도하거나 생산 총지휘를 맡고 있던 임직원들이 처형되기도 하고 강제노동수용소로 추방되어 생산 시스템이 마비 상태라고 했다.

혜숙은 인민재판장에서 즉결처분을 받는 광경을 처음 목격했을 때 간이 떨리고 오금이 저려 두 손으로 얼굴을 가렸다. 그런 혜숙을 본 대학생 홍위병이 반동분자를 동정했다며 자아비판을 하라고 엄중하게 다그쳤다. 혜숙은 잘못하면 큰일 나겠다 싶어 과장되다 싶을 정도로 자아비판을 했다. 그날 혜숙과 같은 태도를 보인 어떤 여학생이 자아비판을 하다 울어버리자 몇몇 홍위병들이 반혁명분자라며 발길로 차고 곤봉으로 때리며 끌고 가는 것을 보았다. 이렇듯 어린 나이에 감당하기 어려운 홍위병 학습을 하고 돌아온 혜숙은 딴 사람이 된 것 같았다.

하나님! 나의 하나님!

인민해방군의 총참모장을 역임한 국방부장 팽더화이彭德懷는 솔직하고 개방적이며 정의로운 역전의 용사였고, 웃음과 기지가 넘치는 잘생긴 호남아였다. 인내심이 강한 그는 대장정 기간 동안 부상당한 부하에게 말을 내주고 자신은 대부분 걸어서 강행군할 정도로 부하들을 아꼈다. 그러기에 목숨 걸고 그를 따르는 장병들이 많았다. 그는 대약진운동의 실패를 지적하고 개선해야 할 점을 지적한 장문의 편지를 마오 주석에게 보냈다. 그는 주석과 동향인 상담현 출신으로, 주석과 가장 가까운 혁명 동지이며 친구였다.

그는 아홉 살 때 말 한 마디 잘못한 것 때문에 계모와 할머니가 가문회의에 그를 치죄해 달라는 청원을 했다. 가문회의는 불효라는 죄목으로 그를 강물에 빠뜨려 죽이라는 명령을 내렸다. 그때 외삼촌이 나서서 자식이 잘못한 것은 그렇게 가르친 부모 탓이라고 강변하여 목숨을 구해 주었다. 겨우 살아남은 그는 집에서 쫓겨나 거지가 되어 떠돌이로 살다 우여곡절 끝에 홍군이 되었는데, 대부분의 홍군은 팽더화이와 비슷한 전력이 있었다.

지칠 줄 모르는 정력으로 그는 수많은 전투를 치르면서 승리를 거듭했다. 그 가운데 단 한 번 가벼운 부상을 입었을 정도로 동작이 기민했고 전술이 뛰어났다.

6·25전쟁 때 그는 중국인민지원군 총사령관으로 2개 병단 37만여 명을 신의주와 삭주, 만포진으로 나누어 1950년 10월 19일 한반도로 진입했다. 그는 인해전술로 UN군과 싸워 한반도의 통일을 저지했고, 심양으로 탈주한 김일성을 도와 북한 정권을 회생시킨 주역이며 조국 통일에 한을 남긴 원흉이기도 하다.

그러나 그는 신중국 역사에서 가장 올바른 국가관을 지닌 사람이었다. 국가와 공산당은 인민의 것이며 군은 인민의 군대라는 투철한 의식으로 철두철미하게 다져져 있었다. 그런 그의 인민에 대한 의식은 1928년 겨울 호남에서 겪은 전투에서 터득한 것이었다. 당시 그의 휘하 병력은 2천 명에 불과했다. 수만 명의 적군은 3백 리에 이르는 주변 인가를 남김없이 불태우고 그 지역의 식량을 깡그리 약탈한 뒤 팽더화이의 패잔병을 원천봉쇄했다.

그의 병사들은 나무껍질로 옷을 만들어 입고 바지 단을 잘라서 신을 만들어 신었다. 숙소도, 불도, 먹을 것도 없어 아사 직전이었다. 농민들도 그들과 다름없었다. 그는 병사들에게 굶어 죽을지언정 점령지 마을 주민들이 가진 것에 손대지 말라고 명령했다.

주민들이 감동하여 백군에게 빼앗기지 않으려고 땅속에 파묻어 둔 곡식을 병사들에게 가져다 주었다. 농민들은 자신들의 집을 불태우고 식량을 약탈해 간 백군과 세리와 지주들을 증오했다.

그들은 감자와 풀뿌리로 연명하면서 팽더화이의 패잔병들을 먹여 살렸다. 주민들은 팽더화이 군과 일체가 되었다. 주민들의 눈물겨운 격려에 힘입어 스무 배가 넘는 적의 봉쇄망을 뚫을 수 있었다.

그 후 팽더화이는 전략이 승리를 가져다 주지 못한다는 것, 인민의 군대는 인민이 도와주지 않으면 존재할 수 없다는 것, 자신과 인민군은 압제자들을 때리는 인민의 주먹에 불과하다는 것을 절감했다. 그러한 깨달음은 그의 일생을 지배했다.

그는 자신에게 주어진 인민해방군 최고 지휘관 직위를 인민의 심부름꾼 자리로 여겼다. 그런 신념이 누구도 감히 말하지 못하는 주석의 실책을 지적하게 한 것이다. 팽더화이의 편지를 읽은 주석은 측근에게 화풀이를 했다.

"인민이 굶주린다고? 하루 한 끼만 먹으면 될 것 아닌가? 내게 도전하는 자는 다 우파분자들이야! 반혁명분자란 말이다!"

주석은 인민들이 한 끼 아니라 반 끼도 먹을 것이 없다는 것을 이해하지 못했다. 주석은 광대한 중국은 물자가 풍부하여 기아란 있을 수 없다고 생각했다. 오히려 중국은 서구 사회를 일순간에 따라잡을 수 있다며 느긋해했다.

인민들은 기근으로 굶주리게 된 것을 마오 주석을 잘 받들지 못하는 당 중앙이나 관리들 탓으로 돌렸다. 역대 황제의 실정失政이 환관이나 대신들의 잘못이라고 생각하며 살아온 백성들처럼…….

주석에게 충정을 모아 써 보낸 팽더화이의 권고에 대한 주석의 답은 팽더화이를 '죽는 날까지 연금시키라'는 숙청 명령이었다.

문화대혁명은 삶의 견실함과 유장함을 처절하게 유린하고 무너져 내리게 한 광란의 시대였다. 그 가운데 소수민족들의 수난이 극심했다. 그들이 지켜온 전통 문화유산인 춤과 노래, 민속 등을 구악舊惡으로 지목했다. 대한족주의大漢族主義에 역행하는 낡은 관습이라며 소수민족의 문화를 타파해야 한다고 했다. 신중국이 건설되는 과정에서 가장 큰 공을 세운 조선족들의 투쟁 공적이 물거품처럼 사라졌다.

남편은 그런 사실을 어떻게 받아들여야 할지 모르겠다며, 언행을 조심하고 몸가짐을 흐트러트리지 않으려 안간힘을 쓰는 듯했다.

큰아들이 귀가하지 않았다. 남편은 학교에 가보았다. 마치 전쟁을 치른 폐허 가운데 난장판 같았다. 홍위병들이 무기와 각목을 들고 쳐들어가 유리창이 박살나고 책상, 걸상 등 모든 기물이 파괴되어 있더라 했다.

학교 앞을 지나가는 노인에게 물었다. 노인은 머리를 절레절레 흔들며 홍위병들이 교장과 교사들을 포승줄로 묶어 끌고 갔다고 했다. 알아볼 길이 없었다. 아들의 안위가 걱정되어 안절부절못했다. 혜숙을 장춘에 있는 할머니에게 보내 보려고 했지만 큰딸이 말렸다. 혜숙은 홍위병 대표라서 어디도 갈 수 없다고 했다. 모든 학교를 폐쇄하라고 명령한 사람이 주석이고, 인민들은《소홍서》외의 어떤 책도 읽어서는 안 된다는 강제 명령도 주석이 내렸다고 했다.

큰아들이 사라지고 한 달이 넘은 어느 날, 아침 일찍부터 홍위병들이 집집마다 문을 두드리며 모두 안산시 공설운동장으로 모이라고 했다. 홍위병들은 가족 중에 한 사람도 빠지면 안 된다고 했지만 남편과 나만 갔다. 우리처럼 강제 동원된 수천 명의 인민이 모여 있었다. 운동장 한가운데 인민재판대가 설치되어 있고, 총을 메거나 각목을 든 홍위병들이 재판대 옆과 뒤를 에워싸고 있었다.

이윽고 조선족들에게 존경받는 지도자들이 포승줄에 묶여 끌려 나와 차례로 인민재판을 받기 시작했다. 홍위병들은 조선족 지도자들에게 '조선특무(조선간첩)'라는 누명을 씌웠다. 특히 고향이 남한인 조선족들은 타도 대상의 첫째 순위였다. 치죄하는 홍위병들이 나열하는 죄목에 화답하듯 군중도 함께 외쳤다.

"조선특무를 죽여라! 한 놈도 살려두지 말라!"

발악하듯 외치며 몽둥이를 휘두르는 홍위병들에게 초주검을 당하거나 즉결처분으로 목숨을 잃는 참사를 목격했다.

그 가운데서도 도르래 줄 같은 동아줄에 목이 옭아 매인 채 끌려 나온 목사의 모습은 산송장과 같았다. 얼마나 고문을 받았는지, 피가 엉긴 얼굴이 사람 얼굴 같지 않았다. 옷도 갈기갈기 찢어져 군데군데 멍든 피부가 비어져 나와 있었다. 두 홍위병이 목사를 큰 기둥에 매달았다. 재판대 옆에는 목사 가족들이 명패를 목에 걸고 무릎 꿇려 있었다. 아버지의 모습을 본 목사의 딸이 비명을 지르자 홍위병은 욕을 퍼부으며 마구 발길질을 했다. 그 딸은 비명도 지르지 못하고 푹 고꾸라졌다. 딸을 끌어안은 목사 부인이 가만히 눈을 감고 있었다. 홍위병은 눈을 감고 있는 목사와 부인에게 눈을 뜨라고 다그치며 뺨을 때렸다. 그리고 확성기에 대고 고함치듯 말했다.

"이 목사 새끼는 우리 공화국의 사회 질서를 교란시킨 극악무도한 반혁명분자다. 그러나 위대하신 주석님은 네가 믿는 예수를 부인하고 마누라와 자식을 택하면 너를 살려주라고 하셨다. 선택은 자유다! 대답하라!"

"대답하라! 대답하라!"

군중이 합창하듯 목사의 대답을 촉구했다. 감고 있던 눈을 떠서 부인과 딸과 아들을 천천히 바라보던 목사는 묵묵히 입을 다물고 다시 눈을 감았다. 홍위병이 굵은 채찍으로 목사를 때렸다. 목사는 고문에 이력이 붙어 통증을 느끼지 않는 듯 버르적거리기만 했다. 그리고 혼신의 힘을 모아 눈을 들어 하늘을 보며 말했다.

"나는 백 번 죽어도 주님을 부인하지 않을 것이다! 나는 가롯 유다가 아니다. 너희 죄를 용서해 달라고 기도한다."

"저 반혁명분자를 즉결처분하라!"

홍위병들은 목사의 눈앞에서 아들을, 딸을, 그리고 아내를 차례로 죽을 때까지 몽둥이로 쳤다. 사람의 죽음을 즐기는 군중은 피에 굶주린 야차 같았다.

"반동분자를 죽여라!"

군중은 여전히 고함을 쳤다. 목숨의 소중함 따위는 그곳에 없었다. 죽이라고 고함치는 산 자의 생명과 죽음을 목전에 둔 목사의 생명이 다 같이 소중하다는 것을 잊고 있었다.

긴 나무기둥에 목사의 목을 옭아맨 밧줄을 잡고 있던 홍위병이 밧줄을 잡아당겼다. 목사는 공중으로 당겨졌다. 홍위병이 다시 밧줄을 놓자 목사의 몸이 바닥으로 떨어져 피투성이가 된 채 죽었다. 목사의 얼굴은 너무도 평화로웠다. 처자식이 눈앞에서 죽고 자신도 목숨을 잃는 처참한 순간 어쩌면 저렇게도 평화스런 모습일 수 있을까? 예수가 어떤 분이기에 처자식보다 더 중할까? 처자식을 살려 놓고 몰래 믿으면 될 것 아닌가. 안타까운 눈물이 쏟아지려는 것을 들키지 않으려고 하늘을 바라보며 눈을 껌벅였다. 목사가 바라보던 파란 하늘은 텅 비어 있었다. 나는 하나님은 어디 계시기에 하나님의 종인 목사의 처참한 주검을 보고만 계신지 물었다.

"동무들은 지금부터 ○○학교 주자파 새끼들과 이통분자들을 인민재판 할 것이다!"

단상의 홍위병이 아들이 재직하고 있는 학교 이름을 카랑카랑한 목소리로 호명했을 때, 내 심장은 쿵쾅쿵쾅 뛰었다. 교장과 교사들이 굴비 엮이듯 엮인 채 끌려 나왔다. 큰아들이 거기 있었다. 더욱 기절초풍할 일은, 아들의 죄목이 이통외국분자(里通外國分子, 외국과 내통하는 스파이)라는 것이었다.

"이 반동은 남조선 끄나풀이며 미 제국주의의 개새끼다!"

우리의 본적이 남한이라는 것이 이유였다. 아들의 제자들이 홍위병이 되어 모욕과 고통을 주고 있었다. 하늘이 노랗게 보였다. 깨어나지 못하는 흉몽을 꾸고 있는 것 같았다. 마음에서 폭풍이 요동치고 있었다. 나는 "우리 아들은 영족"이라고 목청이 찢어져라 울부짖었다. 남편도 울부짖었다.

"우리 아들은 영족입니다! 우리 아들은 영족……"

아무리 외쳐도 광분한 군중의 함성에 묻혀버리고 말았다.

"이 이통분자를 노개(강제노동수용소) 10년에 처한다."

홍위병의 선고가 떨어지자마자 나는"안 돼! 안 돼!"라고 고함치다 혼절하고 말았다.

깨어났을 때, 나는 집에 와 있었다. 온 가족이 근심스런 표정으로 나를 둘러싼 채 아이들은 '엄마'를 부르며 훌쩍거리고 있었다. 남편이 말했다.

"정신이 드나? 보이소, 정신 줄 단단히 붙잡어야제. 아는 즉결처분은 안 당했는기라. 그 인민재판에서 노개 10년이라 카믄 제일 가벼운 형벌이었대이. 즉결처분 받은 사람 억시게 많었구마. 10년 세월 금방 갈 기다. 또 세상이 어찌 될지 누가 알긋나?"

"아를 어데로 보낸다 캤십니꺼?"

"내도 모른다카이. 당신이 정신을 잃는 바람에 그냥 들쳐 업고 왔다 아이가. 디비(곧바로) 나가 가 알아봐야제."

남편이 서둘러 나갔다. 시부모님은 사색이 되어 있었다.

'내 아들이 강제노동 10년이라니? 가혹한 육체노동을 우째 견뎌 낼 수 있을꼬? 도대체 어데로 끌려갔단 말인고? 아들아! 아들아! 이 일을 으짤 그나?'

마음으로 절규하고 있었다. 아들을 살려 낼 수 있다면 내가 죽어도 좋겠다는 마음뿐이었다. 어떤 신이라도 붙잡고 싶었다. 시댁이나 친정에선 제삿날과 설, 추석 명절이 되면 정성껏 제수를 준비하여 조상들에게 제사를 지냈다. 그 조상들의 음덕으로 아들이 무사하기를 빌어 보았지만 내가 본 적도 없는 그들이 무슨 도움이 되겠나 싶어 답답하기만 했다.

어렸을 때 할머니가 초사흘이면 팥 시루떡을 해놓고 두 손이 닳도록 비는 것을 보았다. 할머니가 계시는 안방에는 터줏대감, 마루에는 성주신, 화장실엔 측신, 마당에는 동서남북을 관장하는 오방신, 부엌에는 물과 불을 관장하는 조왕신이 있고, 광에는 업(한 집안의 살림이 그 덕으로 부자가 된다는 짐승이나 사람을 뜻하며, 농가에서 구렁이를 지칭함)이 있었다. 할머니 방 시렁엔 하얀 창호지로 싸서 삼끈으로 묶은 '신주단지'도 있었다. 할머니는 그 단지를 '삼신할머니'라고 하며 지극정성으로 모셨다. 마을 앞산에 있던 큰 바위를 '바위 할배'라고 부르며 고사떡 시루를 들고 가서 빌기도 했다. 그 시절 할머니에겐 삼라만상이 다 신이었는지도 모르겠다. 나는 할머니처럼 끊임없이 비는 축문들을 다 배울 수 없을 것 같아 아예 그런 일을 하지 않겠다고 결심했다. 그런데 아들이 횡액을 당하자 할머니가 경배하던 온갖 신이 떠올랐다.

하지만 그런 귀신들에게 빌고 싶은 마음이 없었다. 목사의 주검을 보지 않았다면 하나님을 먼저 찾았을 것이다. 하나님이 무정한 분이라고 생각하고 있었음에도 요한의 할머니 생각이 났다. 아버지가 세상을 뜬 뒤 어머니는 그 할머니를 통해 하나님과 깊이 만났다.

'하나님은 나 외에 다른 신을 섬기지 말라'고 하셨다며 하나님만 경배하고 믿으라고 했던 그 할머니! 아버지가 별세한 뒤 마음을 가누지 못하여 방황하던 어머니가 하나님의 섭리를 깨닫게 하고 죽음은 영원히 사는 것이라고 말해 준 그 할머니!

어머니는 하나님만 의지했다. 하나님의 진리를 깊이 깨우쳐서라기보다 하나님께 애소하지 않고는 견딜 수 없었기 때문이기도 했을 터다. 어머니는 하나님을 향해 빌고 또 빌었다. 그런 어머니 곁에서 하나님을 경외했던 내가 주석의 어록에 취해 하나님을 잊고 살았다는 죄책감이 들었다. 인민재판대에서 예수님을 배반하지 않고 신앙을 지키기 위해 기꺼이 목숨과 맞바꾼 목사의 모습이 내 마음을 사로잡았다. 요한의 할머니가 어머니와 우리 자매들에게 한 이야기들이 어제 일인 듯 떠올랐다.

고대 중국인들은 창조주를 경배하며 그 신성한 이름을 상제(천제天帝)라고 했다는 것이다. 인간이 세상에 태어남을 천명天命으로 여겼으며 백성은 황제를 천자天子로 믿었다. 황제는 매년 세 차례씩 천단天壇에 가서 제사를 지내며 황천상제(皇天上帝, 하나님의 가장 높은 이름)의 섭정 역할을 잘 하여 부강한 나라가 되게 해달라고 기원했다. 중국인들이 옛날부터 다른 사람을 배려하고, 노인을 공경하며, 겸양과 공손, 근면, 가족에 대한 헌신을 실천하는 것은 상제의 뜻에 순종하기 위함이었다고 했다.

옛날부터 중국 황궁에는 천체를 연구하고 기록하는 최고의 천문학자이자 과학자가 있었다. 2천년 전 예수님이 탄생할 무렵, 중국 황궁의 수석 천문학자가 2년 동안 중국을 떠나 고대인들이 '왕의 별'이라 불렀던 별을 따라갔다 왔다는 일화가 기록으로 남아 있다고 했다. 그러니까 동방박사 세 사람이 보배 함을 가지고 가서 메시아인 아기 예수를 경배한 박사들 중에 한 사람은 바로 중국의 천문학자라는 것이었다. 그 무렵 중국과 이스라엘 사이엔 실크로드가 열려 있었다. 바벨론과 페르시아 등 중부 아시아와 중동 지역에도 동방박사들에 대한 비슷한 기록이 남아 있다고 했다. 고대 중국인들이 하나님을 경외하며 드린 기도문도 있다며 적어 주었다.

오, 상제시여!
당신께서는 우리의 아버지가 되사
우리의 간구를 듣겠다고 약속하셨습니다
당신의 아들인 저는 어리석고 우둔하여
저의 충심과 순종의 마음을 다 표현할 수 없나이다
당신의 이름은 높으십니다
참새들이 봄날에 즐거워하듯 우리도 이 보석과 비단들을 드리며 당신의 풍성하신 사랑을 찬양합니다.

요한의 할머니는 중국인들이 하나님을 배반하게 된 것은 진시황 때문이라고 했다. 진시황의 본 이름은 조징趙徵이다. 징기스칸이라 불리는 조징은 친정을 시작하자 스스로 '진시황제', 곧 '진나라 최초의 존귀한 황제'라 부르도록 명했다. 진시황은 자신을 '용의 화신'으로 내세우고 제국을 통치했다.

그는 여러 번 암살의 위기를 넘기면서 죽음을 두려워하여 수시로 거처와 잠자리를 옮겨 다녔다. 불로장생을 갈망한 그는 50세에 여행 중에 갑자기 병을 얻어 객사했다.

말년에 그는 미신을 신봉한 나머지 수많은 마법사들을 궁으로 불러들여 그들에게 좌지우지되는 신세로 전락했다. 피로 세운 제국 진나라는 15년 만에 멸망했으나 상제를 숭상하던 중국의 전통을 무너뜨린 진시황은 '용의 시조'가 되었다. 그가 용의 시조로 잔인한 공포 통치를 한 것은 어려서부터 부정한 어머니 밑에서 음모와 술수와 암투를 일삼아 온 여불위의 영향을 받으며 자랐기 때문일 거라고 요한의 할머니는 말했다.

전 세계에 흩어져 사는 화교나 중국인이 축제 때마다 용춤을 추어 용이 중국인의 상징처럼 되었다. 그러나 하나님은 수천 년이 넘도록 중국에 뿌리 깊은 영향력을 미쳐 왔고, 언젠가 중국인이 하나님을 다시 찾게 되리라고 할머니는 이야기했다.

할머니의 그 이야기가 어제 일인 듯 새록새록 떠올랐다. 하나님께 기도드리면 아들이 무사히 돌아올 수 있을 것 같았다. 하나님에게 아들을 구해 달라고 간절히 기도했다.

죄 없는 사람들

아들이 어느 곳에 끌려가 살았는지, 죽었는지 알 수 없는 막막한 하루하루가 천 년 같았다. 아들이 홍위병들에게 발길로 차이며 심한 매를 맞던 인민재판 장면이 무시로 떠올랐다. 가슴이 미어지고 뼈가 녹는 듯하여 아무데서나 스르르 주저앉곤 했다. 그날 인민재판장에서 남편이 나를 움켜잡지 않았다면 나는 아들을 고문하는 홍위병을 쥐어 패고 물어뜯으러 달려갔을 것이다.

가슴을 치며 홍위병들을 미워했다. 잘살게 하겠다는 혁명이 사람 잡는 짓을 하는 것인가? 주석에 대한 원망이 실핏줄까지 뻗쳤지만 단 한 마디 불평도 입에 올릴 수 없는 시절이었다.

신중국은 무신론이 지배하는 공산주의 사회였다. 기독교인들은 모두 체포되었다. 고문당하며 예수를 배신한 자는 석방되었지만 끝까지 신앙을 지킨 사람은 학살당하거나 20~40년 형을 받고 강제노동수용소로 끌려갔다.

교회 건물들은 군부대나 마구간, 창고 등으로 쓰였다. 문혁이 일어나자 홍위병들은 은밀하게 숨어 있는 지하교인들을 교묘하게 찾아냈다. 인민이 허공을 하나님이라고 바라보는 어리석음을 박멸하고 하나님을 땅으로 끌어내릴 거라고 했다. 쟝칭은 '중국에서 교회는 박물관의 역사 전시실에나 가야 볼 수 있다. 중국의 기독교는 이미 다 죽어서 장사지냈다'고 했다.

그토록 살벌한 시절, 나는 예수님만이 나의 간절한 기도를 외면하지 않으리라 믿었다. 언젠가 요한의 할머니가 나라를 위해 위험한 심부름을 하다 일본 고등계 형사에게 붙잡혔는데 기적처럼 탈출했다던 이야기를 했다. 그때 할머니는 예수님이 구해 주었다고 했다. 할머니를 감옥에서 구해 준 예수님이라면 우리 아들도 살려낼 수 있으리라는 생각이 들었다. 나는 예수님에게 아들을 구해 달라고 기도하면서 아들을 구해 주면 반드시 그 은공을 갚겠다고 약속했다. 그렇게 내 주장만 할 줄 알았지 하나님 말씀에 순종해야 한다는 것을 몰랐지만 하나님은 어리석고 불충한 나의 기도를 들어 주셨다.

그날 밤 기도하다 엎드린 채 깜박 잠이 들었는데 괴이한 꿈을 꾸었다. 쇠창살이 쳐진 수인囚人열차가 수많은 죄인들을 태우고 한없이 달려갔다. 나도 그 열차를 타고 있었다. 어딘지 알 수 없는 역에 열차가 도착했다. 누군가 그곳이 중국의 국경지대인 어떤 성省이라며 빨리 내리라고 했다. 수십 량의 객차에서 수인들이 쏟아져 내렸다. 역 구내엔 새까만 얼굴의 어린 홍위병들이 검은 구름처럼 몰려 있었다. 그 가운데 한 홍위병이 악귀 같은 입을 벌려 괴상한 목소리로 고함치듯 말했다.

"우리는 홍기병단의 홍위병이다. 주석님의 지시로 조국의 혁명대의를 실천하기 위해 여기 왔다. 너희 반혁명분자들은 주석님께 충성을 맹서하는 증거로 온몸의 뼈가 부서질 때까지 노동을 하며 자아비판을 하고 사상개조를 해야 한다."

그 말이 끝나자 홍위병들이 수인들에게 채찍을 휘두르며 앞으로 가라고 했다. 나는 수갑을 찬 채 난폭한 홍위병들의 발길에 채이고 매를 맞아 가며 걸었다.

내가 도착한 곳은 어떤 벌판이었다. 뼈에 가죽만 씌운 듯한 수인들이 흙과 돌을 퍼 나르고 있었다. 검은 악마가 내 수갑을 풀어주고 곡괭이를 주면서 빨리 흙을 파라고 재촉했다. 나는 딱딱하게 굳은 땅을 찍고 또 찍었다. 누군가 내가 판 흙을 삽으로 수레에 담아 어디론가 끌고 갔다. 나는 꿈속에서도 힘이 부쳐 곡괭이질을 제대로 하지 못했다. 악마들이 흙을 빨리 파내지 않는다며 채찍질을 했다. 나는 몸이 아픈 게 아니고 마음이 아팠다. 잠은 동굴에서 잤다. 이와 벼룩과 모기가 들끓어 물리지 않은 수인이 없었다. 가려움을 참지 못해 긁어댄 피부가 헐어서 진물이 줄줄 흘렀다. 하루 빵 한 개, 옥수수 한 개가 지급되었다. 악귀들이 때리며 내지르는 욕설과 채찍소리와 단말마의 비명 소리만이 울려퍼졌다. 아무도 말을 하지 않아 모두 벙어리 같았다.

밤이 되면 괴문서를 외우라고 했다. 못 외우면 잠을 자지 못하게 하고 먹을 것을 주지 않았다. 너무 배가 고파 죽을 지경이었다.

생지옥이나 다름없는 죽음의 골짜기에서 아들이 울부짖는 소리가 들렸다. 아들의 소리를 향해 달려갔지만 아무리 달려도 한 걸음도 나아가지 못하고 몸부림만 쳤다. 아들의 이름을 고함쳐 불러도 소리가 되어 나오지 않았다. 아들의 목소리가 들렸다.

"어머니! 텐징센을 보내 주세요! 텐징센을 보내 주세요!"

아들이 울부짖는 소리였다.

두 팔을 허우적이며 아들의 이름을 부르다가 내 비명 소리에 놀라 깨었다.

"일나 보그라! 악몽에 시달렸재. 온몸이 땀투성이구마!"

남편이 내 고함 소리에 깨어 걱정스럽게 말했다. 내 몸은 물통에서 나온 것같이 땀으로 흠뻑 젖어 있었다.

"당신 텐징센이라는 사람 알아요?"

눈을 뜨자마자 밑도 끝도 없이 꿈속에서 헤매는 사람처럼 남편에게 물었다. 내 귓가엔 꿈속에서 아들이 말한 이름이 쟁쟁했다. 모르는 이름이었다. 남편이 아는가 싶어 물은 것이다.

"그 사람이 뉘긴데? 억수로 나쁜 꿈을 꾼 기다. 손을 허우적이며 큰아를 소리쳐 부르던데."

남편이 의아한 표정으로 말했다. 나는 꿈 이야기를 했다. 너무도 선명한 악몽이었다. 분명 심상한 꿈이 아닌 것 같았다. 남편에게 옛날에 만난 사람 가운데 그런 이름인 사람이 없는지 생각해 보라며 나도 아는 사람들의 이름을 하나하나 짚어 보았다.

다음 날 아침, 남편이 내가 말한 사람이 생각난다고 했다. 주석이 친히 하사했다는 시동생의 '영웅 추서장'을 가지고 왔던 인민해방군 이름이 텐징센인 것 같다고 했다.

"맞십니더. 내도 그 사람 아인가 함스롱 긴가 민가 했십니더. 그 사람이 우리 집에 온 날, 갑자기 눈이 퍼붓는 바람에 하루 저녁 묵고 갔지 않십니꺼. 도련님이 을매나 용감하게, 을매나 열렬하게 당과 주석님을 위해 싸웠는가 말하마 눈물을 흘리던 그 군인 이름이 기억납니더."

"내가 찾아가도 기억이나 할까? 십 년도 훨씬 넘었지 않소?"

"이래 두 손 맺고 앉아만 있을 수는 없지 않습니꺼? 찾아가 부탁해 봐야지예! 하나님이 갤쳐준 기고마."

남편이 아들을 구해 낼 수 있을지도 모른다는 생각에 희미한 돌파구를 찾아 나섰다. 그러나 그 인민해방군의 직위도, 부대도, 근무지도 모르고 이름 하나만으로 찾기란 쉬운 일이 아니었다. 남편이 닿을 듯 말 듯 희미한 끈을 붙잡고 천신만고 끝에 텐징센을 찾아냈다. 그는 N 군구 부참모장이라고 했다. 인민해방군은 공산당의 군대다. 텐징센 같은 직위에 있는 군인이라면 나는 새도 떨어뜨릴 수 있는 위치였다.

남편이 N군구로 그를 만나러 갔다. 출세한 그가 만나 줄지 확인도 하지 않고 갔다. 남편은 위병소에서 무작정 텐징센 부참모장님을 만나러 왔다며 면회를 신청했다. 물론 시동생 이름을 내세우고! 아들을 살려내는 오직 한 길은 텐징센을 만나는 일이라고 생각하고 있었던 것이다. 과연 그가 우리를 도와줄지 초조하고 애가 탔다.

열흘 만에 남편이 돌아왔다. 텐징센을 만났다고 했다. 그가 시동생을 기억하고 있었고, 남편이 찾아간 자초지종을 관심 있게 들어주더라고 했다. 그는 우리 가족이 영족인데 어떻게 그런 일이 벌어질 수 있느냐며 안타까워하더라 했다.

주석은 인민해방군에게 홍위병의 행위를 제재하지 말라는 특명을 내려 군은 홍위병들의 어떤 난동도 수수방관할 수밖에 없다는 말도 하더란다.

그가 주석의 조카에게 보내는 한 통의 편지를 써주었다. 주석의 조카는 우리 시의 상급 기관인 S군구 정치위원이었다. 남편은 돌아오는 길에 주석의 조카에게 그 편지를 전했다고 했다. 주석의 조카를 만날 수 없어 비서에게 전하고 온 것을 꺼림칙하게 생각하고 있었다. 그러나 우리 입장에서 하늘같이 높은 사람에게 아들의 안위를 부탁했다는 것만으로도 위로가 되었다.

"지달려 보입시더. 그런 분에게 부탁했다는 것만 해도 하나님이 도우신 겁니더."

나는 나도 모르게 하나님의 도움이라는 확신에 찬 말을 했다.

권력층의 한 마디는 이름 없는 인민들의 백만 마디보다 파장이 크고 신속했다. 시 혁명위원회에서 연락이 왔다. 아들이 석방되어 직장으로 복귀된다는 통지문이었다. 그 공문서가 우리에게 가져다 준 기쁨은 말로 형언할 수 없었다. 공문을 받은 뒤 언제 돌아올지 모르는 아들을 위해 매일 밥을 해놓고 기다렸다. 보름 만에 아들이 돌아왔을 때, 죽었던 자식이 살아 돌아온 것 같았다.

아들의 몰골은 바늘을 삶아 먹은 듯 가시 같았다. 굶주리며, 구타당하며 가혹한 육체노동에 혹사당한 몸은 군데군데 멍들어 있고 손과 발은 수십 년 농사지은 농군보다 험했다.

“을매나 고생시러우마 이 꼴이 됐것노?”

나는 거북 등 같은 아들의 손을 잡고 눈물을 흘리며 꿈에 본 노동 현장을 물었다.

“어머니, 어떻게 아셨습니까? 혁명위원회에서 어디로 가는지 절대로 통지하지 않는다고 하던데요. 그런데 어머니는 제가 간 노개를 어떻게 알고 계십니까?”

“니가 간 수용소를 내사 갔다 왔니라. 꿈속에서 니를 만났제.”

웃으며 하는 내 말을 듣고 농담으로 치부하는 아들에게 꿈 이야기를 했다.

“신기하네요. 날마다 노예처럼 일했지요. 20킬로그램도 들을 수 없는 제가 40킬로그램을 메고 뛰어야 했습니다. 안 그러면 그 자리에서 맞아 죽으니까요. 대부분의 죄수들이 노개에서 죽어 나갔어요. 그런데 저는 살아서 돌아왔습니다. 너무 좋습니다. 사실 석방된다는 정치위원의 말을 듣고도 믿지 않았습니다. 다른 곳으로 이감하거나 또 다른 문제로 고문당하는 게 아닌지 많이 걱정했거든요. 아버지, 어머니 감사합니다!"

아들은 그간의 경위를 대충 이야기했다. 아들은 학교에 출근했다가 교직원 전체가 홍위병에게 끌려갔다. 아들을 끌고 간 홍위병들은 제자들이었다. 미결 감에 구속된 아들에게 그들은 '한국과 미국의 스파이'라는 간첩죄를 자백하라며 날마다 고문했다. 하지 않은 일을 인정할 수 없어 죽을 만큼 매를 맞으면서도 부인했다. 같은 방 수인들이 아들에게 충고했다.

"살고 싶으면 죄를 인정하시오. 죄를 인정할 때까지 고문은 계속됩니다."

안경 낀, 교수라는 수인이 말했다.

"하지도 않은 간첩 질을 어떻게 했다고 합니까?"

거짓말을 할 수는 없다고 생각하는 아들을 보면서 미국에서 신중국의 발전에 기여하려고 돌아왔다는 화교가 말했다.

"나도 애국하려고 귀국했는데 간첩 누명을 쓰고 있소. 여기는 수학 공식이 통하는 데가 아니오. 취조관이 하나 더하기 하나는 다섯이라고 하면 그렇다고 해야 하오. 안 한 것도 했다고 하고, 안 본 것도 보았다고 하고, 검은 것도 희다고 하면 그렇다고 해야 목숨을 부지하는 곳이라오. 나도 시체가 되는 것보다 노개로 가는 게 낫겠다 싶어 거짓 자백을 했소. 나는 30년 강제노역 형을 받고 내일 노개로 간다오."

"어떻게, 그럴 수 있습니까? 죄 없는 사람을!"

아들은 어이가 없었다.

"멍청하면 꾀나 있어야지. 살고 싶소? 죽고 싶소?"

방장이라는 사람이 아들을 윽박지르며 소리쳤다. 아들은 살고 싶었다. 살 수 있는 방법이 죄를 인정하는 것이라고 수인들이 이구동성으로 말하는 것을 듣고 다음 날 순순히 자백했다.

"스파이질 했습니다. 저는 간첩입니다."

아들이 거짓말을 한 대가는 공개적인 인민재판장에서 다시 고문 받으며 씌워진 '노개 10년형'이라는 올가미였다.

노개로 끌려간 아들은 한 감방에서 60명이 같이 지냈다고 했다. 벽 양쪽에 3단으로 된 나무 침상의 폭이 너무 좁아 돌아누우려면 다 같이 구령에 맞춰 움직여야 했다. 다행히 아들은 맨 위 칸을 배정받아 콘크리트 바닥의 냉기를 면할 수 있었지만 여름에는 취침시간이 지옥이었다.

1년 6개월을 혹독한 수용소 생활을 하고 돌아온 아들은 자유의 몸이 된 기쁨보다 두려움과 불안감에 휩싸여 있는 듯했다. 남편이 아들에게 우리와 텐 부참모장의 인연을 말하고 주석의 조카인 S군구의 Y정치위원 이야기를 했다.

"주석의 조카인 Y정치위원은 2차대전 중 S성에서 처형당한 주석님의 동생 아들이라 카더라. 그런데 주석님이 Y를 텐 부참모장님에게 맡겨 그분이 Y를 친아들처럼 키웠다는 기야. 그런 관계인 텐 부참모장님의 부탁 편지를 받은 Y정치위원님이 니를 석방시켜 준 것이대이. 니는 인자 아무 걱정 말그래이. 몸이 회복되는 대로 텐 부참모장님을 찾아뵈어야 한대이."

"그랬군요. 아버지 말씀대로 하겠습니다. 고맙습니다."

아들은 비로소 마음이 놓이는 듯, 표정이 나아졌다.

"니 어무이 정성이 니를 구한 기다."

남편의 말에 아들이 활짝 웃으며 나를 껴안았다. 나는 하나님이 아들을 살려주었다고 믿었다. 감사의 눈물이 저절로 흘러나왔다.

홍위병들의 파괴 행각은 날이 갈수록 걷잡을 수 없는 피의 축제를 벌였다. 오래지 않아 그들은 자중지란自中之亂을 일으켰다. 주석의 적통을 주장하는 패거리 싸움이 통제 불능 상태가 되었다. 그들은 주석이 쓸어 내려 한 구악이 아니라 현존하는 악이었다. 1968년, 마침내 주석은 인민해방군에게 홍위병의 전면 소탕을 명령했다. 홍위병들의 광란의 짧은 청춘은 벼랑으로 곤두박질쳤다.

장칭은 배우 출신으로 주석의 넷째 부인이다. '마오 주석 없이 중국을 알 수 없고 장칭 없이 문화혁명을 알 수 없다'는 말이 회자될 만큼 문혁의 막강한 주역이었다.

하나님은 악한 사람을 심판하려 할 때 야심과 오만을 그의 마음속에 불러일으키게 한다고 한다. 사악하고 야심만만한 장칭을 멍청이 같은 마녀가 유혹했지 싶다.

"장칭, 당신은 중국 역사상 유일무이한 여황제 측천무후나 서태후처럼 권좌에 오를 자격이 있어요! 주석보다 21년이나 젊지 않아요? 주석이 죽으면 당연히 당신은 주석이 될 겁니다!"

주석은 그녀에게 문화부 영화 사업 지도위원회 위원으로 임명하여 일을 주려고 했다. 그러나 그녀는 너무나 오만하게 행동하여 모두 그녀를 싫어했다. 주석은 그녀를 비서로 임명하고, 참고 자료나 신문 등을 읽고 중요한 부분을 발췌하여 보고하도록 지시했다. 하지만 그녀는 신문 읽는 것을 매우 귀찮아했고, 신문을 읽어도 중요한 부분을 분별할 능력이 없었다. 중국 역사는 물론 세계 역사에도 거의 무지했다.

공부를 제대로 하지 않아 모르는 단어도 많았다. 주석은 그러한 그녀가 몹시 걱정스러워 양서를 사다 주며 공부하기를 권했지만 그녀는 하루 종일 영화를 보며 소일했다. 그녀는 오로지 주석에게 버림받을까 봐 노심초사했다. 나중엔 신경쇠약에 걸렸고, 고립감과 외로움, 절망감 등에 시달렸다. 그런 그녀는 주석 앞에서는 꼼짝 못했지만 주석의 아내라는 위치를 이용해 아래 사람들에게 폭군처럼 굴었다. 측근들을 고약하게 비판했고 끊임없이 괴롭혔다. 자기가 고통스럽고 괴로우면 주변의 모든 사람도 함께 고통받아야 한다고 생각하며 행동했다. 주석의 지시 없이도 주석의 지시라고 거짓말을 하면서 비당권파를 무자비하게 숙청하기까지 했다.

마오 주석 사망 후, 후계자의 자리에 오른 화궈펑華國鋒은 1959년, 고향을 방문한 주석을 만났다. 그때 그는 상담현 당 위원회 제1서기로 재직하고 있었다. 그는 주석의 숙소 정문 밖에서 이틀 밤을 새우며 주석을 지켰다. 그 말을 들은 주석은 그에게 깊은 호감을 갖게 되었다. 화궈펑은 주석의 질문에 정직하게 대답했다.

"인민들은 물론 가축들도 몸무게가 빠지고 있습니다. 토양조차 마찬가지인데 어떻게 식량 증산을 입에 담을 수 있겠습니까?"

주석은 베이징에 돌아와서 노발대발했다.

"어느 한 사람도 화궈펑처럼 진실을 말하는 사람이 없다."

그 후부터 화궈펑은 주석의 특별한 신뢰를 받아 중용되었다. 승진을 거듭한 그는 정부 최고 책임자인 당 중앙위원회 제1부주석이 되었다. 그러자 장칭과 4인방은 화궈펑을 우파라고 맹렬히 비난하며 매사를 걸고 넘어졌다. 견디다 못한 화궈펑이 주석을 찾아가서 4인방의 공격 때문에 국정을 수행할 수 없다고 했다. 주석의 건강은 자유롭게 말할 수 있는 상태가 아니었던지라 화궈펑에게 친필을 써 주었다. 필기도구로 겨우 의사소통을 하고 있었다.

"자네가 일을 맡으면 내가 안심이 되니 결정한 대로 행동하기 바라네. 너무 염려하지 말고 대범하게 처신하게나."

이 친필은 화궈펑을 후계자로 지명하는 공식 문건이 되었다.

장칭은 주석이 죽으면 자신이 그 자리를 이어 최고 권력자가 되리라 믿고 한시라도 빨리 주석이 죽기만을 기다렸다. 자신이 탁월한 정치 능력이 있다고 오판하며 자부심에 젖어 있었으며, 극좌파 지도자들의 절대적인 지지를 받고 있다는 데 안심하고 있었다.

주석은 문혁 초기 장칭을 이용하여 혁명을 완수하려 했지만 장칭의 경박함과 천박함과 히스테리에 질려버렸다.

1976년 9월 9일 자정, 83세의 마오 주석이 운명했다. 그러나 인민들은 그의 죽음을 알지 못했다. 주석이 중병에 걸려 있었다는 사실조차 알지 못했다. 그날 아침도 수억의 인민들은 "마오 주석 만세"를 외치며 그를 찬양했다. 주석이 사망하자 쟝칭은 자신이 주석이 다 된 것처럼 행동했다.

주석의 사망 소식은 광대한 중국 대륙의 모든 것을 멈춘 상태로 만들 만큼 충격적이었다. 일주일 동안 인민들은 생업을 전폐하고 조문 대열로 나섰다. 전국 각지에서 분향소를 마련하고 조문했다.

그해 10월 정치국원 회의가 개최되었을 때, 화궈펑은 마오 주석 경호부대 사령관 장야오츠와 손잡고 전격적으로 4인방을 체포했다. 마침내 10년간 중국을 광풍으로 몰아넣은 문화혁명이 멈춘 것이다. 무소불위의 권력을 휘두르던 쟝칭은 체포되고 나서 이렇게 절규했다고 한다. "나는 마오쩌둥의 개였다. 그가 물라고 하면 물었다."

그녀는 77세 때 연금 상태에서 목을 매어 자살함으로 생애를 마쳤다. 문화혁명위원회가 저지른 억울한 사건, 위조된 사건, 오판 사건 등이 3만 5천여 건에 이른다고 했다. 기록으로 남지 않은 잡초 같은 인민들의 억울한 사건들은 헤아리기조차 어려울 것이다.

삶의 무게

큰딸은 결혼하고 세 평 집에 살면서 건강이 좋지 못한 시부모를 제 집으로 모셔왔다. 나는 딸에게 타일렀다.

"아무리 가난하고 늙고 병들고 남 보기에 부끄러워도 네 시부모는 네 남편을 낳아 주고 길러 준 분들이대이. 자식이 흉내 낼 수 없는 부모님의 삶의 무게를 존중하고 공경해야 하는 기라. 부모 공경할 줄 모르는 자식은 부모를 짐 덩이처럼 여기더라. 부모자식이 된다는 것은 결코 우연이 아닌 하늘이 맺어 준 천륜이대이.

하나님이 네게 그런 시부모를 섬기게 한 것에 감사하거라. 심은 대로 거두는 법이대이. 부디 시부모님 잘 공경해 드리거라!"

딸을 결혼시키면서 어머니 생각이 더욱 간절했다. 어머니에게 소식 한 장 전할 수 없는 시절, 휘영청 달 밝은 밤이면 남녘을 향해 보낼 수 없는 마음의 편지를 썼다. 중국의 변방 도시에서 보는 달과 어머니 치맛자락에 매달려 종종거리며 보았던 고향의 달이 조금도 다르지 않은 것을 보며 고향 생각에 젖곤 했다. 어머니는 어떻게 살고 있을까. 어머니가 내 곁에 있다면 무슨 말씀을 하실까? 자식들에게 군소리 안 하시고 사랑만 준 어머니, 내가 흉내 낼 수 없는 어머니의 삶의 무게를 존중해 드려야 하는데도 나는 천륜을 어기고 있었다. 살림 잘하고 조신한 어머니 모습이 떠오를 땐 고향 생각이 절로 났다.

고향에 봄이 오면 나긋나긋 굼실대는 햇살에 잔설은 가뭇없이 녹아 땅으로 스며들었다. 봄비가 자질자질 내리고 나면 봄의 훈김을 견디다 못한 하늘은 안개와 함께 낮게 대지로 내려왔다. 봄빛 일렁이는 대지는 웅얼웅얼 작은 소리를 내며 일어서는 생명의 숨기운을 뿜어 올렸다. 지각을 비집고 햇살을 맞으러 나오는 파란 들풀들!

끈질긴 생명력으로 얼어붙은 땅속에서 발아하여 굳은 땅을 비집고 나온 모습이 애처롭기도 했다. 온 산야에 꽃들이 봉오리를 터트리던 고향의 봄을 꿈길에서 오갔다. 마음속 풍경들을 지워버리고 기억이 닿을 수 없는 것들을 지워버려야 했다. 이것이 내 인생의 행로라며 체념하려 했다.

그러나 천리만리 떨어져 있어도 태산보다 더 큰 장벽이 가로막혀 있고, 세월이 흘러가도 혈육에 대한 간절한 마음을 어찌할 수 없었다. 늙어 갈수록 혈육의 정이 더욱 그리웠다. 나도 모르게 눈물이 나오고 한숨이 나와 어머니를 부르며 다짐을 두곤 했다.

"어무이, 살아만 계시이소. 내사 꼭 어무이 보러 갈 기요!"

아버지는 서른도 채 안 된 어머니를 청상과부로 만들어 놓고 유명을 달리하여, 어린 동생 넷이 어머니가 지고 갈 유산으로 남겨졌다. 혼인을 하지 않았더라면 나도 어머니의 짐 덩이가 되었을 것이다. 아버지 유산을 처분해 적지 않은 재산은 지니고 가셨지만 쪽박에 담은 밤톨 같은 어린 동생들을 키우느라 어머니는 눈물과 한숨으로 지새우셨을 터였다. 나도 자식을 6남매나 낳아 기르다 보니 어머니의 힘겨운 모습이 눈에 선했다. 나도 모르게 고향 이야기를 자주 했다.

"어머니는 연세 드실수록 외가 식구들 생각을 더 하시는 것 같습니다."

심지 깊고 효성이 남다른 큰아들이 내 심정을 헤아리며 말했다.

"그렇구마. 골육지친을 못 보고 사는 것이 철천지 한이구마."

"조금만 기다리세요. 중국과 한국이 수교를 맺을 날이 멀지 않을 것입니다. 수교만 되면 어머니 소원을 꼭 풀어 드리겠습니다."

아들이 내게 이런 약속을 할 수 있는 시절이 오고 있다고 했다.

미국과 중국이 핑퐁 외교를 시작하여 미국 대통령이 베이징에 와서 두 나라가 수교를 했으니 한국과도 틀림없이 교류가 이뤄질 거라고 했다. 그 기대가 세월과 함께 묻혀 가고 있어 안타까웠다. 이러다 어머니와 동생들을 영영 만나지 못하고 죽는 건 아닐까 싶었다.

1992년, 한·중 수교가 되었을 때, 아들이 말했다.

"어머니, 이젠 어머니 소원풀이 할 길이 열렸군요."

나는 걸어서 갈 수 있는 길이 있다면 당장이라도 가고 싶었다.

아들은 큰손자를 먼저 한국으로 보내 보자고 했다.

"내도 한국에 다녀 온 사람 만내 봤대이. 돈 많이 든다 카더라."

그랬다. 한·중 수교가 이뤄지자 한국 사람들이 많이 왔다 갔고, 조선족들도 연줄을 넣어 한국에 가는 것이 무슨 유행처럼 번졌다.

"돈이 좀 들어도 승이를 보내서 아버지 고향을 찾고, 외할머니랑 이모들을 찾아 어머니를 초청하게 하면 얼마든지 오갈 수 있다고 합니다."

"그래? 그라믄 을매나 좋겠노."

그때 스물다섯 살인 승이는 내 첫 손자다. 큰아들이 자식을 한국에 다녀오게 하겠다는 말에 나는 기뻐서 어쩔 줄을 몰랐다.

자식들이 어릴 적에 '왜 우리는 외갓집이 없느냐?'고 물었다. 나는 아주아주 먼 곳에 있다고 하며 한숨짓곤 했다.

큰아들은 문화혁명 시절 얼마나 호된 시련을 겪었던지, 패기나 열정이 사그라져 무슨 일에나 적극적이지 못했다. 언젠가 누군가에게 발목을 잡히지 않을까 조심하고 또 조심했다. 그러면서도 어느 누구도 원망하는 말을 입에 올리지 않았다. 묵묵히 자신의 길을 가고 있었다. 그런 아들이, 내가 한국에 갈 수 있는 길을 열기 위해 깜짝 놀랄 만큼 적극적이었다.

문화대혁명의 여파는 6남매의 인생에서 가장 중요한 청소년기를 씻을 수 없는 상처로 얼룩지게 했다. 어려운 시련과 연단을 거치면서 나름대로 아이들은 부쩍 성숙해지기도 했지만 원하는 전공을 살리지 못했다. 자식들은 차츰 제자리를 찾았고, 좋은 배필을 만나

가정을 이뤘다. 무엇보다 큰아들이 사려 깊은 아내를 만나 내게는 그보다 더 큰 복이 없다고 생각했다.

크게 가진 것은 없어도 마음 편히 살 수 있을 것 같았지만 세상은 어디에도 평안이 없는 것 같다. 경황없는 시절을 지나는 동안 남편의 건강이 알게 모르게 나빠져, 어느 날 갑자기 몸져 눕더니 그길로 세상을 떴다. 남편은 처자를 이승에 두고 떠나면서 무슨 생각을 했을까. 아무 말도 못 하고 운명한 남편은 내게 할 말이 하나도 없었을까? 나는 하고 싶은 말이 너무 많았지만 병석에서 일어나면 하려고 참고 있었는데……. 남편은 아버지로서 할 일은 다하고 갔다. 자식들을 모두 짝지어 보내고 갔으니 말이다.

한·중 수교 이전, 중국 인민들의 귀는 북한의 선전에만 열려 있었다. 남한 인민들이 미국의 노예가 되어 비참하게 살고 있다는 말이 들릴 때마다 내 가슴은 찢어질 듯 아프고 고통스러웠다. '내 혈육이 미국의 노예라니? 누가 내 혈육을 구해줄 수 있을까?' 이런 근심이 무시로 나를 힘들게 했다. 그런데 그런 소문들이 사실이 아님이 드러났다. 총칼을 맞대고 싸웠던 중국과 한국이 국교를 맺는, 천지개벽 같은 일이 벌어졌다. 친척 방문으로 한국에 다녀온 조선족들이 전하는 한국의 발전상은 조선족 사회에 희망의 날개를 달고 급속히 번져 갔다. 우리나라 5천 년 역사에서 중국인들이 한국에서 배우려고 열광하며 부러워한, 역사상 유례없는 시대가 온 것이다.

한국에 다녀온 조선족들이 친척들에게 받아 온 선물은 당시 중국에서 상상하기 어려운 것들이었다. 남한 출신 조선족들은 누구나 모국 방문을 원했지만 남한에 살고 있는 친족이 보낸 초청장이 있어야 했다. 초청장이 있어도 비자 받기가 하늘의 별 따기만큼이나 어려웠다. 남북이 대치하고 있는 상황에서 친척으로 위장한 간첩이 침투할 수 있음을 경계하고 있다는 것이었다.

큰아들이 어렵게 초청장을 손에 넣었다. 브로커에게 거금을 주고 손자 승이의 이름으로 된 초청장을 산 것이다.

드디어 손자가 한국으로 떠나던 날, 나는 남편의 출생지 거창과 내 친정의 옛 주소를 꼼꼼하게 적어 주었다. 승이는 대담하고 명민하며 다부진 청년이다. 어디를 가도 제 몸 하나 건사하는 것 걱정하지 않아도 될 만큼 야무지고 똑똑했다. 승이는 열차를 타고 위해威海로 갔다. 그곳에서 저녁에 떠나는 배를 타고 인천 연안부두에 도착할 예정으로 출발했다.

한국은 승이에게 조부모의 고국이요 일가친척이 사는 고향이지만 승이를 맞이해 줄 사람은 아무도 없었다. 그곳은 승이에게 미지의 나라였다. 불안하고 초조했을 것이다. 그런 가운데 뜻하지 않게 배 안에서 서울 목동에 산다는 재일동포 아주머니를 만났다.

“그러니까, 할머니 소원 풀어 드리려고 한국에 간다는 말이지요? 기특하기도 해라!”

손자의 이야기를 들은 그 아주머니가 몹시 감동하면서 손자의 등을 다독여 주더란다.

"예! 한국에 처음 가는 길이라 좀 걱정이 됩니다."

"그렇겠지! 할아버지 고향이 거창이라고 했나? 한국은 교통이 발달해서 기차나 버스로 어디든 쉽게 갈 수 있어요."

승이와 아주머니는 밤이 깊도록 이런저런 대화를 나누었다. 인천항이 가까워질수록 승이의 걱정도 현실로 다가왔다. 승이는 용기를 내어 재일동포 아주머니에게 부탁해 보았다.

"저어…… 한 가지 어려운 부탁을 드려도 좋을지요?"

"무슨? 말해 봐요. 내가 도울 수 있으면 도와줄게."

"조부모님 고향과 친척을 찾으려면 경비가 많이 들 것 같아서 제가 몇 가지 약재와 식품을 가지고 갑니다. 한국에 가서 그것을 팔아 경비로 쓸 참인데, 어디 가서 어떤 사람들에게 팔아야 할지 잘 몰라서 말입니다. 한국에서는 우황청심환 같은 약이 잘 팔린다는 말을 듣고 가지고 갑니다만……"

"그래요? 자세히 말해 봐요. 무엇을 얼마나 갖고 있는지."

큰아들이 손자를 한국에 보내면서 우황청심환, 참깨, 참기름 등을 준비해 주며 요령껏 팔아서 여비에 보태라고 한 것이다. 승이는 그 아주머니에게 자세하게 품목을 말했다.

"많지도 않네. 얼마 받고 팔면 되지?"

"아버지께서 아무리 못 받아도 70만 원은 받아야 한다고 하셨습니다."

"알았어요. 한국에 도착하면 우리 집으로 갑시다. 여관보다 나을 거요. 그 약은 내가 알아서 팔아 주리다."

이렇게 친절한 안내와 보살핌을 받으며 인천항에 도착했다. 아주머니는 약 보따리를 자신이 가지고 내리겠다고 했다. 한국 세관이 중국 여권 소지자들에게 검사가 까다롭다는 것도 알려주었다. 입국장 밖에서 먼저 나가 기다리겠다며 목동 집 주소를 알려주었다.

과연 중국에서 입국하는 사람들은 따로 대기시켰다. 일본인, 미국인 등 다른 외국인들의 입국 수속을 다 마친 뒤 중국 조선족들은 말할 수 없이 깐깐하게 입국 심사를 했다. 마치 죄인 다루듯 했다.

승이는 적법하게 받은 초청장이 아닌 사실이 드러날까 봐 가슴이 두근거렸다. 입국 심사대에 이르렀을 땐 아무 일도 없는 것처럼 시치미를 떼고 입국 심사관을 바라보았다. 날카로운 눈빛으로 서류를 천천히 검토하면서 퉁명스럽게 물었다.

"어디서 지낼 겁니까?"

"서울 양천구 목동 이모 집에 묵을 겁니다."

손자는 동포 아주머니가 적어준 주소를 보이면서 입에서 나오는 대로 공손하게 대답했다. 입국 심사관은 여러 가지 질문을 계속하더니 마침내 여권에 스탬프를 찍어 주었다. 조선족 입국자가 많아 두 시간이 넘어서야 입국 수속이 끝났다.

처음 오는 조부모의 조국, 생면부지의 땅이지만 자신의 뿌리가 되는 조국에서 철저한 이방인으로 불신의 벽을 마주해야 한 승이는 몹시 서글펐다. 뿌리를 찾겠다는 설렘으로 잠 못 이루며 고대하던 날들이 허망하게 여겨졌다. 승이는 자신의 인생을 차별당하며 살고 싶지 않았다.

"나는 내가 태어난 중국에서 살 거야!"

혼잣말로 고까운 다짐을 하며 입국장을 나왔다. 승이는 동포 아주머니가 기다리다 가버렸을 것 같아 간이 콩알만 해졌다. 그런데 그 아주머니는 천사처럼 기다리고 있었다.

"세 시간은 기다려야 할 줄 알았는데 빨리 나왔네. 비행기를 타고 와도 중국에서 오는 사람들 입국심사는 똑같아요. 내가 중국을 자주 왕래하거든. 청년이 이해해야 해요. 북한 간첩이 위장해서 올 수 있다는 것을 경계하려는 거니까."

승이는 기다려 준 아주머니가 한국을 이해할 수 있는 말까지 해주어 고마웠다.

"맞아요. 아주머니. 저는 그걸 생각 못하고 마음이 너무 아팠거든요. 그리고 이렇게 오래 기다려 주셔서 정말 고맙습니다."

그렇게 고마운 사람이 승이의 한국 방문을 도우려고 예비하고 있었다. 먼저 가시는 하나님의 역사였다.

어렵지 않게 70만 원의 여비를 손에 쥔 손자는 아주머니 말대로 강남 고속버스터미널로 갔다. 전국 각지를 오가는 수백 대의 고속버스가 들고 나는 터미널에서 묻고 또 물어 겨우 거창행 버스를 탔다. 할아버지의 뿌리를 찾아 먼저 거창으로 가기로 한 것이다.

승이는 설레는 마음으로 거창군청 호적과를 찾아갔다. 적어 간

주소로 호적등본을 신청하고 기다렸다. 30분쯤 지나자 담당 공무원이 승이를 불렀다.

"이런 분은 호적에 등재되어 있지 않습니더. 잘못 찾아오신 것 아닙니꺼?"

승이는 우리 가족력을 이야기하며 중국에서 뿌리를 찾기 위해 왔다고 했다. 이야기를 들은 담당 직원이 승이를 위로하며 말했다.

"혹시 신원면에 가면 기록이 남아 있을지 모르겠십니더. 한번 가보이소. 기록을 찾아드리지 못해 안됐십니더."

승이는 그 길로 신원면사무소로 가서 호적대장을 열람해 보았지만 조상들이 등재된 문서가 없다는 것을 확인했을 뿐이다. 군청이나 면사무소 직원은 6·25 전쟁과 거창 양민 학살사건으로 모든 문서가 소실되었다고 했다. 새로 호적 등재를 하면서 생존자들의 신고를 바탕으로 호적을 다시 만들었는데, 신고하지 않은 경우는 호적에 등재되지 않았다는 것이었다.

승이는 내가 적어 준 주소로 남편의 생가 마을 지적도를 떼어 찾아가 보았다. 마을은 흔적도 없어지고 잡초만 무성하더란다. 남편의 일가친척도 그때 처참하게 몰살당한 것이다. 승이는 끝내 조상의 뿌리를 찾지 못하고 돌아서야 했다. 승이는 내 고향 성주의 면사무소를 찾아갔지만 그곳에서도 나에 대한 기록을 찾지 못했다. 낙동강 전선에서 가까운 성주 역시 전쟁 중에 군청이나 면사무소가 불에 타 없어지면서 호적이 소실되었더란다. 책임을 물을 곳 없는 뿌리의 소실이었다.

머나먼 중국에서 할머니의 고향을 찾아왔다는 승이의 말을 들은 면사무소 직원이 어렵게 수소문해 여동생의 아들과 연락해 주었다. 그렇게 손자가 내 이질姨姪을 만나고, 세 여동생들을 만난 것이다. 50년이 넘도록 오매불망 살아 계시기만을 바랐던 어머니는 오래전에 고인이 되셨다고 했다. 언젠가 그리움의 다리를 건너 하늘나라에서 만날 수 있기를 기원하고 있다.

4부

을이의 연인

남편이 떠나간 뒤

6·25 전쟁에 참전한 UN군 사령부가 용산에 자리를 잡으면서 PX(미군용 물품 면세점)가 생겼다. 미군 기지가 있는 곳마다 크고 작은 PX가 있었다. 그 가운데 용산 PX가 가장 규모가 컸고 두 번째가 대구였다.

결혼할 때 남편은 대구 PX에 다녔다. 너무 말이 없어 탈이지만 술 마시는 것 빼고는 남에게 신뢰감을 주는 성실한 사람이었다. 미군 PX 책임자도 남편을 믿고 나중엔 물품창고 관리를 맡겼다. 직책에 따라 봉급이 많아져, 결혼 후 우리는 경제적으로 여느 때보다 넉넉하게 살게 되었다. 시댁 식구들이 전부 우리 집에 와서 살았다. 남편이 미군의 하루 식사가 들어 있는 C레이션을 가끔 가져왔다.

아이들에겐 C레이션을 가져오는 아빠가 산타클로스였다.

미군 PX에는 없는 것이 없었다. 면세점이라 가격도 파격적으로 저렴했다. 전쟁에 시달리는 한국은 모든 것이 궁핍한 데다 변변한 일터도 없었다. 그런 시절에 PX를 다니는 남편은 선망의 대상이기도 했다.

미군부대에 다니는 한국 남자들은 사무원이나 헌병보조원도 있지만 대체로 노동자가 많았다. 젊은 처녀들은 피난 와서 학교를 다니다 중퇴하고 타이피스트, 교환원, 세탁부로 들어가서 일했다. 그런 처녀들을 이웃들은 KP걸이라고 뒤에서 수군거렸다. 영어를 잘하고 미모가 뛰어난 처녀들은 미군 장교들과 사귀며 가족을 부양했다. 그래서 KP걸이란 말은 곧 양색시(미군의 애인, 또는 미군을 상대하는 매춘부)로 통했다.

대구의 미군기지는 시 외곽에 있었다. 시내 일정한 곳을 지정하여 출·퇴근길엔 근로자들을 모이게 하여 트럭으로 출퇴근시켰다.

핍절한 시절이라 PX 물품 도난사건이 자주 일어났다. 아무리 단속해도 공구를 비롯하여 온갖 물품을 훔쳐가자 미군 책임자는 한국인을 모두 도둑 취급할 정도여서 퇴근할 때 소지품 검사를 철저히 했다. 남편이 물품창고 관리자가 된 뒤 얼마 지나지 않아 대규모 도난 사고가 발생했다.

남편이 혐의를 받았다. 모함 섞인 소문은 남편에게 더욱 불리하게 작용했다. 미군 책임자가 헌병을 시켜 조사에 착수했다. 미군은 어수룩한 데가 있는 것 같아도 공적인 일에 철두철미했다. 조사 결과 남편과 가깝게 지내던 근로자의 모함에서 비롯되었음이 밝혀졌지만 범인은 잡히지 않았다.

그럼에도 미군 책임자가 고맙게도 남편의 신원을 책임지고 구해주었다. 그는 군 복무를 마치고 미국으로 귀국했다. 새로운 책임자가 부임했다.

그런 일이 있은 뒤, 더 조심했어야 할 남편은 주량이 더욱 늘어갔다. 밥은 안 먹고 양주를 막걸리 사발에 따라 마실 정도였다. 언젠가 의도적으로 꼬여 술자리를 만들고 술로 곤죽이 된 남편의 주머니에서 열쇠를 훔쳐가는 것도 모르고 남편은 위스키만 들이켰다. PX 물품에 눈독 들이고 있던 근로자 두 명이 대담한 절도행각을 벌인 것이다. 그들은 가장 값 나가는 공구를 대량으로 절취해 갔다.

범인들은 바로 다 잡혔지만 남편은 미군부대에서 해직 통보를 받았다. 관리 책임을 제대로 하지 못해 문책을 당한 것이다.

막내아들을 낳고부터 남편에게 잘 해줘야겠다는 마음이 들었다. 부부로 만나 자식을 넷이나 낳았는데 미워만 해서는 안 될 것 같았다. 고운 정은 없지만 미운 정도 정이었던지, 남편을 편하게 해주려고 마음을 다잡고 있던 참이었다.

그 무렵 해직당한 남편은 억울해서 못 살겠다며 아침에 나가면 대낮부터 술에 떡이 되어 돌아왔다. 어쩌다 맨정신으로 귀가하는 날은 소주병을 들고 왔다.

남편은 말주변 없지, 몸집은 왜소하고 깡마른 데다 가난하여 서른여섯 살이 되도록 장가를 가지 못하다가 나와 인연을 맺었다. 그는 평소엔 입에 자물통을 채운 것 같지만 술만 마시면 온갖 잔소리를 늘어놓곤 했다. 해직된 후엔 술을 마시면 내게 폭력을 가하며 주사를 부렸다.

"니 아나? 임금이 신하를 개나 말처럼 깔보믄 신하도 임금을 개나 말처럼 보는 기다. 니가 인물 반지르르하다꼬 내를 깔본다 이 말이제? 내도 니를 깔본대이. 니는 우째 얼굴값을 몬 하노? 니 오장육부는 시베리아 벌판에서 왔을 끼다. 아매도 내는 전생에 니를 태우고 댕긴 당나귀였을 기고마. 니가 내를 을매나 채찍으로 때렸겠노? 내는 전생에 맞은 웬수 갚을라꼬 니 냄편이 된 기라. 그라니 내헌티 끽 소리 말고 맞아 보그라. 알긋나?"

이러며 남편은 나를 발로 차고 가죽 허리띠를 풀어 때리며 횡설수설하면서 술이 깰 때까지 손찌검을 했다. 보다 못한 시어머니가 아들을 뜯어 말리다 비명을 지르며 넘어졌다.

"니, 어미도 때리나? 우짤 그나?"

시어머니는 탄식하며 아들의 다리를 붙잡고 주먹으로 자기 가슴을 툭툭 쳤다.

"어무이, 내는 아무도 소용 없십니더. 그라고 직장에서 모가지 잘린 놈이 어무이랑 동생들 멕여 살릴 힘도 없습니더. 고향으로 가가 농사 지으시소."

맨정신이라면서 감히 입에 올릴 수 없는 말을 소리소리 지르며 쏟아냈다.

시어머니는 통곡했다. 아침에 일어나 보니 시동생들은 그 밤에 짐을 꾸려 시어머니와 함께 새벽같이 시골로 갔다. 시집 식구 넷이 떠났어도 조카딸들과 사촌 시동생까지 열 식구가 같이 살았다.

다음 날 술이 깬 남편은 지난밤 소동을 하나도 기억하지 못했다. 언제나 술이 깨면 취중에 한 행동을 하나도 기억하지 못했다. 본래 성정이 착한 그는 진심으로 뉘우치고 다시는 손찌검하지 않겠다고 빌었다. 하지만 술만 마시면 도로아미타불이었다.

그는 무슨 일을 하러 다니는지 매일 아침에 나가면 술 도가니가 되어 귀가했다. 그의 주사를 피하려고 나는 밤마다 그가 돌아오는 기척을 엿보아 주인집 헛간에 숨거나 동네를 돌다가 남편이 잠든 것을 확인하고 들어오기 일쑤였다.

남편이 간경화로 마흔여덟에 세상을 떠났다. 술이 남편을 잡아간 것이다. 4남매가 똘망똘망한 눈을 뜨고 나를 바라보고 있었다. 열두 해를 같이 산 남편, 바늘 끝만큼도 정이 가지 않던 사람, 날마다 술독에 빠져 애를 먹이던 사람, 그래도 그가 가고 나니 어찌 살까, 눈앞이 캄캄했다. 그의 죽음은 쓰라린 상처가 되었다. 눈물도 나오지 않았다. 사람은 태어날 때는 10개월이라는 유예기간을 두고 새 생명을 기다리게 한다. 하지만 죽음의 길은 예고 없이 닥친다. 남편의 죽음이 그랬다. 무슨 심사로 어린 자식들을 남기고 홀연히 떠나버렸을까 원망스러웠다.

그때 내 나이 스물아홉이었다. 남편과 살며 행복했던 날이 단 하루도 없었다. 나는 왜 이런 운명을 타고났을까. 자식들을 데리고 뭘 하며 어떻게 살아갈까. 한 치 앞도 보이지 않았다. 캄캄한 절벽에 마주 서 있는 것같이 막막하고 암담했다. 남편을 사랑하지 못한 것, 시시로 속을 긁고 타박만 했던 것, 단 한 번도 따뜻한 품으로 감싸 주지 못했던 것을 돌이켜 보며 마치 내가 그를 죽인 것처럼 죄책감에 시달렸다. 이웃이 부끄러워 낮에는 문밖에 나가지도 못했다.

심장은 얼음처럼 차가워지는데 남편이 죽었다는 사실을 아는 사람을 만나면 얼굴에 모닥불을 끼얹는 것처럼 낯이 뜨거웠다. 살던 동네에서는 도저히 견딜 수가 없었다. 마땅히 갈 곳도 없었다.

살길이 아득하여 아이들을 고아원으로 보낼 생각으로 고아원을 찾아가 보았다. 마침 점심시간이었다. 퉁퉁 불어터진 국수와 서너 쪽의 무짠지를 배식하는데, 비쩍 마른 아이들이 식기를 들고 길게 줄을 서서 차례를 기다리고 있었다. 그런 고아들 모습에 기겁을 했다. 죽어도 자식들을 고아원에 보낼 수는 없다 생각하며 도망치듯 고아원 문을 뒤로 했다. 가슴이 찢어질 듯한 고통이 눈물이 되어 쏟아졌다. 집으로 온 나는 아이들의 해맑은 눈빛을 보며 다짐했다.

"내사 니들 에미다. 니들허고 죽어도 같이 죽고 살아도 같이 살기대이!"

남편이 가고 나서 어머니가 찾아왔다. 어머니를 보자 눈물이 폭포수처럼 쏟아졌다. 어머니 무릎에 엎드려 펑펑 울었다. 어머니의 떨리는 손길이 내 머리에서 등으로 따스하게 오르내렸다.

"울그라. 괘안타. 괘안으이 오늘만은 마음 놓고 울그라. 그라고 맴 단단히 먹거라. 하나님은 감당할 수 없는 시험은 주시지 않는다 하셨다. 에미야! 집으로 가재이. 니 혼자 예서 어린것들 데꼬 어찌 살겠노. 집으로 가자, 고마!"

나는 처연하게 말하는 어머니 무릎에 엎드린 채 흐느끼며 대답했다.

"내사 부끄러워 우애 친정으로 가겠습니꺼?"

"배부른 소리 말그라. 체면이 밥 멕여주나? 니 오빠랑 올케헌티 내가 아덜 길러줘야 할 기라 캤대이. 우짜든동 니가 바로 살길을 찾아야 허지 않겠나?"

맞는 말이었다. 의지할 데라고는 친정밖에 없었다. 하지만 친정으로 갈 순 없었다. 친정엔 이미 오빠가 결혼하여 올케와 조카들이 있었다. 잘사는 집 외동딸로 자란 올케는 남을 배려할 줄 모르는 이기적인 사람이었다. 그런 며느리와 함께 사는 어머니는 섬김으로 며느리에게 믿음의 본을 보이려고 무던히 애쓰고 있었다. 어머니의 성품을 닮은 오빠도 옳건 그르건 남 듣기 싫은 소리 하지 못하는 성품이라 가사는 올케 손에 좌지우지되는 형편이었다. 더구나 시집가서 열두 해를 살았지만 친정을 변변히 돌보지도 못한 주제에 아이들을 넷이나 줄줄이 달고 어떻게 친정으로 가랴 싶었다.

남편이 죽고 나자 한글을 안다는 것이 내게 큰 용기를 주었다. 미용 기술을 배워 미장원을 차리면 좋을 것 같았다. 미용학원에 들어가 미용 기술을 배우기 시작했다. 자식들 공부 시키겠다는 일념으로 열심히 배웠다. 남보다 일찍 학원에 가서 연구해 가며 내 나름의 기술을 익혔다. 다행히도 머리 손질하는 일이 재미있었다. 내 솜씨가 눈에 들었던지 원장이 감탄했다.

"어머! 이 스타일 어디서 배웠지? 멋져라!"

"그냥, 이리 하면 예쁘겠다 싶었니더."

나는 같이 배우는 원생들에게 무안하여 어물어물 대답했다.

"미세스 박 미용 솜씨는 타고난 재능이야. 이 머리 스타일, 기초반에서 견본으로 가르쳐야겠다!"

원장은 내 솜씨를 극찬했다. 철이 들고 나서부터 남에게 칭찬 받아 본 적이 별로 없던 나는 원장의 칭찬이 늘 감격스러웠다. 칭찬에 최면당한 듯 기술이 일취월장했다.

전국 미용 경연대회가 열리면 학원 대표로 출전하여 두각을 나타냈다. 대회에 나가기만 하면 입상을 했다. 상장도 많이 받았다. 학원에서는 기초반부터 고급반까지 내가 만진 머리 스타일을 견본으로 삼았을 만큼 내 미용 기술은 탁월했다.

내 형편을 알고 있는 원장은 내게 미장원을 차리라고 했다. 내 실력이면 아이들 가르치고 먹고 살 걱정은 없을 거라며 용기를 주었다. 집 가까운 곳에 미장원을 차렸다. 단골 고객이 날로 늘었다. 소문을 듣고 차를 갈아타고 멀리서 오는 고객도 있었다. 나는 고객들에게 최선을 다했다. 마음에 안 든다고 하면 몇 번씩 다시 손질해 주었다. 미장원이 번창해지자 동업자들이 시샘했다.

정규 교육을 받지 못하여 미용사 자격시험을 치를 수 없던 나는 무면허 미용사였다. 그 사실을 동업자가 들춰내어 보건소에 고발했다. 담당 직원이 찾아와 자격 요건을 갖추지 못한 미장원이라며 폐업하라고 했다.

할 수 없이 미장원 문을 닫고 고객의 집을 찾아다니며 야매(불법)로 퍼머 하고 커트해 주고 돈을 벌었다. 그러나 미장원에서 벌어들이는 것과는 하늘과 땅 차이였다. 자식들 먹이고 교육시키는 데는 턱없이 부족했다. 무엇을 해야 할까 노심초사했다.

나는 배우지 못하여 한이 맺힌 사람이다. 어려서 가방 메고 학교 가는 아이들을 보면 가슴이 미어지게 부러웠다. 내 피를 팔아서라도 자식들을 가르쳐 보려고 절치부심했다. 야매 미용사로는 자식들 교육은커녕 세 끼 밥 먹기도 어려웠다.

보따리 장사를 하면 나을 것 같았다. 대구에는 아는 사람이 많아 부산으로 이사했다. 그 무렵 낙하산 양말이 나와 날개 돋친 듯이 팔린다는 소문을 듣고 낙하산 양말 장사로 나섰다. 최신식 나일론 양말로, 얇고 빨아도 금방 마르고 질겼다. 나일론 직물이 유행하면서 삼베, 모시, 인견 등 전통적인 자연 섬유가 자취를 감췄다.

양말 도매상을 찾아가 낙하산 양말을 여러 죽(한 죽은 12켤레) 샀다. 무거운 양말 보따리를 들고 도매상을 나와 어디로 가서 팔아야 할까 궁리하며 망연히 서 있었다. 도시에는 상점이 많아 보따리 장사가 끼어들 곳이 없을 것 같았다. 무작정 시외버스 터미널로 가서 시골로 가는 버스를 탔다. 가다가 면사무소가 있는 곳에서 내렸다. 요즘 시골 남자들도 낙하산 양말을 좋아한다던 도매상 주인의 말이 생각나서였다.

장사라고는 처음인 나는 면사무소 앞에서 주춤거리다 용기를 내어 사무실로 들어가서는 입구에 앉아 있는 직원에게 다가갔다.

"무신 일입니꺼?"

직원이 물었다.

"낙~하~산 양말~좀 사~이소!"

나는 얼굴이 벌게진 채 모기가 기어들어가는 소리로 말했다. 직원이 나를 보더니 빙그레 웃으며 친절하게 말했다.

"아지매, 장사 첨 하능교? 내놓아 보이소."

그 직원이 양말이 좋다고 사자, 너도 나도 하며 직원들이 다 샀다. 외상도 놓았다. 첫 마수가 좋아 신이 났다. 학교, 파출소, 시골 상점 등을 두루 다니며 양말을 팔았다. 이렇게 떠돌이 장사를 하며 굶기를 밥 먹듯 했다. 배고픈 설움보다 더 큰 설움은 없다는 말이 있다. 실로 배고픈 설움을 다 표현할 말은 없다. 길을 가다가도 우물을 보면 허기가 땀구멍으로 기어들었다. 뱃가죽이 등에 붙어 연신 꼬르륵 소리가 나면 물로 배를 채우고 공기를 씹고 침을 삼켰다. 우물곁을 떠나려면 발걸음이 늘어 붙는 듯했다. 배고플 때는 배가 고프다는 말이나 생각을 해서는 안 되었다. 배고픔은 항상 내 안에 있었다. 허기 위에 더한 허기가 겹쳐 견딜 수 없으면 입천장이 당긴다. 먹지 못해 살이 빠지면 뼈가 천근만근이 되어 몸을 바닥으로 끌어 내리기도 한다. 영양실조로 다리가 퉁퉁 붓는 때도 있었다. 그 때마다 나는 선인촌에서 먹던 하얀 쌀밥을 생각했다.

자식들 앞에서 배고픈 내색을 할 수는 없었다. 나는 새끼들에게 보리밥 한 숟갈이라도 더 먹이려고 기를 썼다.

새로운 상품인 낙하산 양말은 잘 팔렸지만 워낙 이문이 박해 남는 것이 적었다. 오늘은 여기, 내일은 저기, 이런 행상을 전국으로 돌아다니며 했다. 장사에 매달리다 보니 아이들을 야단치고 잔소리할 시간도 없었다. 다행히 아이들은 착하게 잘 자라 주었다.

어머니는 외손주들 걱정에 수시로 우리 집에 왔다. 손주들 치다꺼리에 허리 펼 날이 없었다. 그런 어머니를 보면 가슴이 미어지는 듯했다. 한 번이라도 편히 모실 기약 없이 고생만 시키는 딸인 나는 늘 죄인이었다.

그렇게 인기 좋던 낙하산 양말 장사를 더 할 수 없는 일이 생겼다. 양말이 질겨 잘 떨어지지 않는 대신 땀을 흡수하지 않아 무좀에 걸리거나 습진이 생기는 등 부작용이 생긴 것이다. 전국을 돌던 행상은 더 이상 할 수 없었다.

때마침 먼 친척 되는 분이 쌍화탕을 개발했다. 요구르트가 나오기 전까지 쌍화탕의 인기는 대단했다. 부산 시내에서 쌍화탕을 들고 팔러 다니기 시작했다. 관공서, 은행, 회사 같은 데 가면 잘 팔렸다. 쌍화탕은 양말과 달리 무거워서 많이 들고 다니지 못했다. 아침에 가지고 나간 것을 다 팔면 집으로 와서 가방에 넣어 등에 지고, 어깨에 메고, 머리에 이고서 팔이 빠지게 들고 다니며 팔았다. 때로는 빌딩 경비원에게 쫓겨나기도 했다. 그럴 때는 죽고 싶을 만큼 수치심도 들었지만, 어느 은행원은 매일 여섯 개 들이 한 박스씩 쌍화탕을 사기도 했다.

"아주머니같이 곱고 교양 있는 분이 어찌 행상을 하십니까? 전에 교직에 계셨지요? 이렇게 무겁고 힘든 장사 말고 다른 일을 하시면 좋을 텐데. 하도 딱해서 그럽니다."

나는 부끄러웠다.

"잘 봐 주셔서 고맙십니더."

대답은 가볍게 했지만 나를 걱정해주는 그가 참으로 고마웠다. 나는 머리에 든 것 없고 팍팍하게 살아도 험하게 보이지 않았던지, 장사면 장사, 막노동이면 막노동, 어느 현장에서든 친절한 사람들의 도움을 받았다.

내 몸이 우리 식구의 유일한 자산이었다. 내 몸이 움직이지 않으면 살아갈 수 없기 때문에 술장사 말고는 안 해 본 것이 없을 만큼 온갖 일을 했다.

생선 장사를 하기도 했다. 새벽에 자갈치시장에 가서 생선을 받아다 이고 다니며 팔았다. 무거운 생선을 이고 다녀 정수리에 머리가 다 빠지기도 했다. 고개가 휠 정도로 생선 함지를 이고 이 집 저 집 문을 두드렸다.

"생선 사이소, 생선 사이소—"

부끄러운 것도, 자존심도 등 따습고 배부를 때 이야기지, 나같이 자식들 먹여 살려야 한다는 절박감에 속이 타는 사람에게는 아무것도 아니었다. 생선 장사를 하다가 죽을 뻔한 일이 있었다.

그날은 아침부터 생선이 잘 팔렸다. 오후에 일찍 떨이를 하고 복어 새끼 두 마리가 남았다. 집에 돌아와 아이들과 먹으려고 냄비에 복어를 넣고 매운탕을 끓였다.

다 끓었다 싶어 간을 보려고 두어 숟가락 떠서 맛을 보았다. 갑자기 눈앞이 캄캄해지고 의식이 까므륵해지면서 부엌 바닥에 쓰러졌다. 병원 응급실에 실려가 치료를 받고 겨우 살아났다. 복어 요리를 해본 적이 없던 나는 복어는 눈을 빼고 피를 빼서 독을 제거한 다음 요리해야 한다는 걸 몰랐던 것이다. 맛을 보지 않고 자식들에게 먹였더라면 애들이 몰사할 뻔했다.

등골이 서늘했다. 생선 장사에 정나미가 떨어져, 돈이 되는 다른 일을 찾아 헤맸다. 안정된 장사를 하려면 자본금이 필요했다. 하루 벌어 하루 먹고사는 형편에 그런 여축은 없었다. 자본 안 드는 막일을 시작했다. 도시에서 일자리를 못 얻으면 농촌으로 갔다. 논일, 밭일 가릴 처지가 못 되는 나는 노동력이 필요한 곳을 찾아 다녔다.

하루는 논에 농약 뿌리는 일을 했다. 남자들이나 하던 일이지만 찬 밥, 다순 밥 가릴 처지가 못 되어 그 일을 자청했다. 농약이 든 통을 등에 지고 분무기로 뿌릴 때는 반드시 마스크를 써야 했다. 푹푹 찌는 한여름 논에 들어가 한참 자란 벼들을 헤집으며 농약을 치다 보면 숨이 헉헉 막히고 땀이 비 오듯 쏟아졌다. 어느 날, 빈 통에 농약을 옮겨 붓는데 농약이 쏟아졌다. 급히 물로 씻었는데 그대로 쓰러지고 말았다. 농약 냄새를 맡아 의식불명이 된 것이다. 죽지 않고 살았지만 그렇게 독한 농약을 친 곡식을 먹고 산다는 게 끔찍했다.

죽을 고비는 한두 번이 아니었다. 건축 공사판에 가서 막일도 했다. 무거운 돌을 이어 나르는 일을 하면 머리가 팅팅 붓고 몹시 아팠다. 아픔을 견디지 못하여 이고 있던 돌을 쏟는 바람에 발병신이 될 뻔한 적도 있다. 자갈과 모래 등짐을 하면 등과 어깨의 껍질이 다 벗겨졌다. 몸이 닳도록 오만 가지 일을 다 했다.

큰 유조선에서 기름 닦는 일이 벌이가 괜찮다는 말에 부두로 간 적도 있다. 부두에는 일거리를 얻기 위해 새벽부터 노동자들이 모여들었다. 작업반장이 트럭을 타고 와서 그날그날 필요한 인부를 골라 싣고 현장으로 갔다. 나는 부두로 나간 첫날 유조선 기름 닦는 일을 할 수 있게 되었다.

작은 배를 타고 큰 배에 접근하여 옮겨 탄 뒤, 화물칸의 기름 닦는 작업을 했다. 미국 국적의 유조선은 크기가 가늠이 안 될 정도로 컸다. 인부들이 일하는 모습은 거대한 코끼리 등에 기어 다니는 개미새끼 같다고나 할까. 갑판에서 아래를 내려다보면 아찔했다. 작업하다 발을 잘못 디뎌 바다에 떨어진 인부가 있었는데, 시신도 건지지 못했다고 했다.

인부들과 허리가 휘도록 기름때를 닦아 내면 일당이 괜찮았다. 무슨 일을 해도 그만한 품삯을 받을 수 없는 액수였다. 그런 일거리가 오래 지속되면 좋겠지만, 길어야 한 달이었다. 작업하다 보면 어느덧 인부들의 몸도 기름에 절었다. 아녀자들에겐 너무나 버겁고 힘든 작업이었다.

그날도 새벽부터 작은 배에서 큰 배로 건너가다 고무신이 벗겨졌다. 아차, 고무신은 배와 배 사이로 떨어지고 있었다. 그 순간 고무신을 잡으려다 내 몸까지 떨어져 큰 배와 작은 배 틈에 끼었다. 점점 아래로 미끄러져 내려가는데 붙잡을 것이 없었다.

"바다에 빠져 죽겠구나! 하나님, 자식들을 으짭니꺼? 하나님! 살리 주이소! 하나님! 살리 주이소!"

나는 큰 배에 등을 붙이고 작은 배를 두 손으로 힘껏 짚은 채 하나님께 살려달라고 고함을 쳤다. 그 순간 하나님만이 나를 살릴 수 있을 거라는 생각이 들었다. 아슬아슬한 내 모습에 인부들이 사람 살리라고 비명을 질렀다. 작업반장이 어디선가 밧줄을 구해 내게 던졌다. 밧줄을 붙잡은 나를 여러 사람이 끌어올려 겨우 목숨을 건졌다. 나는 나를 살려준 사람들 앞에서 꺼지듯이 주저앉아 고맙다는 말도 제대로 못하고 눈물을 흘렸다.

선박에서 일하는 사람들은 미신에 여간 민감한 게 아니었다. 아침부터 사고를 일으킨 나는 쫓겨날 줄 알고 절망하고 있었다. 고맙게도 친절한 작업반장이 눈감아 주어 일을 계속할 수 있었다.

그때는 고무장갑도 없던 시절이었다. 면장갑을 끼고 일하고 나면 아무리 씻어도 손과 손톱 밑은 늘 새까맣게 기름때가 끼었다. 내가 할 수 있는 일이라는 게 막노동뿐인지라 아무리 고된 일이라도 어린 자식들 먹여 살릴 수만 있다면 무슨 일인들 못 하랴 싶었다. 하루 일을 끝내고 집으로 돌아올 때면 부두에 정박해 있는 유조선은 휘황하게 불을 밝히고 있었다.

하루 열두 시간씩 허리 한 번 펴지 못하고 일한 몸, 베개만 머리에 대면 잠이 쏟아졌다. 때로 너무 피곤하면 잠이 오지 않을 때도 있었다. 고만고만한 새끼들이 자고 있는 모습을 보면 어쩌자고 넷이나 낳았을까 했다. 그래도 그런 생각은 잠시, 이 자식들이 없었으면 어쩔 뻔했나 싶었다. 사는 게 암울하고 버거워도 자식들 생각만 하면 어디서 나오는지 모를 힘이 불끈 솟곤 했다.

제대로 먹이고 입히지 못했어도 아이들은 건강했다. 공부하라는 말도 않고 학비도 제대로 대주지 못해도 말썽 없이 공부를 잘하여 아이들이 늘 자랑스럽고 고마웠다. 나는 아이들을 먹이고 가르치려고 절치부심하면서 주리고 목말라도 눈물도 흘리지 못했다. 눈물이 남아 있을 여지가 없도록 몸속의 물기란 물기는 가슴 속에서 다 증발해 버린 것 같았다.

열일곱 살에 신랑이 마음에 안 든다고 칼같이 잘라 낼 형편도 못 되어 억지 시집을 가서, 두들겨 맞아 가며 열두 해를 산 열매로 얻은 4남매, 자식들은 내 자식들이었다. 굶기지 않고 공부시켜야 한다는 생각뿐이었다. 결국 자식들에게 도시락 한번 변변하게 싸줄 수 없는 무능한 어미였다. 자식들에게 부담 주지 않으려고 고생한 사연들도 말하지 않았다. 내 살아온 고난의 세월을 말로나 글로 어찌 다 옮길 수 있으랴!

'어찌 살꼬?' 일거리가 없어 안달하고 있으면 어디선가, 누군가를 통해 일거리가 생겼다. 재보고 달아 보고 할 처지가 못 된 나는 일자리만 생기면 득달같이 달려갔다. 아이들을 맡아 길러 준 어머니가 있었고, 갚을 길 없는 사랑을 쏟아 준 막내 동생 신이가 있었기에 그 참담한 시절을 견뎌 냈다.

아이들은 엄마인 나보다 막내이모인 신이를 더 따랐다. 신이는 공장에 다니면서 월급 받아 조카들 학비도 대고 용돈도 주고 옷도 사 입히며 살뜰하게 보살폈다. 여러 군데 공장을 옮겨 다닌 것도 조금이라도 월급을 더 받으려는 치열한 마음 때문이었다. 염색공장에서는 염색한 천의 엔드레스(천을 길게 푸는 것)를 했는데, 그 일은 상당히 힘들었다. 그래도 동생은 힘든 줄 모른다며 늘 화사한 미소를 잃지 않았다. 밝고 착해서 친구가 많았고, 주위 사람들은 누구나 신이를 좋아하지 않을 수 없었다.

상처뿐인 미로

선인촌에 살던 시절, 어린 정이는 똘똘하고 당찼다. 마을에서 제 또래 사내아이들을 거느리고 다녔다. 정이는 사내아이들과 자치기, 땅 따먹기, 구슬치기, 술래잡기, 제기차기를 하면서 들로 산으로 쏘다니며 놀았다. 한마디로 또래의 골목대장이었다.

어머니는 계집애가 사내애들과 어울려 다닌다고 야단을 쳤지만 아버지는 '고추 달고 나왔어야 했는 기라' 하면서 흐뭇해했고 유난히 정이를 대견스럽게 여기며 사랑했다. 그런 정이를 고향에 돌아온 다음 해 겨울, 남의 집 수양딸로 보냈다. 고모가 어머니를 북 치듯 졸라대기도 했지만, 어머니는 정이를 굶기는 것보다 배불리 먹을 수 있다면 어디라도 보내야 하는 게 아닌지 생각했을 것이다.

정이는 죽어도 남의 집에 가기 싫다고 떼를 부렸다. 할머니까지 나서서 어머니를 다그치는 바람에 고모에게 이끌려 가다시피 남의 집으로 갔다.

그 집은 무당인 고모의 단골집이었다. 수양딸로 간다는 말은 말짱 거짓이고 아기 보는 일이 주였다. 주인 내외가 새벽부터 가게에 나가면서 아기를 정이의 등에 업혀 주었다. 아기는 아기 엄마가 짬짬이 들러 젖 먹일 때 외에는 하루 종일 업고 있어야 했다. 한밤중, 아기 엄마가 돌아오면 그때야 내려놓을 수 있었다. 정이의 허리와 엉덩이는 아기의 똥오줌에 절어 늘 척척했고 헐기도 했다.

어린 정이의 고통은 어머니와 자매들에 대한 증오를 키웠다. 정이는 열네 살 때 집으로 돌아왔다. 내가 혼인날을 받아놓고 있을 때였다. 정이는 집에 오자마자 서슬이 퍼래서 식식거리며 어머니에게 퍼부었다.

"어무이! 언니와 신이는 집에 두고 와 내만 남의 집 보냈노? 내는 다리 밑에서 주워 온 기가? 내는 천국 가는 표가 생겨도 당장 찢아부릴 기다. 예수 믿는 어무이 가는 디(데)라마 내는 죽어도 안 갈 기다. 내사 와 따라가겠노?"

"정아, 니 어무이헌티 무신 말을 그리 하노? 말을 해도 우째 그리 배배 꽈가며 어무이 속 긁는 말만 하노?"

나는 정이를 나무랐다.

"정아, 어미가 잘못했대이. 인자 집에 왔으이 맴 풀그라. 다시는 니를 아무 데도 안 보낼 기라."

이런 말로 정이를 달래며 어머니가 끌어안으려 했다. 정이는 불에 덴 것처럼 놀라며 어머니를 밀어내고는 큰 소리로 말했다.

“내를 버릴 때는 언제고 인자는 뭐라 카노? 내사 그 말 믿지 못 한대이. 우짜든둥 내는 어무이도, 언니도, 신이도 다 밉고 싫다. 내를 건디리지 말그래이.”

정이는 아랫목에 깔아 둔 이불을 뒤집어 쓰고 벌렁 누웠다.

“언니야는 어데 가 있었노?”

정이가 이불 속에서 내게 물었다.

“내도 부산에 가 있었다 아이가.”

내 대답에 이불을 걷어차고 일어난 정이가 나를 쏘아보며 앙칼지게 물었다.

“부산이었다꼬? 그라마 와 내를 찾아오지 안했노? 와?”

고모가 알려주지 않아서 그랬다고 했지만 정이는 울음보를 터뜨렸다. 어머니가 사정하며 달래 보기도 했지만 정이의 노여움은 풀리지 않았다. 정이는 자신이 버림받았다는 슬픔을 온몸으로 안고 살아 온 듯했다. 정이는 청개구리처럼 곁길로 빠지고 항상 겉돌았다. 그렇게 마음속에 원망과 증오심을 품고 있으면서도 어머니 곁을 떠나지 않았다. 내 집을 떠나 산다는 것이 얼마나 처절한 고통인지 뼈저리게 느꼈기 때문이었을 것이다.

내가 결혼하고 난 뒤 정이는 집에서 어머니가 얻어오는 일감, 이를테면 성냥 붙이기나 봉투 붙이기 같은 단순한 일을 했다. 돈 되는 일이라면 무엇이나 했지만 수입은 형편없었다. 시골에서는 그런 일거리조차 얻어 오기가 쉽지 않았다.

어머니는 목화를 심어 무명베를 짜서 팔고, 명주나 삼베는 삯을 받고 짰다. 정이도 길쌈을 배워 삯 베를 짜면서 지긋지긋한 가난과 싸웠다. 어머니는 정이의 맺힌 마음을 풀어 주려고 먹을 것도 따로 챙겨주기도 했지만, "어무이는 내사 이딴 거 못 묵어 환장헌 줄 아나? 내는 풀대죽을 묵어도 내 집에 살고 싶었다 아이가?"라며 어머니의 마음을 찢었다.

집에서는 낯꽃 한 번 제대로 펴지 않는 정이는 밖에 나가면 인기가 최고였다. 신명이 나면 정이를 따를 자가 없으리만큼 끼가 대단했다. 놀기 좋아하다 보니 주변에 모여드는 친구들도 비슷했겠지만 특히 청년들이 줄줄 따랐다. 정이는 총기가 남다른 데다 미모까지 뛰어났다. 몸매도 날씬하고, 말도 잘하고, 솔직하며 활달했다. 특별한 관계를 맺지 않고 두루 친구가 되어 주었기에 청년들은 서로 정이를 사랑한다고 몸이 달아 집으로 찾아오기도 했다.

어머니는 그런 정이 때문에 걱정이 많았다. 정이를 시집보낼 나이가 되어도 혼인시킬 엄두를 내지 못했다. 이부자리 한 채 버젓이 해 보낼 능력이 없었던 것이다.

가난이 지긋지긋했던지, 정이는 저를 좋아하는 청년 중에 가장 잘사는 부잣집 아들을 택했다. 외모도 잘생겼지만 놀기 좋아하는 청년과 사귀다 그와 결혼했다. 결혼 후에야 정이는 신랑이 바람둥이라는 것을 알았다. 어려서 굽은 나무 커서도 굽는다던가, 그 결혼은 행복하지 못했다. 열아홉 살에 시집가서 딸만 둘 낳고 이혼했다. 정이의 고생은 끝이 보이지 않았다. 어디 내놓아도 빠지지 않게 아릅답고 총명한 재질을 타고 났지만 혼자 살아가기 어려운 세상에서 딸을 둘이나 키우며 허우적거렸다.

오빠는 미군 통역으로 있다가 터무니없는 모함을 받아 그만두었다. 그 뒤로도 몇 군데 직장을 옮겼지만 번번이 애먼 일로 면직을 당했다. 직장에서 동료나 상사가 사고만 생기면 오빠에게 책임을 전가했다. 오빠는 천성적으로 변명이나 억울함을 해명할 줄 모르기도 했지만, 예수 믿는 사람답게 살려고 어떤 경우에도 참고 견디며 묵묵히 뒤집어쓰고 말았다.

험한 세상에서 온갖 야료를 부리며 살아가는 사람들 속에서 오빠는 답답하리만큼 정직하고 바르게 자기 식으로 살았다. 다니던 직장을 그만두고 곧장 다른 직장을 구하지 못해 놀고 있는 때가 많았다. 그런 오빠는 가장으로서 가족을 부양하지 못했다. 집안의 기둥 같은 존재인 오빠가 40대 젊은 나이로 새로 들어간 직장에서 숙직을 하다가 연탄가스로 허무하게 세상을 떠났다.

어머니는 아들을 잃은 슬픔을 믿음으로 견디고 있었다. 신이는 어머니의 신앙을 본받아 어려서부터 교회를 열심히 다녔다. 자녀 중에서 유일하게 신앙적으로도 효도하는 딸이었다. 신이는 시집 갈 생각은 않고 직장에만 매달려 있었다. 언니들의 결혼 생활이 행복하지 못한 것을 보며 결혼에 흥미를 잃은 게 아닌지 걱정되었지만 연분이 따로 있었던지 영천에서 공무원으로 있는 사람이 중매를 자처하고 나섰다. 그는 신이를 친 동기처럼 아끼는 사람이었다.

그가 신이에게 신랑감을 소개했다. 안동사범을 나와 초등학교 교사로 있다는 사람이었다. 직업이 안정적이고 존경받는 교사라는 점에서 어머니는 만나 보기도 전에 마음에 들어 했다. 그러나 맞선을 보고 온 신이는 신랑감을 영 탐탁하게 생각지 않았다. 그럼에도 신랑감이 신이를 마음에 들어 했고 어머니도 그 혼처를 놓치고 싶지 않았다. 사주단자가 온 뒤부터 신랑감은 주말마다 동생을 만나러 왔고, 신랑 쪽에서 서둘러 혼인날을 받았다는 소식을 듣고 있었는데 신이가 뜬금없이 가방을 들고 내 집에 왔다.

"언니야! 내사 직장에 휴가 내고 언니 집에 왔대이. 며칠 있다 가도 되제."

언제나 밝고 명랑한 신이가 어두운 표정으로 침울하게 말했다.

"잘 왔대이. 그란데 혼인 날 다가오는 처자가 이래도 되겠나? 하기사 시집 가마 오기 힘들 기다. 그라니 맘 놓고 있다 가그라."

결혼 날 받아놓고 마음이 심숭생숭해서 왔으려니 했는데 그게 아니었다.

"언니야, 내 처지에 학교 선생이라면 감지덕지해야 할 긴데, 와 이리 그 사람이 싫은지 모르겄다. 이 말 안 할라꼬 했지만도 언니는 내 맘 이해해 줄 것 같아 말한대이."

신이가 속내를 털어 놓으며 눈물을 흘렸다. 나는 깜짝 놀랐다.

"아니, 니 그 사람 좋아하지 않았나? 내는 니도 좋아가 약혼한 줄 알았대이."

내 말에 신이가 고개를 절레절레 흔들더니 이렇게 실토했다.

"아이다. 마땅한 혼처가 나오지도 않고 어무이가 좋다 캐서 그냥 있은 기다."

"아이고, 으짤꼬? 먹기 싫은 음식 못 먹는 기고, 사람 싫은 거 못 견딜 일인 기라. 으짜면 좋노?"

신이의 마음을 짐작하고도 남았다. 정말 어째야 좋을지 몰랐다.

"언니도 형부 싫다 카지 않았나? 내는 언니맹크름 살고 싶지 않다. 만나 보면 나아지겠지, 했는데. 그기 안 된대이. 한 번도 좋은 느낌이 들지 않는 기라."

신의의 말투는 피를 짜내는 것 같았다.

"그랬지. 할 수 없이 결혼한 기라. 굶어 죽지 않을라꼬."

나도 풀이 죽은 채 대답했다.

마음에 없는 사람과 사는 고통이 어떤 것인지, 남편과 사는 동안 뼈저리게 느낀 나로선 동생이 너무도 애처로웠다. 다음 날 아침 일어나 보니 동생이 없었다. 잠시 나갔나 보다 했는데 동생의 옷가지와 가방이 보이지 않았다. 신이 친구에게 연락해 보았지만 종적을 알 수 없었다. 이틀 뒤 어머니가 왔다. 안색이 말이 아니었다.

"야가 말도 없이 어데 갔노?"

어머니가 우리 집에도 신이가 없는 것을 보고 땅이 꺼지게 걱정하며 말했다.

"아래 왔다 갔십니더. 친구가 만내자 캐 갔실 깁니더."

어머니를 걱정시켜 드릴 수 없어 동생의 가출을 둘러댔다.

"시집 갈 날 잡아놓고 친구나 만내러 댕기고, 이 무신 짓일꼬?"

"걱정 마이소, 그마. 잘 댕겨 올 기라예."

내 속은 바작바작 탔지만 아무렇지도 않은 듯 어머니를 안심시키고 나서 신이가 갈 만한 곳을 다 알아 보았다. 아무리 해도 찾을 길이 없었다. 돌아오라고 빌고 있는 내 마음 한 구석에 동생이 어딘가에 꼭꼭 숨었다가 진정으로 사랑할 수 있는 사람을 만났으면 싶은 생각도 들었다.

시집가기 전, 나도 그랬다. 하기 싫은 혼인을 앞두고 수천 번 도망가려 했다. 동생의 마음을 알고도 남을 만큼! 어찌 이리도 가혹한 운명이 우리 자매를 옥죄고 있을까, 탄식이 절로 나왔다.

"신아! 잘 돌아왔대이. 보그라. 자가용 자동차 중에 제일 비싸고 좋은 차가 벤츠라 카더라. 그런 새 차도 한번 타고 나믄 중고차 된대이. 약혼하고 파혼하마 헌 계집 아이가? 내 말 못 알어듣것나?"

"내도 안다. 그래도 그 사람허고 결혼하기 싫대이. 그라고 내 시집가믄 조카들은 우야노? 학비를 누가 대줄 기고? 내사 시집 안 가고 조카들허고 살만 좋겠다."

"니 시방 뭐라 캤노? 아무 말 말고 시집 가그라. 우째 이리 어무이 속 썩일 생각만 하노?"

갈피를 못 잡고 허둥대던 동생은 결국 어머니를 실망시킬 수 없어 혼례를 치렀다. 혼인하던 날도 동생은 모든 것을 포기한 듯 하도 태무심하여 시집가는 신부의 모습 같지 않았다.

나는 속으로 피눈물을 쏟았다. 동생은 시집간 첫날부터 호랑이 굴로 들어간 셈이었다. 제부는 열아홉 살 청상과부의 외동아들이었다. 며느리를 시샘하는 시어머니는 첫날 밤부터 아들을 신방에 보내지 않았다. 저녁때부터 먹은 것이 체했다며 토악질을 하고 다 죽어가는 시늉을 했다.

"재수 없는 년이 내 집에 들어와가 지신地神이 요변을 부리는 기대이."

"어무이, 무신 말을 그리 허십니꺼?"

밤이 깊도록 모자간에 주고받는 말들이 장지문 사이로 다 들렸다. 들으라고 하는 말 같았다. 신이는 머리끝이 섰다.

다음 날, 시어머니는 허리가 아프다고 했다. 밤마다 무슨 핑계를 대서라도 아들을 며느리 방으로 보내지 않고 붙들었다. 신혼부부는 잠자리를 같이 해보지 못했고 정다운 대화 한 번 주고받지 못했다. 시어머니는 아들이 출근하고 나면 방문을 열어놓고 문턱에 앉아서 며느리의 일거수일투족을 감시했다.

"파 꼬랑댕이럴 그렇기 짤라 내문 못 쓴다 카이. 꼬랑댕이가 인삼보담 좋은 기다. ……물을 그렇게나 헤피 쓰마 으짜노? …… 빨래를 뽀드득 소리가 나게 짜그라. 니같이 실실 짜믄 땟국이 안 빠진대이…… 아이고 야, 니는 꼭 굼벵이 갈구마. 와 그리 느려 터진 기가?…… 천천히 댕기지 몬하나? 정신 사납다. 와 미친년 똥 마랜 거맨치 왔다 갔다 설레발을 치는 기가?…… 내사 니 꼴 안 보고 살던 때가 태평성대였구마."

그랬다. 시어머니는 한 순간도 입을 닫고 있지 않았다. 이렇게 하라고 해놓고 그렇게 한다고 타박했고, 저렇게 하라고 하고선 또 저렇게 한다고 성화를 댔다. 잠도 제대로 못 자게 들볶았다. 한 마디만 변명을 하면 밥상을 들어 엎었다. 신이는 밥은 하나님께서 주신 선물이라고 생각하고 있었다. 그런 신이가 밥상을 뒤엎는 시어머니의 처신을 대할 때마다 “우야꼬, 하나님 용서해 주시이소” 하는 기도가 절로 나왔다.

저녁이 되면 퇴근한 아들에게 그날 하루 일을 시간대로 짜 맞추어 온갖 험구를 섞어 소설을 썼다. 그러고 나서 끝맺는 사설은 고저장단을 맞추어 매일 같은 내용으로 되풀이했다.

“하이고, 우짤 끄나? 천지신명이 혼이 나가 니를 저런 년헌티 혹하게 맹긴 기다! 으매야, 내는 복장 터져서 저넌 꼴을 더 못 보겄대이. 내는 동해물과 백두산이 마르고 닳도록 살고 싶대이! 니, 내 목심 재촉할라고 저런 지집헌티 장개갔나?”

제부는 처음 얼마 동안 참고 듣다가 어느 날 밤엔 자기 어머니에게 폭탄선언을 했다.

“어무이, 어무이가 보기 싫다문 내도 같이 살 생각 읎십니더. 내보내입시더. 허지만도 지가 마 바로 또 장개갈 수 있겠십니꺼? 중매허는 사람이 읎어가 장개를 못 갔지 않았십니꺼? 어무이 마음대로 내보내믄 지는 평생 홀아비로 살다 늙어 죽을 깁니더. 어무이가 앞으로 백 년을 살겠십니꺼? 천 년을 살겠십니꺼?”

제부의 말을 들은 사돈은 화가 머리꼭대기까지 치밀어올라 입술만 달싹거리며 제부에게 눈을 찢어지게 흘기더란다. 제부 말대로 유별난 사돈은 소문이 짜한 괴팍쟁이었다. 그러니 제부가 성실하고 직장도 든든한 교직자여서 탐나는 신랑감인데도 중매하겠다고 나서는 사람이 없었다.

"에미 염장 지르는 소리 허는 것 좀 보래이. 열아홉 청상으로 니 하나 바라보고 살었는디 헛 세상 살었는 기라."

사돈은 대성통곡을 해댔고, 제부는 곤혹스러워 슬그머니 신혼방으로 피해 왔다. 그제야 시집가서 첫날밤을 치른 다음 날, 사돈은 신새벽부터 방문을 열어젖히고 왜장을 쳤다.

"서산에 해 떨어질 때까지 잠만 쳐잘 기가?"

기겁을 하고 허겁지겁 부엌으로 달려가려는 며느리의 머리채를 휘어잡은 시모는 비수를 날렸다.

"그란디, 이기 누구시더라? 어데서 굴러온 날도깨비인 기가? 낯가죽이 쇠가죽보담 두꺼버가 부끄란 지도 모리고. 이년아, 니 손목아지부텀 씻거래이!"

신이는 시어머니의 손에 한 움큼의 머리카락을 뜯기고 눈물로 밥상을 차려야 했다.

신이는 하루도 편한 날이 없었다. 부부 사이도 서먹해져 갔다. 신이가 매운 시집살이를 하고 있다는 말이 바람결에 들려와 혼자 속을 끓이고 있는데 마침 제부가 동생이 첫아들을 낳았다는 소식을 인편에 전했다. 혼인 치르고 친정 한번 다녀가지 못하고 해산한 동생을 보기 위해 물어물어 학교로 제부를 찾아갔다. 제부는 나를 보자 큰 죄나 지은 사람처럼 낯을 들지 못했다. 점심시간에 맞춰 간 나를 학교 근처에 있는 자기 집으로 안내했다.

"어무이, 처형이 오셨십니더! 처형, 제 어무이십니더."

방문을 열어놓고 암상을 떨고 있는 자기 어머니에게 제부가 나를 소개하여 나는 정중하게 인사했다.

"왔시니 들가 보이소!"

사돈은 내게 눈길도 안 주고 방문을 탁 닫아 버렸다. 무안하여 어쩔 줄 모르고 있는데 신이가 맨발로 뛰어나와 "언니야! 언니야!" 하며 내게 안겼다.

"몸은 괘안나? 어디 좀 보재이!"

삼칠일이 지났다는 신이는 푸석푸석했다. 해산기가 가시지 않은 채였다. 아기는 백일 지난 아기처럼 또록또록했다. 어찌나 사랑스러운지 눈을 뗄 수 없었다. 헤어진 지 2년이 가까워 만난 동생과 하고 싶은 이야기가 태산같이 쌓여 있었지만 차분히 앉아 정담을 나눌 형편이 아니었다.

"우짤 그나? 니 시어머니, 저래가 견디기 힘들제? 내사 다 듣고 왔대이!"

"내는 괘않다. 어무이가 알문 속상해 하실 긴데."

"어무이는 모린다. 내사 무신 좋은 일이라꼬 미주알고주알 씨부리겠나?"

혹독한 시집살이를 하면서도 동생은 내색하지 않았다. 오히려 우리 아이들 걱정을 했다.

"언니야! 어무이랑 조카들이 보구 싶어!…… 모두 괘않나? 언니는 지금 고생해도 마, 나중엔 보람 있을 기다. 아들이 공부 잘하고 착하니까. 학비 때문에 많이 힘들제?"

눈물이 그렁그렁한 채 오히려 나를 위로했다. 그리고 어렵게 모은 비상금을 털어서 내 손에 쥐여 주며 어머니 용채와 아이들 학비에 보태라고 했다. 제 살이도 힘든 동생에게 부담만 잔뜩 안긴 것 같아 마음이 무거웠다.

시모도 그렇지만, 친정에 가겠다면 불쾌한 태도를 보인다는 제부는 '가난은 나라도 구제 못 한다'며 자기가 도울 수 없는 처가에 가서 식량 축내지 말라고 했단다. 동생은 시모나 제부의 뜻을 거스를 수 없어 친정을 오가지 못한다고 했다. 사돈은 아이가 태어났어도 기저귀 한 번 갈아주는 법이 없었다. 평생 그랬다.

설상가상으로 제부가 큰 사고를 냈다. 수업시간에 장난치는 학생에게 "임마, 계속 장난만 칠래?" 하며 손에 들고 있던 분필을 던졌는데 그 분필이 하필 학생의 눈에 맞았다. 학부모가 쫓아와 난리를 쳤고, 이 병원 저 병원 유명하다는 안과를 데리고 다니면서 치료를 받게 했지만 그 학생은 실명했다.

치료비를 물어 주고 힘에 겹도록 보상해 주었다. 제부는 정직停職 처분을 받았다가 실수로 그리 된 것이 인정되어 복직되었다. 하지만 제부는 제자를 실명시킨 교사가 어떻게 강단에 다시 설 수 있겠느냐며 한사코 복직을 거부했다. 제부는 직장을 잃고 할 일 없이 놀고 있다가 은행에 임시직으로 취직했다. 자기 어머니와 입씨름하는 것을 피하려고 일부러 도맡아 놓고 숙직을 했다. 숙직실에서 아내를 불러내어 부부의 정을 나누면서 아이들이 태어나자 시모는 심술이 나서 생병이 났다.

사돈은 제부의 직장으로 찾아가 고래고래 소리 지르며 제부의 혼줄을 뺐다. 그렇지 않아도 자존심이 유난히 강한 제부는 임시직으로 정식 직원 대우를 받지 못하며 다니는 처지 때문에 스트레스가 심했다. 행패를 부리는 어머니 앞에서 사표를 썼다.

면사무소로 옮겼지만 그 자리도 임시직이었다. 그곳마저 오래 다니지 못했다. 한때는 꿀벌을 키우겠다고 하여 신이가 뒷바라지를 해주었다. 밤 꿀은 약으로도 좋다고 소문이 나 있었는데, 제부는 많은 꿀을 거둬들이면서도 단 한 병도 팔지 못했다. 신이는 팔자에 없는 꿀 장사를 해야 했다.

생산은 해도 판매를 못 하는 제부는 자신의 무능함을 견딜 수 없어 했다. 그 일에도 이내 싫증을 내고 밑천만 축내고 말았다. 시어머니의 성화는 날이 갈수록 심해졌다.

제부는 자기 어머니 때문에 부부 사이도 원만하지 못하고 직업도 없는 한량이 되자 동네 주막을 드나들며 주색에 빠지기 시작했다. 그 시절 농촌 마을엔 오 리 십 리 어간에 주막이 없는 곳이 없었다. 주막 작부는 온 동네 남정네들의 여자였다.

시앗을 보면 돌부처도 돌아앉는다던가. 작부 집에서 자고 흐트러진 몰골로 아침에 나타나는 제부를 수발해야 하는 동생의 속은 천불이 났을 것이다. 그래도 동생은 참고 살았다. 자식들 때문이었다. 시어머니의 억지는 날로 더했다. 악마에게 영혼을 판 사람 같았다.

신이는 신앙 없는 신랑과 마음에 없는 결혼을 하면시 결심했었다. 전도의 사명으로 알고 그 집안으로 들어가자는 것이었다. 그러나 강퍅한 시어머니나, 자신이 가장 정의로운 사람이라는 자만심에 차있는 제부에게 섣불리 신앙에 대한 말을 입에 올릴 수 없었다.

신혼 초 시모의 시샘으로 인한 독수공방을 기도하라는 명령으로 여기고 감사하며 지냈다. 무슨 제사가 그리 많은지 '가난한 집 제사 돌아오듯 한다'는 옛말의 의미를 곱씹기도 했다.

신이는 그것이 자신을 향한 신앙적 시험이고 이겨내기 힘든 연단이라 여기며 제수를 장만하면서 기도했고, 제사상을 차리면서도 눈치 채지 않게 기도했다. 불 때면서, 젯상에 올릴 밥을 푸기 전 솥뚜껑을 열어 놓고 기도했다. 조상을 존중하고 섬기는 마음은 자손대대 이어가야 할 가문의 소중한 유산이다. 하지만 제물을 만드는 일은 동생에게 신앙인으로서 가장 큰 갈등과 고통을 불러일으키는 일이었다. 조상의 귀신이 음복하라고 제물을 만들라지만 신이는 가족들이 먹을 음식을 만든다고 생각하기로 마음을 고쳐먹었다.

신이는 호구지책을 위해 다시 제사공장에 다니며 아이들 교육비와 가족의 생활비를 벌어들였다. 시모가 무슨 말을 해도 다 받아들인다는 말을 했다.

"언니야, 예수님이 원수를 사랑하라고 하셨대이. 그라고 가족이 네 원수라는 말씀도 하셨대이. 내사 시어머니를 보마 원수 같다는 생각을 많이 했제. 그란데 말씀을 읽으마 깨닫게 되었대이. 원수를 사랑하라는 기 시어머니랑 남편을 사랑하라는 말씀이라는 것을! 남이 원수면 안 보고 살만 되제. 세월이 지나만 사랑까지는 아니어도 원수 같던 마음이 누그러질 수도 있을 기 아이가. 그란데 가족은 매일 봐야 하니 원수 같아도 용서하고 사랑하지 않으마 으째 살겠노. 내는 요새 시어머니나 남편이 참말로 불쌍하대이."

신이 시어머니는 운명할 때 말을 못 했는데 선한 눈으로 하늘을 바라보며 신이의 손을 붙잡고 눈물을 흘리더라고 했다.

신이는 어려운 가운데서도 월급 타면 먼저 조카들 몫을 챙겼다. 나는 신이에게 평생 갚을 수 없는 사랑의 빚을 많이 지고 살았다.

내 영혼을 사로잡은 분

신이가 믿음 없는 나를 위해 쉬지 않고 기도한다는 것을 알고 있었지만, 내 마음은 언제나 뜀박질하고 있었다. 무엇을 해야 자식들을 굶기지 않고 공부시킬 수 있을까? 그것만이 삶의 존재 의미라고 생각하며 살았다. 어린 시절 알았던 하나님을 잊고 살았다. 교회 다니는 시간이 내겐 한가한 사치로 여겨졌다. 동생이 뭐라 해도 건성건성 듣는 시늉만 했다. 딱 집어 까닭을 말할 수는 없어도 내 예민한 신경을 건드리는 것 같았지만 못마땅해도 참았다. 그것이 동생에 대한 예의라고 생각했다.

큰아들이 고등학교만 마치면 직장에 들어가겠지, 그러면 나 혼자 짊어지고 가는 삶의 무거운 짐이 조금은 덜어지겠지, 했다. 절실한 내 바람을 헤아리고 아들은 일찍 대학 진학을 포기했다. 담임선생님이 대입 원서를 쓰다가 큰아들이 진학을 포기한다는 사실을 알게 되었다. 담임선생님은 큰아들에게 나를 만나고 싶다는 전갈을 보냈다. 긴장되고 떨리는 마음으로 담임선생님을 만났다. 선생님은 내게 이런 말을 했다.

"저도 이 군의 가정형편을 모르는 게 아닙니다. 고생이 되더라도 대학에 보내시지요. 입학만 하면 장학금 받아 대학 마칠 수 있을 것입니다. 제가 장담하지요. 만약 그렇지 못하면 어떻게 하든 등록금을 책임지겠습니다. 이 군은 머리만 좋은 게 아니라 성품도 좋고 무슨 일에나 열정적이고 헌신적입니다. 반드시 성공할 겁니다."

그날 밤, 나는 잠을 이루지 못했다. 어버이도 아닌 스승의 입장에서 그토록 내 자식을 아끼고 믿는데 어미인 나는 무슨 생각을 하고 있었나 스스로 물었다. 참으로 멍청하고 맹한 나를 발견했다. 큰아들의 명석함은 누구보다 내가 잘 알고 있었다. 어미가 어미 구실을 못 해 자식의 우듬지를 꺾어 버리고 있는 게 아닌가 싶었다. 날이 훤히 밝기까지 뒤척이다 새벽녘에 큰아들을 깨워 물었다.

"니 대학 가고 싶나?"

잠에 취해 있던 아들이 눈을 비비며 말했다.

"어무이, 제가 어떻게 대학을 가겠습니꺼? 졸업하믄 취직해가 어무이 고생 그만 하게 할랍니더."

아들은 이미 체념하고 있었다. 그래도 나는 알고 있었다. 저를 내 복중에 넣고 열 달을 한 몸이 되어 키웠다. 내가 배고프면 저도 배고팠을 것이고 내가 슬프면 저도 슬펐을 것이다. 자식이 말하지 않아도 어미는 그 마음을 먼저 알 수 있다.

"아이다, 내 밤새도록 생각해 봤대이. 배움은 때가 있대이. 때를 놓치마 허고 싶어도 못 허능기라. 니 대학 시험 쳐봐라. 합격만 허믄 길이 생기지 않것나. 니 선생님 말씀을 듣고 결심했대이."

못난 어미라는 생각에 진한 슬픔이 밀려왔다. 아들에게 미안해하며 말했다.

"어무이, 참말입니꺼? 그래도 되겠십니꺼? 정말 지가 대학에 가도 되겠십니꺼?"

아들은 한껏 달뜬 목소리로 내게 거듭 반문했다.

"그래, 한번 해봐라 마."

나는 결의를 다지기 위해 단호하게 말했다.

대학 입학시험 날이 보름밖에 남지 않은 때였다. 아들은 필사적으로 시험공부에 매달렸다. 그때는 오빠가 살아 있어서 큰아들을 데리고 서울로 올라갔다. 오빠가 알고 있는 먼 친척집에 아들을 데리고 갔다가 시험이 끝나자 데리고 내려왔다.

큰아들이 명문 대학에 합격했다. 뜨거운 눈물이 비 오듯 쏟아졌다. 15일 앞두고 시험공부 하여 그 어려운 대학에 합격한 아들이 고맙고 자랑스러웠다. 내 고생을 보상해 주는 신의 선물 같았다. 물밀듯 밀려오는 환희의 날개를 타고 훨훨 날 것 같았다. 하지만 그런 기쁨도 잠시였다. 겨우 하루하루 살아가는 처지에 입학금을 꾸어 달라고 손 내밀 만한 곳이 없었다. 동서사방이 콱 막힌 것 같았다. 자식에게 대학에 진학하라고 해놓고 뒷감당을 못하는 어미가 되고 싶지 않았다. 온갖 궁리를 하다 시댁 문중 어른과 의논해 보자는 생각이 떠올랐다. 오랜만에 시댁이 있는 고성으로 무작정 갔다.

내 사정을 들은 시댁 어른은 문중의 경사라며 문중에서 모아 둔 돈을 꾸어 주었다. 그렇게 입학금을 마련하기까지 내 속은 바작바작 타고 또 탔다. 등록을 마친 큰아들이 마침내 대학에 진학했다. 이 일은 내 생애서 가장 기쁜 일이었다.

둘째아들의 명석함은 내게 자랑도 되고 부담도 되었다. 학업성적은 제 형 못지 않게 명문 대학을 너끈히 들어갈 정도였다. 하지만 큰아들 학자금 대느라 애태우는 처지에, 둘째를 가르칠 엄두가 나지 않았다. 둘째를 바라볼 때마다 눈물이 고였다. 타고난 재능이 있는데도 부모 잘못 만나 날개를 펴지 못하는 게 애처로웠다.

"어무이요, 지는 취직 헐랍니더."

둘째가 고등학교 졸업이 가까워졌을 때 내게 말했다.

"니도 형처럼 대학에 들어가마 좋겠다만도 우리 헹펜에 그랄 수는 읎고, 니가 취직하마 을매나 좋것노. 어데 취직헐 디는 있는 기가?"

나는 반색하며 물었다.

"은행에 시험쳐 볼라꼬 지원서를 냈십니더."

아들은 무덤덤하게 말했다.

"은행이라꼬? 은행은 참 좋은 직장이대이. 내사 보따리 장사하믄서 은행 직원들을 많이 만내 보았대이. 참말로 점잖고 친절허고 인심도 좋더라. 그때 내는 우리 아들이 은행 직원이 되마 을매나 좋겠노 했구마. 니는 공부를 잘 하이 꼭 합격할 기다."

아들이 은행에 지원서를 낸 것만으로도 흐뭇했다. 언제 자랄까, 아득하기만 했던 아들이 어느새 헌헌장부가 되어 내가 쌍화당을 팔고 다니면서 우러러보던 은행 직원이 되겠다고 하다니!

마침내 둘째가 합격했다. 몸이 공중에 뜨는 것처럼 기막히게 좋았다. 온 가족이 기뻐했다. 그렇지만 그때 아들을 대학에 보내지 못한 한이 가슴에 쌓여 있다. 언제나 죄 지은 심정이다.

둘째가 은행에 다니면서 내 지긋지긋한 고생을 덜어 주었다. 막내아들도 명문 대학에 합격했다. 막내의 학자금을 책임져 준 둘째는 형 노릇을 톡톡히 해냈다. 제 형이 졸업하고 직장에 들어갈 때까지 집안의 기둥 노릇을 잘 감내해 주어 둘째가 늘 든든하고 자랑스럽다. 가난해도 자식들이 남들 부러워하는 직장과 대학에 다니게 되어 부자가 부럽지 않았다.

젊은 날, 나는 삼십 년이나 오십 년이 한꺼번에 훌쩍 지나기를 바랐다. 살기가 너무 팍팍하고 힘들어 세월이 거북이처럼 느린 것 같아 답답하고 숨이 찼다. 자고 나면 또 오늘이 힘들었고 내일이 오는 것이 두려웠다.

젊은 나이에 과부가 된 내겐 재혼의 유혹도 많았다. 내 속은 깜깜한데 나를 교양 있는 사람으로 보고 감히 바라볼 수 없는 상대를 들이대기도 했다. 나를 아끼는 분들의 분에 넘친 관심과 사랑에 고마워해야 하지만 나는 부담스러웠다. 혼자 외롭지 않느냐고 위로

하는 말을 들으면 나는 외로울 사이가 어디 있느냐고 속으로 대답했다. 그런 생각은 팔자 좋고 한가한 여인이나 하는 푸념이지, 했다. 나는 어떻게든 자식들 굶기지 않고 제대로 가르치겠다는 일념으로 살았다. 오직 자식들만 바라보며 옆도 뒤도 돌아볼 여유가 없었다. 어려서부터 영리하고 착한 딸은 제가 원하는 대로 진학시킬 엄두도 내지 못하고 일찍 짝지어 보냈다. 성실하고 귀한 사위가 사업에 성공하여 잘살고 있어 얼마나 고마운지 바라보기도 아깝다.

어느 날 딸이 내게 면구스럽기 짝이 없는 엉뚱한 말을 했다.

"어무이, 내는 예전에 어무이 개가하라꼬 꼬드기던 우리 뒷집 아지매를 원수같이 미워했니더. 개가하지 않고 우리 4남매 길러줘가 참말로 고맙대이. 어무이, 그때 내는 어무이가 우릴 버리고 갈까봐 을매나 마음 졸였는지 모르제? 막내이모가 내보고 그런 걱정 말고 예수님께 기도하라 캐서 밤마다 이불 쓰고 울매 기도했다 아이가. 어무이는 어무이로서, 가정주부로서, 우리 집 가장으로서, 그라고 사회인으로서 조금도 부족함이 없는 참말 훌륭헌 분이대이. 어무이가 자랑스럽습니더."

"야가 무신 호랑이 담배 먹던 시절 얘기에다 금방 떨어질 고무풍선 비행기럴 태우는 기가?"

"내는 어무이가 좋아 죽겠고마. 내도 어무이처럼 살 기라. 행정댁! 행정 아지매! 대단한 사람이라는 거, 알 사람은 다 안대이. 이렇게 이쁘고, 현명하고, 강하면서 어진 행정 댁 모리는 사람 있으마 나오라 캐라. 내사 귓구멍을 파줄 기대이."

딸은 배실배실 웃으며 나를 놀리고 있었다.

"니 오늘 뭐 잘 못 묵었나?"

딸에게 쓸데없는 말 한다고 타박했지만 흐뭇했다. 딸이 나를 알아주는구나 싶어 목이 메었다.

둘째가 은행에 취직하면서 나는 행상을 그만두었다. 여동생들이 사는 대구로 이사했다. 그런데 웬일일까? 덧없는 세월이 가면서 인생에 대한 허무감이 날로 사무쳐 갔다.

가슴엔 구멍이 뻥뻥 뚫린 것처럼 찬바람이 쌩쌩 드나들고 뼛속까지 시렸다. 자식들이 분에 넘치는 배필을 만나 가정을 이뤘고 큰아들 내외는 직장에서 독일 지사로 파견되어 갔다. 그만하면 여한이 없을 터인데, 내 마음은 왜 그럴까? 무엇이 나를 이렇게 힘들게 할까? 알 수 없는 일이었다.

나보다 먼저 대구로 이사 온 신이는 호랑이보다 사나운 시어머니가 고인이 된 뒤 고된 시집살이에서 벗어나 우리 집에 자주 왕래했다. 이른 저녁밥을 먹고 있는데 신이가 와서 생글거리며 말했다.

"언니야! 내캉 좋은 구경 가자."

"이 밤에 어델?"

내가 머뭇거리자 동생이 한 번만 가보자며 졸랐다. 마지못해 따라 나섰다.

"언니야, 우리 교회에서 철야집회 한대이. 억시게 은혜시럽구마. 내사 오늘은 꼭 언니캉 갈라꼬 떼를 쪼매 썼구마!"

신이가 열성으로 교회를 다니는 것은 알고 있었지만 내게 강권하지는 않더니, 뜬금없이 나를 교회로 데리고 간다는데 돌아설 수도 없었다.

교회에 들어가서 신이와 나란히 의자에 앉았다. 처음 갔는데도 크게 낯선 느낌이 들지 않았다. 찬송 소리가 듣기 좋았다. 정면 강단 위에 성경 말씀이 크게 씌어 있었다.

'수고하고 무거운 짐 진 자들아 다 내게로 오라 내가 너희를 편히 쉬게 하리라'

그 말씀을 읽는데 눈이 확 트이는 것 같더니 가슴에서 뜨거운 불이 솟구치는 듯했다. 그 기운은 온몸으로 퍼져 땀이 비 오듯 흘렀다. '교회는 인생의 진정한 용광로'라는 말이 번개처럼 스쳤다.

내가 예수님을 영접한다는 고백도 하기 전, 그분이 나를 사로잡고 있음을 체험했다. 거지에게 잡히면 거지가 되고 농부에게 붙잡히면 농부, 어부에게 잡히면 어부, 학자에게 잡히면 학자가 된다던가? 나는 내가 바라거나 구하지도 않았는데 절대자인 하나님의 손에 잡히게 되었다!

신이가 찬송가를 펼쳐서 내 앞으로 밀어놓았다. 나는 곡조를 몰라 눈으로 읽었다. 찬송이 계속되는 동안 나도 모르게 입술이 열리고 눈물이 시냇물처럼 흘러내렸다. 손수건도 갖고 가지 않아 치맛자락을 들어 눈물을 훔쳤다. 무슨 영문인지 알 수 없었다. 다음 날도, 그 다음 날도 나는 신이를 따라 철야기도회에 갔다. 그 교회에선 매일 철야기도회를 했다.

나는 그렇게 예수님께 사로잡혀 교회에 나가기 시작했다. 새벽기도, 주일예배, 수요예배에 빠지지 않고 열심히 교회를 다녔다. 나는 내 마음, 아니, 내 영혼을 사로잡은 예수님을 사랑하기 시작했다.

가진 것 없고 내세울 것 없는 처지에 나는 따지기 좋아하고, 지기 싫어하고, 자존심만 꼿꼿이 세우고 살았다. 자식들이 공부 잘하여 좋은 직장, 좋은 대학에 다니는 것이 마치 나만의 노력으로 이뤄 낸 것 같아 교만을 부채질하며 살았다. 지난날들이 내가 바랄 수 없는 무엇인가를 붙잡으려고 발버둥쳐 온 세월이었음을 깨달았다. 한마디로 하나님을 모독하는 삶을 살았다는 뼈저린 회개가 가슴을 에어 냈다. 날마다 회개하며 가슴을 쳤다.

그런 가운데 심한 감기가 들어 여러 날 고열로 시달렸지만 대수롭지 않은 몸살감기쯤으로 여겼다. 며칠이 지나자 얼굴 전체가 붓고 헐기 시작했다. 병원에 가보았다. 의사는 감기 균이 얼굴 피부 속으로 들어가서 그렇다고 했다. 참 별꼴이다 싶었다. 살면서 감기로 얼굴이 헐고 진물이 나서 시달리는 사람을 본 적이 없었다. 병원에 다니고, 한방 치료도 해보고, 좋다는 치료는 다 해보았지만 얼굴에 번지는 염증은 날이 가고 달이 가도 나을 기미가 보이지 않았다.

나병환자 같은 얼굴로 사람들 앞에 나설 수가 없었다. 눈만 내놓은 채 얼굴을 감싸고 날마다 새벽기도에 나갔다. 병을 치료해 달라고 기도는 하면서도 절망감에 사로잡혀 울부짖었다. 평생 이런 모습으로 살라고 하면 차라리 죽는 게 낫다고, 목숨을 거둬 가라고 하나님을 원망하며 몸부림쳤다.

어느 날 새벽기도 하는 가운데 인자하고 부드러운 목소리가 분명하게 들렸다.

"네가 힘들 때 나도 아프다. 너를 기도의 사람으로 만들 것이다."

너무 놀라서 뒤를 돌아보고 양옆을 보았지만 아무도 없었다. 응답이 무엇인지도 모르던 나에게 내 수준대로 응답해 주심을 깨달았다. 그 새벽 이후, 일 년 넘게 내 얼굴을 할퀴던 병이 신기하게 깨끗해졌다. 살 것 같았다.

날아갈 듯하던 기분도 잠시, 며칠 지나지 않아 원인 모를 통증이 전신을 강타했다. 몸 안의 모든 뼈가 일어서서 내게 반란을 일으키는 듯했다. 칼로 에고 소금을 넣고 비벼대는 듯이 쑤시고 아팠다. 병원에서는 원인을 찾아 내지 못했다. 겉으로는 멀쩡한데 아파서 기신을 못하니 남 보기에는 엄살 부리는 것 같았을 것이다.

의사는 특별한 병이 없다지만 온몸의 뼈마디까지 견딜 수 없게 아픈데 그 아픔을 다 표현할 수 없었다. 자식들이 유명한 병원들을 데리고 다녔지만 차도가 없었다.

막내 동생이 나를 데리고 병을 낫게 한다는 어느 권사의 집으로 가자고 했다. 예수님은 죽은 나사로도 살리셨다고 했다. 기도만 받으면 낫겠지 싶은 마음으로 동생을 따라갔다. 기도하던 그 권사가 말했다. 말씨는 부드러웠지만 거부할 수 없는 명령 같았다.

"기도의 사람 만들려고 주신 병입니다. 자매님은 하나님의 특별한 사랑을 입은 분으로, 주님은 지금까지 자매님을 도우셨습니다. 이제는 자매님이 주님의 부르심에 응답하고 순종해야 합니다. 기도원에 가서 기도하십시오. 자매님은 희생물입니다. 자매님의 자녀들은 자매님 자식이 아닙니다. 주님께서 잠깐 자매님에게 맡긴 하나님의 백성입니다. 이젠 자식 걱정하지 마십시오. 주님께서 자매님의 아들들을 장로로 기름 부어 쓰실 것입니다."

기도 내용이 소망적이어서 한결 마음이 놓여 가다 아들이 장로가 된다는 예언엔 말도 안 되는 황당한 말을 한다 싶었다.

"우리 자식들은 교회에 나가지도 않는데 우째 장로가 된다 캅니꺼."

나는 헛소리 말라는 투로 내뱉었다. 동생이 내 무릎을 꼬집었다. 그 권사는 나를 물끄러미 바라보며 잘라 말했다.

"기도 많이 하십시오."

"을매나 허문 낫겠십니꺼?"

나는 그 권사의 권고가 옳은 것인지 의심하며 물었다.

"제가 추천하는 기도원으로 들어가시면 좋을 것 같은데요."

그 권사는 내 속을 알고 있다는 듯 나를 빤히 바라보며 조용히 말했다.

"꼭 기도원이란 데를 가야 합니꺼? 일 주일? 한 달? 을매 동안?"

나는 그 권사의 권고를 어떻게 받아들여야 할지 자신에게 묻고 있음을 느꼈다.

"자매님은 하나님께 붙잡힌 사람입니다. 기도하시면 응답받으실 것입니다."

권사가 단호하게 말했다. 그 권사의 집을 나오면서 나를 데리고 간 신이에게 거침없이 불만을 퍼부었다.

"병 치료를 해준다 캐서 갔드만 무신 얼빠진 소리를 해대는지 모르겄대이."

"언니는 내가 아무데나 언니를 데리고 간 줄 아나? 그 권사님 예언의 은사를 받은 기라. 허투루 듣지 말그래이."

"아이고, 내보고 기도원에 가 있으라 카지 않나? 앓느니 죽겠대이. 자다가 봉창 뜯는 소리도 유분수제. 교회도 안 댕기는 네 조카가 장로 된다 카지 않드나?"

서슬이 시퍼래져 날을 세우는 나를 보며 동생은 입을 다물었다.

"진실로 뉘우치면 용서받지 못할 큰 죄는 없습니다. 하나님의 무한한 사랑을 능가할 죄가 없기 때문입니다. 주님은 열 명의 의인보다 회개하는 한 명의 죄인을 더 기뻐하십니다."

주일 설교 말씀이 심장에 불화살처럼 박혔다. 그 순간 지난날의 잘못이 하나하나 영화 필름 돌아가듯 선명하게 머리에 스쳤다.

남편과 내가 연분이 아니었을까? 부부가 된 인연만으로도 남편을 존중했어야 했는데 왜 미워하고 혐오했을까? 어떻게 내 주제에 결혼으로 가난을 면하고 팔자 고치려 들었을까? 왜 시비하고 세 치 혀로 비수를 휘둘러 남편의 마음을 베고 피 흘리게 했을까? 자식을 낳고 살았어도 남편을 먼 산 그림자처럼 여긴 나.

사랑하지 못하는 부부는 남보다 못하다. 나는 남보다 못한 아내로 살다가 남편과 사별했다. 하나님 앞에서 비로소 남편이 얼마나 사랑에 굶주렸을까 후회하며 쓰라린 참회의 눈물을 흘렸다.

"주님! 내 좀 살려 주이소. 내 지은 죄 용서해 주시고 내 병 좀 낫게 해주이소. 아파가 몬 살겠십니더."

날마다 몸부림치며 기도했다.

불학무식不學無識한 내 수준을 보시고 하나님의 영광의 수준으로 자비를 베풀어 달라고 기도하며 나는 두 손 들고 대한수도원으로 들어갔다. 수도원에 도착한 나는 날마다 성전에 나가 기도했다. 기도하는 시간은 통증이 심하지 않았다. 새벽 기도 중에 '7'이라는 숫자가 자꾸 떠올랐다. 성경 말씀도 잘 모르고 주님의 뜻을 분별할 줄 몰랐던 나는 기도를 마치고 숙소로 돌아가 한 방을 쓰는 자매에게 상담했다. 내 말을 들은 자매가 확신에 찬 어투로 말했다.

"자매님! 7년 기도하면서 믿음 훈련 받으라고 하신 것 같은데요! 아무 뜻 없는 숫자가 아닌 것 같네요. 더 기도해 보세요."

"7년이라꼬요, 예? 우째 7년씩이나?"

"성경에 야곱이 외사촌여동생 라헬을 사랑하여 외삼촌 집에서 7년을 머슴살이를 했는데 7년이 수일같이 여겨졌다는 말씀이 있어요. 자매님도 주님을 사랑하면 그리 될 겁니다."

그 자매의 말을 들으면서 7년이라니, 말도 안 된다고 생각하면서도 '주님을 사랑하면!'이란 말이 화인火印처럼 뇌수에 새겨졌다.

대한수도원은 1940년, 철원 순담계곡에 한국 최초로 세워진 기도원이다. 일제가 선교사들을 추방하고, 기독교인들을 잡아들이고,

배교하지 않는 신자는 사형시키거나 투옥하던 시절이었다. 예배 시간엔 형사나 밀정들이 숨어들어 목회자들은 마음 놓고 설교할 수 없었다. 애국심을 고취하는 설교를 하면 현장에서 체포해 갔다.

이러한 때, 철원 장흥교회 박경룡 목사와 뜻을 같이한 신자들이 '조국의 독립을 위한 기도'를 목적으로 기도원을 설립했다. 간판은 '군용양마장軍用養馬場'이었다. 혈기방장한 젊은이들이 산 속에 모이는 것을 수상하게 여길 일경의 감시를 피하기 위해 일본 군마를 기르는 곳으로 위장한 것이다. 조국의 독립을 열망하는 신앙 깊은 동지들이 수도원에 모여 비밀결사를 조직하고 간절히 기도했다.

대한수도원은 해방과 더불어 빼도 박도 못할 인민공화국, 공산치하가 되었다. 수도원의 위치가 38선 이북이기 때문이다.

해방되던 해 12월, 유재헌 목사가 일본에서 돌아와 원장으로 부임했다. 유 목사는 공산당에게 쫓기면서 수도원 후원 기금 마련을 위해 북한 지역 교회를 순회하며 부흥집회를 했다. 전진 원장은 그때 유 목사의 권유로 치마폭에 후원금을 숨겨 가지고 오는 책임을 맡고 수도원으로 왔다.

6·25 전쟁은 철원 지역과 대한수도원에 기적의 역사를 안겨주었다. 수년간 공산치하에서 신음해 온 철원은 국군이 철원을 탈환한 상태로 휴전되면서 남한으로 편입되었다. 하나님의 기적이었다. 지평선이 보이는 철원평야를 빼앗기고 김일성이 대성통곡했다는 철원이 대한민국이 된 것이다!

후퇴하던 인민군에게 유재헌 원장이 납치당하여 생사가 불명해지자 성도들이 전진 원장을 후임으로 추대했다. 전진 원장은 무너진 수도원을 재건하고 구국 제단의 불이 꺼지지 않게 기도운동을 펼쳤다. 수많은 성도들이 복음의 증인으로 하나님의 도구가 되는 영적 훈련에 동참했다. 수도원은 주님의 생명과 사랑의 샘터가 되었다. "세상을 변화시키는 것은 위대한 사람이 아니라 위대하신 하나님의 손에 붙들린 약한 사람들이다"라는 말을 생각하게 한다.

주님의 방법과 통로

수도원에는 대문이 없다. 나같이 빈손 들고 오는 사람들에게 등록비, 밥값, 숙박료, 헌금 등을 일체 받지 않고 누구나 받아들인다. 수도원 소유의 논과 밭에서 거둬들이는 농산물로 성도들을 먹인다. 원장을 비롯, 모든 성도들이 예배와 기도 시간 외에 농사 일, 운전, 건물 안팎 청소, 도로 보수 작업, 밥 짓는 일 등, 각자 취향에 따라 자원봉사를 한다.

나는 주방에서 아궁이에 불 때는 일을 자원했다. 몸이 아파서 힘 드는 일을 할 수 없었기 때문이다. 절에서는 나 같은 일을 하는 사람을 불목한이라고 한다는데, 나는 나이 오십이 넘어 하나님의 불목한이가 되었다. 주방에서 봉사하는 동안 자연스럽게 봉사자들과 대화를 나누며 서로를 알아 갔다. 나보다 험한 고통을 겪고 있는 성도들이 많았다. 위로하고 격려하며 서로를 위해 기도하게 되었다.

누가 누구를 질투하거나 시기하는 법도 없고, 상담이 따로 필요하지 않은 은혜로운 일터였다. 수도원은 누가 헌금을 해도 이름을 밝히지 않는다. 헌금은 헌금자와 하나님의 관계이기 때문이라고 했다.

몸은 조금씩 나아갔지만 때로는 주님이 나를 사랑하는 상냥한 어머니 같기도 하고 '너와 나는 아무 상관이 없다'며 내 기도를 들은 척도 안 하시는 매정한 분 같기도 했다.

내 안에 순종과 불순종, 그러니까 주님을 향한 순전함과 사악함이 오락가락하면 기도가 안 되었다. 아무리 애를 써도 끊임없이 밀려드는 분심分心이 내 영혼을 뒤흔들어 기도에 집중할 수 없으면 절망하기도 했다. 그럴 때마다 주님을 향해 '나를 불쌍히 여겨 달라'고 애소哀訴했다. 세상에서 어렵게 살았어도 누군가 내게 동정심을 보이면 기분도 언짢고 무거운 짐으로 여겼지만 주님 앞에서는 그분이 나를 불쌍히 여겨주지 않으면 살 수 없기에 그런 기도를 했다.

내가 봉사하는 취사부는 평소에는 식사 준비를 하루 세 끼만 하지만 집회가 있는 날이나 농번기엔 새참과 간식 등을 준비해야 했다. 아침부터 네 차례 혹은 여섯 차례 음식 준비를 하자면 눈 코 뜰 새 없이 불을 때고 또 때야 했다. 무더운 여름 아궁이 앞에서 불 때는 일은 결코 즐거운 일이 아니었다. 그래도 내가 불을 때서 만든 음식이 성도들에게 제일 맛있는 음식이 되게 해달라고 기도하며 불을 지폈다.

나는 봉사하기 전까지는 식사를 해도 별생각 없이 먹었다. 봉사를 하면서 밥 한 숟가락에도 하나님의 은혜를 생각했고 식시오계食時五戒를 생각하곤 했다.

* 자신이 먹는 음식은 밭 갈고, 씨 뿌리고, 거두고, 찧고, 까불고, 요리하기까지 열 사람이 애쓴다는 것을 생각하며 아끼라.
* 부모를 섬기고, 나라에 충성하고, 자신이 몸을 닦아 이름값을 했는지 반성하라.
* 식탐食貪하는 마음을 가다듬고 참다운 성정을 쌓으라.
* 모든 음식에는 저마다의 영양과 기운을 북돋우는 힘이 있으니 약처럼 먹으라.
* 일하지 않는 자는 먹지도 말라. (《규합총서閨閤叢書》에서)

성경 말씀과 상통하는 옛 교훈은 어렸을 때 밥상에서 우리 자매들에게 어머니가 해준 말인데 나이가 들어도 잊혀지지 않았다.

수도원 봉사자들은 대부분 개인적으로 극심한 환난과 시련을 겪고 있었다. 그들은 모든 것을 주께서 주시는 훈련이라 생각하고 기쁨과 감사로 은혜를 사모했고, 넉넉한 마음으로 서로 배려하며 열정적인 봉사를 했다. 물론 더러 별난 사람도 있었다. 사람이 어찌 좋은 점만 있을까? 못된 점이나 밉살스러운 점도 품어 안으라는 주님의 뜻이 아닌가 싶었다. 악이 없으면 선을 어떻게 알겠는가? 칠판이 검지 않으면 백묵으로 쓴 글씨가 보이겠느냐고 세상의 악에 대해 말씀하신 분의 뜻을 새삼 헤아려 보기도 했다.

수도원 생활을 하는 동안 내게 가장 큰 감동을 준 사람은 김정희 자매다. 그녀는 평택에서 공장에 다니면서도 여름 대집회가 열릴 때마다 휴가를 얻어 취사부에 와서 몸을 아끼지 않고 봉사하는 믿음의 사람이다. 집회 기간엔 간증 순서가 있다. 2년 전 김정희 자매가 자신의 인생유전에 대해 간증하던 날, 나는 사람의 일생은 예외 없이 하나님의 섭리 가운데 있음을 깊이 깨달았다.

김정희 자매는 강원도 인제에서 태어났다. 그녀의 아버지는 가난한 시골 교회 전도사였다. 아들 딸 4남매를 낳은 부모가 기도원에 갔다가 돌아오기로 한 주일날 새벽에 6·25 사변이 터졌다. 수많은 인민군이 소련제 탱크를 앞세우고 밀려왔다.

그녀의 할아버지 할머니가 손주들을 보호하려고 마을 뒷산으로 도망치고 있었다. 인민군들이 쫓아오며 따발총을 쏴댔다. 조부모와 형제자매들이 그 자리에서 피살되었다. 발을 헛디뎌 낭떠러지로 굴러 떨어진 그녀 혼자 살아남았다. 그녀의 열두 번째 생일날이었다. 그녀는 어디로 가야 살 수 있는지도 몰랐다. 무조건 식구들이 죽은 곳에서 멀리 달아나야 살 것 같았다. 그녀는 태중에서부터 찬송 소리를 들었다. 그녀가 가장 잘하는 것이 찬송이었다. 무서워서 소리 내어 부르지 못하고 입 속으로 웅얼웅얼 찬송가를 불렀다.

나의 갈 길 다 가도록 예수 인도하시니
내 주 안에 있는 긍휼 어찌 의심하리오

믿음으로 사는 자는 하늘 위로 받겠네
무슨 일을 만나든지 만사형통하리라
무슨 일을 만나든지 만사형통하리라

3절까지 부르다가 나중엔 후렴만 불렀다. 부르고 또 부르며 낮에는 산에 숨었다가 밤이 되면 걸었다. 몰래 빈집에 들어가 먹을 것을 뒤졌다. 빈집은 많았지만 여러 사람들에게 약탈당하고 씨알 한 톨도 남아 있지 않았다.

여름이 가고 가을이 되자 그녀는 논바닥에 떨어진 벼 이삭을 주워 까먹기도 하고, 무를 뽑아 먹기도 했다. 사람 만나는 것이 무서웠다. 인가를 만나도 정체가 탄로날까 봐 밥을 얻어먹을 수도 없었다. 잠도 짚가리에 기대어 새우잠을 자거나 다리 밑에서 잤다. 밤마다 쫓기며 총에 맞아 죽어가는 식구들 꿈을 꾸었다. 어쩌다 엄마 아빠가 성경 읽는 꿈을 꾸면 그날은 먹을 것이 생겼다. 꿈속에서 찬송 부르는 소리를 들으면 편하게 잘 수 있는 잠자리를 찾아 냈다.

그녀는 전도사인 아버지가 '남을 위해 기도하라. 그래야 하나님이 복을 주신다'라던 가르침을 늘 잊지 않았다. 친구들과 주위 어른들을 생각하며 이름을 부르고 기도했다. 그러나 그녀의 가족을 몰살시킨 인민군을 위해 기도할 마음은 추호도 없었다.

어디로 가야 부모를 만날지, 어떻게 해야 따발총에 맞아 죽지 않을지, 어떻게 해야 굶어 죽지 않을지, 날마다 캄캄한 절벽 앞에 서 있는 느낌이었다.

가을이 깊어지자 공중에서 까마귀 떼 같은 미군 비행기가 폭탄을 퍼부었다. 수많은 사람들이 폭격으로 죽었다. 온 세상이 아수라장이었다. 집이고 다리고 부서지고 무너지지 않은 곳이 없었다. 인민군보다 더 무서운 것이 비행기라는 생각이 들기도 했다.

그녀가 마치 누군가의 손에 이끌려가듯 다다른 곳이 함경남도 함흥이었다. 온통 악마가 휩쓸고 간 폐허 같았다. 휴전이 되자 그녀는 함흥에 있는 고아원에 들어가게 되었다. 지붕도 없이 가마니만 둘러친 고아원은 포화상태였다. 열다섯 살이 되자 그녀는 노동 현장으로 배치되었다. 일터는 함흥 제17철강공장이었다. 그곳 겨울의 추위는 헐벗고 굶주린 그녀를 죽음으로 몰아넣을 것처럼 맹렬했다. 신발도 없어 쩍쩍 갈라진 맨발에 찢어진 옷을 꿰매 입은 그녀의 모습은 거지 중의 상거지였다. 살을 도려내는 듯한 눈바람 속에서 손수레에 석탄을 실어 나르는 일은 참을 수 없는 고통이었다. 그날그날 할당량을 채우지 않으면 밥 대신 주는 옥수수나 감자조차 먹을 수 없었다.

공장 노동자들은 대체로 그녀와 비슷한 성분으로, 북한에서 학대받는 계층이었다. 그녀는 남한 말을 하여 더 조롱받고 멸시받았다. '원쑤의 주구 남반부 년. 미제의 간첩'이라며 아무도 그녀와 말을 섞지 않았다. 그녀를 투명인간 취급하는 것이 일상처럼 되었다. 아무도 의지할 사람 없는 그녀는 하나님만 의지했다. "예수님, 살려 주세요! 저 좀 살려 주세요!"라는 기도를 수없이 드렸다.

그 무렵 함흥엔 중국의 조선족들이 많이 이주해 왔다. 그들에게 집을 주고 살림살이도 당에서 나눠주었다. 북한 인민들보다 특별 대접을 해주었지만 2, 3년 뒤 대부분 중국으로 돌아갔다. 감시가 심하여 자유롭지 못한 북한에서 견디지 못했던 것이다. 조선족들은 중국에 가면 이밥(쌀밥)을 마음껏 먹을 수 있다고 했다. 그 말을 듣고 많은 북한 처녀들이 조선족을 따라갔다.

김정희 자매가 모처럼 함흥 시장에 외출을 나갔다가 두툼한 솜옷 입은 조선족 노인을 만났다. 마음씨가 넉넉해 보이는 노인에게 그녀는 물었다.

"할아버지는 왜 중국으로 돌아가지 않습니까? 다들 여기서 못 살겠다고 중국으로 가는데."

노인은 말없이 한숨을 토해내며 말했다.

"노자가 없어 못 가고 있지비. 내 사정을 알아 무엇 하려 묻나?"

"여비가 얼마나 드는데요?"

그녀가 물었다.

"허 참, 내게 노자 줄 것도 아니면서리 꼬치꼬치 묻기는……."

노인은 내키지 않는 대답을 하면서 귀찮다는 투였다.

"제가 모아둔 돈이 조금 있거든요. 저는 중국으로 가고 싶은데 방법이 없어서 그럽니다. 저는 전쟁으로 부모를 잃은 고아입니다."

그녀의 말을 들은 노인이 눈빛이 달라지며 반색을 했다. 노인이 필요한 여비를 말했다. 그녀가 자신이 가지고 있는 액수를 말하자 노인은 그 돈이면 중국으로 가는 데 충분하다고 했다. 이윽고 노인이 안색이 상기되어 묘안을 내놓았다.

"좋은 생각이 떠올랐습구마. 내 외손녀라 허고 기차표를 구해 봅세."

북한에서는 이동하려면 통행증이 있어야 했다. 발급 절차도 매우 복잡했다. 먼저 신청서를 제출하고 직장의 승인을 받아야 하며 보안서에 제출하면 상급 기관의 허가를 받아야 통행증을 발급해 준다. 노인은 잘 아는 당원에게 돈을 주고 복잡한 과정을 거치지 않고 여권과 열차표를 구했다. 그 당원은 함흥에서 국경지대까지 직행표를 사면 의심받을 수 있다며 평양으로 돌아서 가라고 했다. 교통이 발달되지 않아 북한에서는 장거리 이동은 거의 기차를 이용한다. 함흥에서 평양까지 기차로 갔다. 평양에서 중국 국경지대까지는 하루가 넘게 걸렸다. 국경지대에서 내린 노인과 그녀는 두만강 상류쪽 얼어붙은 강을 건너 도문으로 밀입국했다. 그녀는 노인의 집으로 갔다. 시골에 있는 노인의 집에서 신세를 지며 동상에 걸린 발을 치료했다.

노인은 친 외손녀처럼 그녀를 아꼈다. 그녀의 나이 스물한 살, 한참 고운 꽃다운 나이였다. 같이 웃었던 사람은 기억하지 못해도 같이 울었던 사람은 잊지 못한다던가? 그녀는 그 노인을 잊을 수 없다고 했다.

건강이 회복되자 노인은 그녀에게 중국에서 살려면 조선족과 결혼해야 한다고 했다. 고아에다 북한에서 밀입국한 그녀와 결혼하겠다는 청년은 없었다. 별수 없이 아이 둘 딸리고 나이 차이도 많은 홀아비의 후취 자리로 시집을 갔다.

그녀에게 결혼은 세끼 밥 먹고 편한 잠자리를 얻은 대신 전실 자식 돌보고, 농사에 필요한 노동력을 제공하며 남편의 성욕을 채워주는 도구에 불과했다. 그래도 그녀가 아들 하나 딸 하나를 낳자 남편의 태도가 달라졌다. 그보다 앞서 혈혈단신인 그녀는 자신의 혈육이, 자신의 편이 될 피붙이가 생긴 사실이 행복하고 황홀했다. 몸은 고단했지만 고향을 떠난 이래 그녀의 삶에서 가장 행복한 날들이었다. 안타깝게도 그녀의 행복은 너무나 짧게 끝났다.

중국을 광풍과 노도로 휘몰아친 문화혁명이 일어났다. 그녀는 국적이 불분명하다는 죄로 홍위병들에게 끌려갔다. 그들은 그녀가 알아들을 수 없는 죄목을 열거하며 자백하라고 고문을 했다. 죄 지은 것도 없이 노동개조소에 끌려가 노역을 하게 되었다. 석방될 가망은 하늘의 별을 따는 것보다 어렵다고 했다.

그녀는 아버지가 '하나님은 우리에게 절대로 나쁘게 하지 않으신다'고 했던 말을 늘 기억하고 있었다. 그런데 하나님은 겨우 얻은 그녀의 행복을 빼앗고 나쁜 일만 계속되었다. 자식들이 보고 싶어 미칠 것 같았다.

그녀는 하나님을 원망했다. 잘 때도 엎드려 잤다. "위의 것을 바라보라"고 설교하던 아버지 생각을 하며 오히려 아래를 보았다. 사람 생명이 파리 목숨과 다를 바 없는 세상에서 살 소망이 끊어진 그녀는 자식들을 위해 누군가에게 부탁하지 않고는 견딜 수가 없었다. 결국 다시 하나님을 부르지 않을 수 없었다. 하고 싶은 말이 너무 많아 무엇부터 어떻게 기도해야 할지 혼란스럽기만 했다. 문득 예수님이 가르친 기도가 생각났다.

하늘에 계신 우리 아버지여,
이름이 거룩히 여김을 받으시오며, 나라이 임하옵시며,
뜻이 하늘에서 이룬 것 같이 땅에서도 이루어지이다.
오늘날 우리에게 일용할 양식을 주옵시고,
우리가 우리에게 죄 지은 자를 사하여 준 것같이
우리 죄를 사하여 주옵시고,
우리를 시험에 들게 마옵시고,
다만 악에서 구하옵소서.
대개 나라와 권세와 영광이
아버지께 영원히 있사옵나이다.
아멘. 마태복음 6장 9~13절

그녀는 자나 깨나 주기도문으로 기도를 드렸다. 기도하는 가운데 주님께서 힘을 주셨다. 그녀는 아무리 힘든 노동도 힘든 줄 몰랐다. 다른 수인들은 지쳐 쓰러져도 그녀는 어디서 나오는지 모를 힘이 솟았다.

문혁소조는 그녀에 대해 조사해 봐도 국적불명 외엔 어떤 혐의도 찾아낼 수 없자 6개월 만에 석방시켰다. 미친 듯이 그녀는 집으로 달려가 아이들 이름을 부르며 대문을 두드렸다. 낯모르는 여인이 문을 열고 누구냐고 물었다. 남편은 이미 다른 여자를 들여 살고 있었다. 그녀가 낳은 아이들은 남에게 주어 버렸다고 했다. 그녀는 아들 딸 낳고 살던 집을 피눈물을 쏟으며 나왔다. 달빛 쏟아지는 마을이 텅 비어 버린 듯했다. 그녀는 전에 알고 지내던 이웃 마을 할머니를 찾아갔다.

"내래 소식 다 들었지비. 늙은 서방 원망하지 말라오. 사내들이란 다 그렇지비. 따로 방 얻어 나가지 말고서리 내 방에서 같이 살기로 합세."

좁은 시골이라 이웃 마을에서 일어나는 일은 금방 소문이 퍼졌다. 그녀는 입에 담고 싶지 않은 자신의 기구한 사정을 할머니가 미리 알고 있어서 한시름 놓였다. 다음 날부터 일을 시작했다. 남의 집 애 봐주기, 솜틀공장, 벽돌공장 짐 나르기 등 돈 되는 일이라면 물불을 가리지 않았다. 매월 그 할머니에게 방세도 꼬박꼬박 드렸다.

그녀는 3년 동안 돈을 모아 남편이 남에게 주어 버린 어린 자식들을 찾아서 같이 살았다. 스물일곱 살부터 그녀는 홀로 아이들을 기르며 살았다.

문화혁명 기간 동안 소수민족에 대한 핍박이 극에 달했다. 중국 국적이 없는 사람은 모두 추방당했다. 그녀는 다시는 결혼하지 않고 자식들과 함께 살려 했다. 아들딸과 살게 된 것만으로도 충분히 행복했다. 그런 그녀에게 북한으로 돌아가라는 명령이 떨어졌다. 그녀가 북으로 송환되지 않으려면 중국 국적인 남자와 재혼하는 길밖에 없다고 했다.

그때 그녀의 처지를 딱하게 여기고 재혼하자는 사람이 있었다. 그 사람은 중국 국적의 조선족 공직자였다. 중학교에 다니는 그녀의 딸이 매달렸다.

"엄마, 북한으로 송환되면 강제 수용소로 끌려가거나 처형되는 수도 있대요. 엄마를 영원히 만날 수 없게 되면 어떻게 해요. 제발 재혼하세요. 동생은 제가 데리고 있을게요."

그녀는 자기 자식을 떼어 놓고 남의 자식을 길러 주는 재혼을 선택하지 않을 수 없었다. 재혼한 남편에겐 전처소생 아들 딸 6남매가 있었다. 시부모까지 모셔야 했다. 남편의 봉급으로 대가족을 먹여 살릴 수 없었다. 그녀는 미용 기술을 배워 미용실을 차려 궁핍한 살림을 도왔다.

한·중 수교가 이뤄지면서 남편의 친척 초청으로 한국에 온 그녀 내외는 한국에서 취업을 했다.

그녀 내외는 번 돈의 일부는 가족들 생활비로 보내고 저축을 했다. 몸은 고되어도 한국에서 신앙의 자유를 누리는 것이 기뻤다.

일터가 정해지면서 그녀는 제일 먼저 교회에 갔다. 주일학교 이후 42년 만에 십자가를 바라보자 부모의 모습이 떠올랐다. 눈물로 예배를 드렸다. 성경을 사서 쓰다듬고 가슴에 안아 보았다. 벅찬 감격이었다. 하나님의 기적과 은총에 감사하며 그녀는 마음 놓고 남편에게 자기 부모 이야기를 했다. 주일이면 남편과 교회에 나갔다.

그녀는 식당 주방에서 일하고 남편은 아파트 건축 현장에서 중노동을 했다. 노동자로 일하며 받는 한 달 월급이 중국에서 공직자로 오래 과장직을 맡아 근무하며 받은 1년 월급보다 많았다. 그녀 역시 평생 처음으로 큰돈을 월급으로 받았다. 둘이 벌어서 아이들 교육도 시키고 아파트도 사고 넉넉하게 살 수 있는 밑천을 만들 계획을 하며 그들 내외는 몇 년만 고생하자 했다.

그러나 그녀에게 더 큰 시련이 기다리고 있었다. 남편이 근로 현장에서 건축자재에 깔려 사망한 것이다. 갑작스런 남편의 죽음에 절망한 그녀는 삶을 포기하려고 했다. 하나님이 자신을 버렸다는 생각뿐이었다. 그녀는 죽기 전에 고향이나 한번 가보고 싶었다. 물어물어 찾아간 고향엔 작은아버지 내외가 살고 있었다.

그녀의 부모도 6·25 때 살아남아 아버지는 목사가 되어 인천에서 목회를 하다가 몇 년 전 두 분이 다 별세했다고 했다. 그녀의 부모는 가족들의 시신을 거둘 때 발견되지 않은 그녀가 어디선가 꼭 살아 있으리라 믿고 기도했다고 했다. 작은아버지 내외의 이야기를 들으면서 그녀는 지금껏 살아 있는 것이 부모님의 기도 때문이었다고 생각했다. 그녀는 죽으면 자신의 고통도 끝난다 싶었는데 자신을 위해 세상 끝날까지 기도해 준 부모의 마음을 헤아려 보았다. 중국에 있는 아들과 딸이 눈앞에 어른거렸다. 자식들을 위해 그녀는 중국으로 돌아가기로 마음을 고쳐먹었다. 작은아버지 내외와 사촌들이 중국에 가지 말라고 극구 말렸다. 그녀의 아이들을 한국으로 데려오면 된다는 것이었다.

그녀는 사촌동생과 함께 경찰서를 찾아갔다. '북한 해외공민증'을 내놓고 그간의 경위를 솔직하게 말하고 한국 국적을 회복할 수 있게 해달라고 했다. 며칠 뒤 서울출입국관리소에서 한국 국적 회복이 불가능하다며 출두하라는 통보가 왔다. 북한 해외공민증을 소지한 조선족들이 영주귀국이나 귀순을 요청하는 사태가 발생할 수 있기 때문이라 했다. 그녀는 외국인 불법체류자로 취급되었고, 강제 퇴거 명령을 받게 되었다. 퇴거 일자가 정해질 때까지 보호소에 억류되었다.

그녀의 기구한 인생유전에 관한 내용이 보도되자 언론계, 종교단체, 민간사회단체, 법조계 등이 들고 일어났다. 인권변호사들이 서울출입국관리소장과 서울 외국인관리소장을 상대로 '김정희 강제퇴거 무효 확인 및 취소 소송'을 서울고등법원에 제출했다. 그러나 서울 출입국관리소와 외국인관리소는 그녀의 위조 여권과 불법체류를 근거로 도주 우려가 있어 억류해야 하며, 그녀가 1960년 북한을 탈출한 후 한국에 귀순할 의사를 밝히지 않은 채 북한 국적을 계속 유지하고 있다는 등 몇 가지 이유를 덧붙여 출국 강제명령 처분이 온당하다고 답변했다.

이에 인권변호사는 "김정희는 북한을 탈주한 뒤 북한에 다시 간 적이 한 번도 없으며, 중국의 법은 외국인이 중국인과 결혼해도 중국에서 출생한 자만이 국적을 얻을 수 있기 때문에 중국 국적을 얻을 수 없었다"는 사실을 제시했고, 김정희가 북한에 국적 제적을 신청했다 해도 북한 최고인민위원회 상임위원회가 결정하는 일이기 때문에 불가능했으리라는 변론을 했다.

서울 고등법원에 이어 다음 해 대법원은 김정희의 출생지가 대한민국이고 북한도 대한민국 영토의 일부이므로 "김정희는 대한민국 국민으로 국적을 취득하고 이를 유지하는 데 아무런 영향을 끼칠 수 없다"는 판결을 확정했다. 국적을 찾은 그녀는 하나님은 사람을 통해 역사하신다는 것을 눈으로 보고 귀로 듣고 가슴으로 체험했다. 많은 믿음의 사람들이 그녀를 위해 기도로 하나님의 자비를 구했고, 그녀도 수많은 날을 금식하며 주님의 자비를 구했다고 했다.

김정희 자매는 자신이 겪은 수난에 대해 이런 말을 했다.

"저는 구약성경을 읽으면서 진정한 애국심을 알게 되었습니다. 북한에서는 인민들이 일터를 사랑하고 국가 재산을 아끼고 사랑하며 공장의 발전을 위해 헌신적으로 일하는 사람을 이상적인 애국자로 생각합니다. 그렇지 못한 사람은 커다란 자책감을 갖게 됩니다. 당과 국가적 강제력에 복종하는 사람만이 애국자라고 했습니다.

성경에 나오는 모세와 이사야, 예레미야 등 선지자들의 애국심에 은혜를 받지 않을 수 없었습니다. 그리고 그 말씀 가운데 인간의 일생을 발견했습니다. 부모님 밑에서 천진난만하게 살았던 어린 시절의 환희, 젊은 날의 정결한 헌신, 광야의 눈물 골짜기에서 헤매는 고통, 그런 고통을 지나 소망의 가나안 복지에 들어가는 인간의 삶이 성경에 있었습니다.

신실한 전도자였던 아버지가 어린 제 영혼에 심어 준 말씀대로 주님은 험난한 길을 걸어 온 저를 절대로 나쁜 길로 인도하지 않았습니다. 주님은 어리석고 가난한 고아로 살아온 저를 주님의 방법으로 영광스럽게도 주님의 통로가 되게 해줬습니다.

제 고난은 북한을 탈출한 이들과 조선족들이 조국의 품에 안길 수 있는 길을 열어 주기 위함이었습니다. 지금까지 제 사건의 판례에 따라 수백 명의 동족이 떳떳하고 자랑스럽게 대한민국 국적을 취득하고 있습니다. 앞으로도 더 많은 탈북자들이 국적을 회복할 수 있는 법적 근거를 만들어 준 것이지요. 제 인생 유전은 결코 제가 원한 길이 아니었습니다. 불행한 민족의 역사가 지워 준 애매한 수난이라는 생각도 해보았지만 아니었습니다. 저는 주님의 계획을 이루시려고 저를 사용해 주신 하나님께 감사드리고 있습니다. 하나님은 합력하여 선을 이루시는 분이고, 우리에게 감당치 못할 시험은 주지 않으신다고 말씀하신 그대로 역사하시는 분이니까요."

나는 김정희 자매의 간증을 들으면서 중국에 있는 언니를 생각했다. 하나님이 내게 하고 싶은 말씀을 그 자매의 입을 통해 하는 것 같았다.

하바롭스크에 심겨진 두 밀알

대한수도원은 열방에 많은 선교사를 파송하고 있다. 나는 선교사들의 파송 예배를 드릴 때마다 주님께서 소명을 준 선교사들이 부러웠다. 내가 정규 교육을 받았다면 선교사로 파송해 달라고 주님께 떼를 썼을 것이다.

주님의 사랑을 받기만 하고 내가 한 것이 너무 없어서 빈손으로 하나님 앞에 가지 않게 되기를 기도하고 있다.

수도원에 온 지 7년이 되던 해, 수도원에서 러시아 단기선교여행팀에 나를 선발해 주었다. 제단 식구들 가운데 선교에 많은 헌신을 해온 세 권사와 나, 이렇게 넷이 하바롭스크를 향해 떠났다. 비행기를 처음 타보는 나는 모든 게 서툴고 당황스럽기만 했다. 일행 가운데 러시아를 자주 다닌 권사가 있어 그 권사가 하는 대로 따랐다. 당시 러시아와는 국교가 이뤄진 지 오래지 않았고 러시아의 신용

상태가 엉망이라 선교비를 보내기가 여의치 않았다.

우리는 수도원에서 보내는 선교비를 달러로 바꿔 각각 나누어 가지고 가야 했다. 수도원에서 내가 받은 너무도 크고 깊은 은혜를 갚지 못하여 송구스럽고 미안하던 차에 나로선 감히 상상하지도 못한 선교여행을 하게 되어 여간 감격스러운 게 아니었다. 수도원에서 내게 베푼 무언의 상급인 것 같았다.

1995년 4월 하순 어느 날, 김포공항을 이륙한 비행기는 4시간 만에 하바롭스크 공항에 도착했다. 마중 나온 김 선교사 내외의 차로 선교사 집으로 향했다. 히터를 켜지 않아 차 안은 냉동실 같았다. 함박눈이 아닌 싸락눈이 내렸다. 광활한 대지의 설경이 무척 아름다웠다. 헐벗은 나무들이 흰 서리를 듬뿍 쓰고 있어 영원히 푸른 잎을 피우지 않을 것 같았다. 시내를 가로지르는 거대한 파이프가 두꺼운 비닐에 싸여 있었다. 궁금하여 물었더니 난방 파이프라고 했다. 10월부터 다음 해 5월경까지 가동하는데, 한번 얼면 녹일 수 없기 때문이라 했다.

하바롭스크는 1858년 제정 러시아의 귀족 하바로브의 이름을 붙여 생긴 도시로, 농노들을 많이 이주시켜 건설한 도시라고 했다. 인구 70여만 중에는 한인 교포 3만여 명이 있는데, 그들은 사할린에서 온 사람들이라 했다. 사할린은 1905년 러일전쟁에서 승리한 일본이 러시아로부터 탈취한 지역으로, 일제강점기 수많은 한인들을 광부로 끌어간 곳이다.

거리엔 모피 모자를 쓰고 두꺼운 모피 코트에 부츠를 신고 걸어 다니는 사람들이 많았다. 이따금 버스를 마주치기도 했는데, 제대로 다니지 않아 30분 정도는 기다려야 하고 콩나물시루 같은 만원 버스라 걸어 다니는 사람들이 많다고 했다. 러시아 사람들은 버스에 크고 작은 개나 고양이를 데리고 타기 때문에 아주 고약한 냄새가 난다고 했다.

선교사 내외가 살고 있는 아파트는 3층인데, 올라가는 동안 우리 일행은 몇 번 거꾸러질 뻔했다. 오래된 아파트 계단은 건축 후 한 번도 청소를 하지 않았는지 오물투성이였고, 계단의 높이가 하나도 일정하지 않았다.

아파트 안에 들어서니 깔끔하게 정돈되어 있어 마음이 놓였다. 우리 일행이 묵을 방에 대충 짐을 들여 놓고 선교사 부인이 정성껏 준비한 저녁을 먹었다. 옷을 갈아입고 씻으려고 욕실에 들어가 수도꼭지를 틀었더니 벌건 녹물이 나왔다. 온수 밸브가 고장 나서 온수가 안 나온다고 했다. 우리가 도착하기 전에 고치려고 기술자를 불렀는데 더 엉망을 만들었다고 미안해하며 스텐 물통에 물을 데워 욕실로 가져왔다. 샤워할 엄두가 나지 않아 대충 세수만 했다.

M권사가 선교사 내외에게 부담을 주지 말고 내일 호텔로 옮기자고 했다. 공식 선교비 외에 각자 선교에 쓰려고 약간의 돈을 준비해 왔기에 호텔로 옮기기로 의견을 모으고, 차를 준비해 놓은 거실로 나갔다.

선교사에게 수도원에서 보낸 선교 후원금을 전하고, 선교 현장의 여러 가지 어려운 문제를 들으며 수도원 소식도 전했다. 우리는 선교사 내외가 문화적인 충격 속에서 복음을 전하면서 겪는 고충을 듣고 위로하며 함께 기도했다. 거실에서 일어나기 전, M권사가 조심스럽게 말했다.

"선교사님, 내일 오전에 저희를 호텔로 안내해 주세요. 더운물도 안 나오는데 사모님 힘들게 하고 싶지 않아서요."

M권사의 말을 들은 선교사 내외가 좀 지나치다 싶을 정도로 펄쩍 뛰었고, 선교사가 떨리는 목소리로 우리를 번갈아 보며 말했다.

"안 됩니다. 큰일 납니다. 선교를 위해 이곳에 온 저희는 원룸 같은 집이면 족합니다. 그런데 이런 아파트에 세든 것은 한국에서 선교 관계로 다녀가시는 분들을 위해 게스트 룸을 제공하기 위함입니다. 불편하시더라도 저희 집에 묵으셔야 합니다. 이곳은 너무나 위험한 곳입니다. 나중에 말씀 드리려 했습니다만 이 하바롭스크가 얼마나 위험한 곳인지 알려 드려야겠습니다.

지난 3월 23일 미국에서 온 선교사 내외분이 참혹하게 순교 당했습니다. 그분들은 재미동포입니다. 선교사들은 모두 목숨의 위협을 당하고 있습니다."

"우째 그란 일이? 누가 그랬단 말입니꺼?"

모두 놀라, 선교사 내외만 바라보고 있는 가운데 내가 물었다.

"북한 공작원에게 피살되었습니다. 여기는 북한 사람들이 많습니다. 순교하신 두 분에 대해 자초지종을 말씀 드리겠습니다."

"이주헌 선교사와 부인 이계월 선교사는 1993년 6월 13일 미국 남침례교회 국제봉사협력체 후원으로 하바롭스크에 왔습니다.

이주헌 박사는 하바롭스크 지방 의과대학에 2년 계약을 하고 방문교수 자격으로 의료선교사로 파송 받아 병원에서 근무하고, 사모님은 집에서 성경과 영어를 가르쳤습니다. 특히 일대일 성경 공부에 사랑과 열정을 쏟아 헌신했습니다.

이 선교사님 내외분은 다 군산 출신으로, 저희 고향 분들입니다. 이계월 선교사님 부친은 한국의 슈바이처라고 불리는 이영춘 박사이십니다. 명문 대학에서 의학을 전공했고, 지금은 군산시로 편입되었지만 오지나 다름없는 시골로 내려가 개정병원을 세우고 가난한 농민들을 위해 평생을 바치셨지요. 우리나라 최초로 농촌의학을 개척했고, 가난한 농민들을 무료로 치료해 주셨습니다. 병원엔 가난한 환자들이 수없이 몰려왔지요. 이 박사님은 환자를 진료하느라 가정을 돌볼 틈이나 물질적인 여력이 없었지만 자녀가 많았어요. 십 남매가 넘었으니까요.

연세대 간호학과를 나온 이계월 선교사님은 장녀로, 건강이 좋지 않은 모친 간병하랴, 동생들 돌보랴 공부할 시간이 없었지요. 그런데도 공부도 잘하고 참 아름다운 분이었지요. 개정간호대학 부교수로 있다가 미국에서 심장내과 의사로 있던 이주헌 박사와 결혼하여 미국으로 갔습니다. 내외가 하나님의 뜻에 전적으로 순종하는 믿음의 본을 보인 충성스런 믿음 생활을 했답니다.

여기 두 분이 순교한 뒤 미국 신문 〈버지니안 파일럿〉에 난 기사가 있습니다. 읽어 보시지요."

선교사는 여러 장을 복사해 놓은 기사를 우리에게 나눠주었다. 내용을 요약하면 다음과 같았다.

버지니아 한인 사회, 러시아에서 당한
선한 사마리아인의 무참한 죽음을 애통해하다

〈버지니안 파일럿The Virginian-Pilot〉 1995년 3월 31일

이주헌 씨는 러시아 극동지역에서의 선교 생활에 대해 편지를 쓸 때 낙관적으로 쓰려고 노력했다. 그러나 거기엔 너무나 많은 문제가 있었다. 오염된 수돗물, 부족한 식량, 불결한 생활환경에 매일 부딪쳐야 하는 어려움을 극복해야 했다. 시베리아 근처 하바롭스크에서는 외국인, 특히 선교사가 자주 공격의 대상이 된다고 했는데, 이주헌 씨와 부인 계월 씨는 세 번이나 길에서 쇼핑 가방을 칼로 찢기고 물건을 빼앗긴 적이 있으며, 다른 선교사의 아파트도 도둑이 들어 컴퓨터와 텔레비전, 라디오와 전화기 등을 훔쳐갔다고 했다.

이 선교사 부부는 난방도 되지 않는 아파트에서 겹겹이 옷을 입고 6개월이나 살인적인 추위를 견뎌냈다. 여름에는 38도가 넘는 폭염 가운데 에어컨도 없이 더위에 시달렸다. 열어놓은 창문으로 거리의 쓰레기 악취와 흡혈귀 같은 모기떼가 밀려들어와 새벽 3~4시까지 잠을 이루지 못하고 모기 소탕전을 벌여야 했다.

이들 부부는 좀더 안전한 아파트로 이사했지만 위험은 계속 그들을 뒤따랐다. 지난 화요일 밤, 그들은 잠겨 있는 아파트 안에서 살해된 채로 발견되었다. 이 씨(60세)와 부인(59세)의 잔혹한 죽음에 동료 의사들은 경악했고, 한인침례교회 신자들은 슬픔과 놀라움을 금치 못하고 있다. 이 부부는 지난 20년간 이 교회를 영적으로나 사회적인 생활의 중심으로 삼아 왔다.

이 사건은 단순 강도에 의한 살인은 아닌 듯하다. 러시아 당국과 매일 연락을 취하고 있는 이계월 씨의 여동생 계림 씨(워싱턴 지역 거주)에 의하면 이주헌 씨의 여권과 17,000달러의 돈과 귀중품들이 그대로 남아 있었다고 한다. 러시아 경찰은 집중 수사를 시작했다.

이 씨 부부를 파송했던 남침례교회 국제사업협력체는 직원을 하바롭스크에 급파했다. 타이트워터 한인침례교회에서는 이 씨 친구들이 장례식을 준비하고 있고, 추모 기금을 모으고 있다. 친구들은 이 씨 부부가 보낸 사진들을 보며 애도하고 있다.

이주헌 선교사는 심장내과 의사로 한국의 명문 대학을 나와 미국에서 레지던트를 마쳤으며, 1970년대 초 버지니아비치로 와서 개업했고, 부인은 이웃을 돕는 일에 헌신해 왔다. 그녀의 여동생 계림 씨는 "부모님은 남을 돕는 일에 늘 열정을 쏟아 왔습니다. 때로 저희는 그것을 달갑지 않게 여겼는데, 성장하면서 부모님들이 한 놀라운 일들과 그 가치를 깨닫게 되었습니다. 언니는 부모님의 신앙과 헌신적인 삶을 본받아 살았지요. 자녀가 없는 언니는 교회 교우들이 가족이었습니다"라고 말했다.

교회 창립에 사랑과 열정을 쏟았고 5년 전 교회가 현재의 킴스빌로 옮겼을 때 그들 부부는 교회 건축에 헌신했다. 이 선교사는 건축위원장으로 봉사했고, 자그마한 체구의 이계월 선교사는 여러 날 동안 손수 교회 벽을 칠하기도 했다. 이주헌 선교사는 교회 마당에 심은 나무들에 물을 주고 때로는 밤늦게까지 기도했다고 한다.

이 선교사는 환자들을 정성을 다해 진료하는 의사로 소문이 나 있었다. 이들 부부는 선교 활동을 하는 이들에게 선교비를 보내다 카자흐스탄공화국에 단기선교를 다녀온 뒤 선교사로 봉사할 생각을 했다. 고려인 후손들이 모국의 뿌리와 단절된 채 모국어도 하지 못하고 하나님을 모르고 사는 것에 큰 충격을 받은 것이다.

언젠가 이 선교사는 간증에서 "어느 날 밤, 우리 부부는 과거와 현재를 돌아보며 앞으로 어떻게 살아야 할 것인지 의논하게 되었습니다. 우리는 가난하게 사는 나라에서 태어났는데 지금 우리가 살고 있는 방법은 하나님께서 원하시는 바가 아님을 깨닫게 되었습니다"라고 말했다.

1993년, 그들 부부는 사랑하는 교회에 1만 달러를 기증하고 떠났다(편집자 주: 출발 당시 그들은 사후 50만 달러의 전 재산을 교회에 바치도록 유언장을 남겼다). 닥터 디킨슨은 "그들은 사명을 위해 모든 것을 포기했습니다. 그것은 전문의로서 나 개인적으로, 물질적으로 커다란 희생이었습니다. 그것이야말로 가장 고귀한 소명감이었습니다"라고 말했다.

그들은 선교 보고나 개인적인 편지에 밝게 쓰려고 애썼지만 하바롭스크 병원의 사정은 악몽과 같았다. 수술실에 파리가 날아다니고, 같은 주사기를 계속해서 쓰고, 300명 환자를 위한 화장실이 두 개밖에 없고, 약은 기한이 훨씬 지난 것들이고, 가끔 전기조차 안 들어오는 때도 있다고 했다. 병원 내의 모든 것이 고장 났거나 파손되었고, 약품이나 엑스레이 필름이 떨어지고 없는 등 엉망진창인데, 이런 상황을 개선하려는 사람은 아무도 없다고 했다.

이 선교사 부부는 차가 없었다. 만원버스를 타면 승객들이 소리지르고 서로 밀치기 때문에 30분이 넘는 거리를 걸어서 장 보러 다녔고 출퇴근도 걸어서 했다. 그럼에도 그들은 말씀을 전파하는 기쁨으로 정진했다. 이 선교사는 병원에서 학생들과 다른 의사들을 모아 영어와 성경공부 반을 조직했다. 그는 러시아에서 사명을 마치면 북한 선교에 헌신할 꿈이 있었다.

그는 황해도 남천의 교육자 집안에서 태어났다. 1945년 광복이 되고 북한이 공산화되자 부모님이 남하했다. 그의 부모가 자리 잡은 곳은 평생의 연인 이계월 선교사가 사는 마을이었다. 북한이 고향인 그는 북한 동포에게 특별한 애정이 있었다. 북한에서 온 벌목공을 치료해 주고, 벌목 현장에서 탈출한 북한 동포들을 진정으로 아끼고 도왔다.

이 선교사 부부는 그들이 만나는 러시아 사람들과 북한 동포들이 공산 독재로 인한 빈곤으로 고난당하는 것을 마음 아파하며 사랑했다. 그는 편지에 이렇게 적었다.

“러시아 사람과 북한 동포는 선한 사마리아인 이야기와 같습니다. 강도를 만나 두들겨 맞고 다 빼앗기고 죽게 내버려진 사람의 상태와 같습니다. 지금이야말로 우리가 선한 사마리아인으로서 그들의 이웃이 되어야 할 때입니다. 그들은 잘못된 지도자들의 희생자이며, 그들이야말로 그리스도의 사랑의 손길이 필요합니다."

김 선교사는 세상에서 다시 만날 수 없는 이 선교사 부부를 지금도 존경하고 사랑한다고 했다. 그는 이 선교사 부부가 순교하게 된 경위를 말했다.

1995년 3월 28일 아침, 이 선교사님이 병원에 출근하지 않았다는 연락을 받았습니다. 바로 전화해 보았지요. 전화를 받지 않았습니다. 러시아에 온 후 내내 전화도 없이 살다가 며칠 전에 사 겨우 전화를 설치했거든요. 이상해서 이 선교사님 내외와 가깝게 지내는 A선교사에게 연락했습니다. 그와 만나 통역사 N을 먼저 이 선교사님 아파트로 보냈는데 N에게서 불길한 전화가 왔습니다.

우리는 10분 거리에 있는 이 선교사님 아파트로 정신없이 달려갔습니다. 그곳에 도착했을 때, 러시아 경찰과 N이 아파트 문 밖에서 우리를 기다리고 있었습니다. 이웃들도 복도에 나와서 러시아 경찰과 이야기하고 있었고요. 그런데 안전한 아파트 문이 열려 있어 몹시 놀랐습니다. 그 아파트는 비교적 새 건물로, 입구는 허술한 나무문이지만 각 아파트는 철문으로 안전장치가 잘 되어 있었습니다. 이 선교사님 아파트는 5층인데 완전히 봉한 철문을 두 개의 열쇠로 열고 통과하면 정면에 위로 창살 달린 철문을 열쇠로 열고 들어가게 되어 있고, 오른쪽에도 창살 달린 철문이 있는 이웃이 살고 있었습니다.

한 경찰관이 우리에게 그 아파트에 들어가 본 일이 있느냐고 물었습니다. 여러 번 왔었다고 하자 그 경찰관이 다른 사람들을 밖에서 기다리라 하고 같이 아파트에 들어가자고 했습니다.

아파트에 들어갔을 때는 모든 것이 정상인 듯했습니다. 거실에 있는 소파, 베개까지 다 제자리에 있더라고요. 복도로 계속 들어가는데 왼쪽 큰 침실 문이 닫혀 있었습니다. 경찰관이 조심스럽게 문을 열었는데 그 방 역시 잘 정돈되어 있는 듯했습니다. 복도가 있고 그 방 맞은편이 이 선교사님의 서재 겸 사무실이었습니다.

경찰관이 그 방의 닫힌 문을 열려고 했는데 조금밖에 열리지 않았습니다. 그는 어깨를 으쓱하고 복도에서 다음 방으로 가려고 했습니다. 저는 그 방에 여러 번 드나들 때 한 번도 장애물로 출입에 문제가 없었기 때문에 문득 의아했습니다. 경찰관이 다음 방으로 가고 있을 때 A와 저는 사무실 앞에 남아 제가 문틈으로 팔을 밀어 넣어 벽에 있는 전등 스위치를 올렸습니다.

불이 켜졌을 때, 무엇이 문을 가리고 있는지 확인하려고 아래를 보았습니다.

"아! 사람의 다리……!"

머리를 문 안으로 들이밀자, 마루에 머리를 박고 누워 있는 이 선교사님의 몸 전체를 보게 되었습니다. 그의 머리카락은 피범벅이 되어 있고, 한쪽 손에는 온통 피가 묻어 있었습니다. 도저히 믿을 수 없는 광경이었습니다. 큰 슬픔과 공포가 저를 압도했습니다. 경악한 제 모습을 본 A가 저를 밀치고 방안을 들여다보더니 비명을 질렀습니다. 우리가 정신을 가다듬는 데는 시간이 걸렸습니다.

경찰관이 우리의 이상한 반응을 보고 되돌아와서 우리가 목격한 현장을 보게 되었습니다. 저는 무너져 내리는 가슴으로 울부짖었습니다. 우리 두 사람은 너무나 큰 충격에 빠져 말을 잃었고 경찰이 무엇을 했는지, 어떤 반응을 보였는지 전혀 기억이 안 납니다. 다만 사모님이 보이지 않아 A와 같이 "사모님! 사모님! 어디 계십니까?" 하며 집안을 뒤지고 다녔습니다.

경찰관은 우리를 옆집으로 데리고 가 한동안 심문했습니다. 그 시간, 저는 성령께서 주시는 놀라운 평안을 느꼈습니다. 이 선교사님의 죽음이 하나님의 주권과 영광을 드러내는 순교임을 확신하며 뼈에 사무치는 아픔을 견딜 수 있었습니다.

경찰은 이웃집 젊은 부부를 심문했습니다. 옆집 여자는 목요일 밤 한 여자의 비명을 들었다고 했습니다. 러시아의 도시에서는 원체 끔찍한 범죄가 자주 발생하기 때문에 사람들은 이웃에서 무슨 일이 일어나도 모른 척합니다.

러시아 경찰들과 우리는 이계월 선교사님이 납치된게 아닌지 우려했습니다. 그러나 몇 시간 뒤 침실 벽 쪽 침대 밑 끝에서 사모님의 시체를 발견했습니다. 우리는 자정이 넘은 뒤에야 귀가 허락을 받았습니다.

다음 날 우리는 관을 주문하는 일, 두 분 시신을 버지니아 비치로 운구하는 일, 러시아 관리들에게 시신 확인을 하는 일 등으로 정신없이 이틀을 보내고 경찰관으로부터 이 선교사님 아파트에 들어가서 청소를 해도 좋다는 허락을 받았습니다.

우리는 이 선교사님의 서재를 청소하려고 들어갔다가 처참한 상태에 진저리를 쳤습니다. 다시는 기억하고 싶지 않은 참혹한 잔해였습니다. 분노로 존재의 모든 감각이 마비되는 듯했습니다.

수사관들은 두 분 시신의 입이 넝마조각으로 가득 채워져 있고, 코는 종이 냅킨으로 막혀 있었다고 했습니다. 그들은《장례의식》이라는 한국 책을 발견했는데, 그 책에 실린 한국의 전통적인 장례의식에 관한 기록에 의해 가해자가 북한이나 남한 사람이라고 했습니다. 책에 의하면 사람이 자연사했을 때는 하루 안에 죽은 사람의 입과 코, 귀를 막아서 영혼이 다시 시체에 들어가지 못하게 하고, 살해된 경우에는 즉시 그 의식을 해야 한다고 하는데, 바로 그 내용에서 범인의 국적을 추적했다는 것입니다.

이 지역 수사국장이 특명을 내려 이 선교사님 아파트 주변에 잠복 수사망을 쳐 놓고 감시하도록 했습니다. 사건 발생 8일 만인 3월 31일, 현장 근처를 배회하는 북한인 송창근이 체포되었습니다. 그가 어떤 인간인지 말씀드리지 않을 수 없군요.

송창근은 신분증이 없었습니다. 며칠 동안 수사관의 질문을 모르쇠로 회피하던 그는 러시아 북조선 제1벌목연합소 중장비 사단에서 2년 전에 도망쳐 나와 숨어 살았다고 했습니다. 그러나 그의 이름은 벌목장에서 탈출한 70여 명의 북한 벌목공에 관한 경찰의 컴퓨터 명단에 있지 않았고, 북한 사회보위부의 하바롭스크 실종자 명단에도 없었습니다. 러시아 수사관이 그에 대한 정보를 북한 사회보위부 직원에게 요청하자, 그는 송창근이 이상적인 일꾼이며 그가 다음 작업장에서 일할 장소를 정확하게 지명하더랍니다. 수사관이 그가 살인 혐의로 체포되어 조사받고 있다고 하자 금방 말을 바꾸어 그가 실종되어 찾고 있다고 하더랍니다. 러시아 수사관의 집요한 심문에 더 이상 버틸 수 없게 되자 송창근은 자백하기 시작했는데, 그 내용은 대략 이렇습니다.

나는 1962년 평안북도 의주군에서 초등학교 교사의 넷째 아들로 태어났다. 고등학교 졸업 후 농업지원 청년단으로 일하면서 조선노동당 가입을 소원했지만 이루어질 수 없었다. 결혼하여 쌍둥이를 낳았고, 살기가 아주 어려웠다. 러시아에 가면 돈을 많이 벌 수 있다는 말을 듣고는 시와 도의 당 일꾼에게 보드카와 미제 담배를 주고 러시아에 가게 해달라고 부탁했다. 3년 안에 조국으로 돌아가면 그들에게 냉장고를 선물하기로 약속하고 1992년 11월 100여 명의 일꾼과 함께 러시아로 왔다. 우리가 국경을 넘자마자 지도위원이 여권을 빼앗았다. 우리는 자유를 잃고 당 비서가 시키는 대로 다른 도시로 다니며 물고기, 녹음기, 시계 등을 팔았다.

이렇게 여러 번 여행을 하다 보니 남한으로 도망갈 생각을 하게 되었다. 남한에서 온 사람들을 만날 기회를 찾던 중, 한번은 국영호텔 식당에서 남한 사람을 만나 남한으로 가고 싶다고 했더니 100달러를 주면서 블라디보스토크 한국 영사관을 찾아가라고 했다. 친구와 영사관을 찾아가서 남한으로 가고 싶다며 도와 달라고 했더니 러시아 정부의 지원이 있어야 가능하다고 했다. 나는 한국인들이 세운 교회만이 나를 도울 수 있으리라는 생각에 교회를 다니기 시작했다.

교회들은 북한에서 탈출한 사람들이 은밀하게 연락하는 장소로, 북한 특수부 요원들의 주목을 받는 곳이었다. 나는 레닌가에 있는 교회에서 닥터 리 부부와 만났다. 부인은 나를 자기 집에 초청하여 성경 시편을 가르쳐 주었고, 기도하는 방법도 일러 주었다.

그 부부는 나를 무척 사랑했다. 내게 옷과 돈을 주었고, 내가 원하면 한국 음식을 사주러 호텔 지하실의 서울식당으로 초대하곤 했다. 나는 그들에게 남한으로 갈 수 있게 도와 달라고 했다. 그들은 UN기관이나 적십자사를 통해 도와주겠다고 했다. 시간이 흘러도 그들은 약속을 지키지 않아 나는 몹시 속이 상했다.

그때 마침 전부터 알고 지내던 조선족 두 사람이 하바롭스크에 왔다. 그들은 마피아단과 관계를 맺고 있었고, 사람을 죽이는 데 비용을 적게 받는다는 것을 알고 있었다. 나는 그들에게 닥터 리 부부를 죽이라고 부탁했고, 1인당 100달러씩 주기로 했다.

다음 날 나는 그들을 데리고 닥터 리의 아파트로 갔다. 닥터 리가 집에 있었으나 문을 열어 주지 않았다. 벨을 누르자 내 목소리를 듣고 부인이 문을 열어 주었다. 나는 그녀에게 종교에 많은 관심이 있는 좋은 친구들을 데리고 왔다고 했다. 조선족들은 집안으로 안내되었고, 나는 밖에서 기다렸다.

30~40분 후 그들이 뛰어 내려와 일을 다 마쳤다고 했다. 나는 그들에게 200달러를 주고 헤어졌다.

"송창근의 진술은 믿을 수 없는 부분이 많았습니다. 그가 외국제품 장사를 했다는 것, 친구와 블라디보스토크 영사관까지 갔다 왔다는 것, 교회를 마음 놓고 다니면서 이 선교사님 집에 드나들며 성경공부를 했다는 것 등은 북한 보위부의 허락과 지시 없이는 절대로 할 수 없는 일입니다.

러시아 수사관들은 상황증거는 찾았지만 직접적인 증거를 찾지 못했습니다. 지역 검찰청에서 그의 수사에 협조를 요청하려고 벌목장의 민간인 서기를 호출했는데, 북한 벌목단의 사회보위부 부책임자인 강성호 소령이 나타났답니다. 강 소령은 필요하면 언제든지 수사에 응할 수 있게 하겠다며 그를 인도해 갔답니다. 며칠 뒤 송이 죽었다며 아연 관에 시체를 넣어 북한으로 돌아갔다는 소문이 났습니다. 조작된 거짓 소문임이 나중에 밝혀졌지요. 그는 러시아어도 잘하고 돈에 궁색하지 않았으며, 술을 마시면 달러를 손에 가득 쥐고 흔들며 자랑도 하면서 지냈다는 게 그의 지인들의 증언입니다.

하바롭스크에는 북한 사람들이 많습니다. 한국 사람들과 그들은 보이지 않는 싸움을 하고 있습니다. 그들은 한국 선교사와 미국에서 온 한국인 선교사들의 일거수일투족을 미행하고 감시합니다. 정치적 목적으로 충분히 이 선교사님 내외를 살해할 수 있는 사람들입니다.

교회엔 수십여 명의 탈북인들이 나오는데 누가 간첩이고 누가 진정한 탈북자인지 구별하기 어렵습니다. 저희 같은 복음 전도자는 언제나 생명의 위협에 노출되어 있습니다.

얼마 전에 제가 아는 KGB 출신 수사관을 만났는데, 그의 말에 의하면 송창근은 북한에서 훈장을 받고 영웅대접을 받으며 살고 있답니다.

러시아에서 살인 사건은 흔하게 일어납니다. 그러나 이 사건은 국제 사회에 커다란 분노를 일으켜 중앙정보기관들과 TV, 언론 매체에 크게 보도되었습니다.

하바롭스크의 30여 개가 넘는 한인교회 및 동포들은 탈출한 북한 벌목공들을 도와주고 있습니다. 그러나 벌목공을 탈출시킨 선교사는 생명의 위협을 피해 바로 러시아를 떠나야 합니다. 동족을 불쌍히 여기고, 먹을 것을 주고, 영혼 구원을 위해 사랑을 주고 은신처를 제공한 이 선교사님 부부를 북한 공작원들은 참혹하게 살해함으로써 벌목공들의 탈출을 막으려고 계획적으로 잔혹한 범죄를 저지른 것입니다.

이 선교사님 부부는 러시아가 페레스트로이카(개방정책)로 공산주의를 포기하고 미국과 우호관계를 맺은 이후 러시아 땅에서 살해된 최초의 미국 시민이며, 선교 도중 피살된 최초의 미국 선교사입니다. 두 분은 인생의 황혼기에 가진 것과 세상 모든 안일을 버리고 살을 도려내듯 매서운 추위와 폭염과 핍절한 삶 속으로의 소명에 순종했습니다. 그리고 하나님 말씀대로 사랑하다 순교했습니다.

하바롭스크대학 총장은 닥터 리 같은 인격과 실력을 갖춘 의사를 보내달라고 미국 선교부에 부탁했다고 합니다.

죽음과 사랑은 하나입니다. 삶의 동력이요, 나침반 같은 성경을 가르치고 자신의 목숨을 노리고 접근하는 원수를 극진히 사랑하다 그 자의 손에 비참하게 생의 최후를 마친 두 분은 '러시아 땅에 떨어진 두 밀알'이 되었습니다. 복음을 위해 순교하는 영광을 얻었으니 두 분의 영혼은 하늘나라에서 영원한 생명을 누리고 있을 것입니다."

기독교가 핍박받고 있는 시대가 아닌데도 이 선교사 부부가 순교당한 사실을 들으며 우리는 놀라지 않을 수 없었다. 물정 모르고 호텔로 옮기겠다는 말을 한 것이 민망했다. 러시아 선교 현장의 여러 가지 어려운 문제들을 듣고, 이 선교사 부부와 앞으로 일 주일 동안 전도 계획을 위해 기도하고 새벽녘에야 자리에 들었다. 나는 순교 사건의 충격에 잠이 오지 않았다.

다음 날은 토요일이었다. 늦은 아침을 먹고 김 선교사의 차로 노점상들이 있는 곳에 갔다. 그의 안내로 노방전도를 나섰다. 우리는 추위에 잔뜩 움츠리고 있는데, 김 선교사는 오늘은 살 것 같다고 했다. 영하 12도였다.

백인 아낙네들이 노점을 차려 놓고 생선, 고기, 만두, 옷, 운동화, 목도리, 모자 등을 늘어놓고 팔고 있었다. 싸락눈이 상품들을 덮고 있는데도 눈을 털어 낼 생각도 하지 않았다. 눈 위에 눈이 쌓여 단단해진 도로 표면은 울퉁불퉁했다. 노점을 찾아온 여인네들은 털코트에 털모자를 쓰고 가죽장화를 신고 있었다. 값비싸고 사치스런 외양보다 물건을 사는 여인네들의 태도에서 궁핍함이 묻어났다. 우리는 러시아어로 된 전도지를 나누어 주었다. 거절하지 않고 받아주는 것이 고마웠다.

점심을 먹으며 김 선교사로부터 그들은 종이가 필요하기 때문에 잘 받는다는 말을 듣고 실소했다. 그래도 그들이 한번쯤 읽어보기를 빌었다.

김 선교사에 의하면 한인들은 1864년 이후 연해주 지역에 많이 와서 살고 있는데 이곳에서 대를 이루고 사는 동포들이나 사할린 동포의 후손들은 문명에 뒤떨어지지 않았으며 헤어스타일과 옷차림이 러시아 인들과 같다고 했다. 중국에서 온 조선족들은 얼굴이 가무잡잡하고 헤어스타일, 옷차림이 훨씬 후진국 풍이어서 확연히 다르고, 미국에서 온 코리안-아메리칸은 한국에서 온 한국인과 다르다고 했다. 또 다른 부류가 있는데, 깡마르고, 얼굴이 까맣고, 방한복과 방한화를 착용하지 못하고, '편리화'를 신고 다니며 걸인 모습을 한 북한 사람들은 실제로 한국인이나 미국에서 온 동포들을 찾아다니며 구걸을 한다는 것이었다. 조상이 같은 민족인데 이렇게 다른 모습을 보면 마음이 아프다고 했다.

오후엔 사할린 동포들이 한국말을 하며 장사하는 곳으로 갔다. 김 선교사는 이계월 선교사가 많은 정성을 쏟은 곳이라고 했다. 우리 일행은 상인들에게 일대일 전도를 했다.

내가 처음 만난 아주머니는 도라지, 더덕, 깻잎 등 장아찌를 팔고 있는 분이었다. "장아찌가 맛있겠네요. 좀 주세요" 하고 말을 걸었다. 그녀는 얼마치나 살 건지 물었다. 이렇게 거래를 트면서 예수님을 전했지만 "나는 공산당에 질려 있는 사람입니다. 예수당에서 일하러 온 것 같은데 나는 아무 당에도 관심 없습니다"라며 완강했다.

나는 그녀에게 다가앉아 성령께서 도우시는 대로 복음을 전했다. 차츰 말투가 녹아져 전도지를 주고 김 선교사가 러시아인을 상대로 개척한 교회의 약도를 주며 주일에 만나자고 했다.

주일날 교회에 갔다. 40여 명의 러시아인들이 모였다. 대부분 뚱뚱하고 나이든 아주머니들이었다. 십여 명의 아주머니들이 성가대 가운을 입고 앞자리에 앉아 있는데 젊은 한국인 남녀도 세 사람이 함께하고 있었다. 예배가 시작되고 순서에 따라 우리 일행도 앞에 나가 특송을 하게 되었다. 이 선교사 부부를 생각하며 〈환난과 핍박 중에도〉(336장)를 합창했다.

김 선교사가 설교를 시작했을 때, 어제 만난 아주머니와 함께 네 사람이 입구에서 쭈뼛쭈뼛하는 것이 보였다. 혹시나 해서 나는 문 뒤쪽에 앉아 짬짬이 문을 주시하고 있었다. 곧바로 그들을 안내하여 같이 예배를 드렸다. 우리 안에 있는 아흔아홉 마리보다 잃어버린 한 마리 양을 찾았을 때의 기쁨이 바로 이렇겠구나 싶었다. 모든 예배 과정을 통역하기 때문에 두 시간 넘게 예배를 드렸다. 예배 후 전 교인은 선교사 부인이 전날부터 정성껏 준비한 점심 식사를 했다. 러시아 야채국은 우리나라 육개장 비슷했다. 김 선교사 내외는 자녀들을 처가에 맡기고 러시아인 선교에 사랑으로 헌신하고 있었다.

우리는 일주일 동안 조선족들이 모이는 시장에도 가고, 러시아인들을 만나 손짓 발짓을 하며 노방전도를 하고 돌아왔다. 여정 내내 편안한 느낌이었다. 이 선교사 내외의 끔찍한 죽음이 순교가 아닌 단순 살인 사건이었다면 나는 몹시 불안했을 것이다.

우주를 다스리시는 하나님의 소명을 감당하다 순교당한 것은 엄청난 특권 아닌가! 전쟁도 아닌데 무고한 생명, 그것도 머나먼 이국땅에서 동족을 잔인하게 살해한 북한 정권과 그 하수인들을 통해 하나님께서 이루시려는 뜻이 속히 이뤄지기를 기도하고 있다.

몇 년 후 이주헌 선교사 내외의 소식을 들었다. 두 분이 바친 유산으로 하바롭스크에 건물을 구입하여 복음침례교회를 세웠고, 열한 지역의 해외 선교를 지원하며, 타이트워터 한인침례교회에 두 분을 기념하는 선교회관을 세우는 데 지원했다는 소식이었다.

재회의 기쁨

수도원 생활을 시작한 지 어느덧 7년의 세월이 흘렀다. 내 몸은 나았다가도 다시 아프기를 반복하여 병세를 종잡을 수 없었다. 그저 불목한이 봉사 생활을 견딜 만했다. 처음 수도원에 들어올 때보다는 사뭇 나아진 편이었다.

나는 평소 꿈을 자주 꾸었다. 꿈은 천연색이 아닌 흑백으로 어수선했고, 노루잠 자다 개꿈 꾸는 식이었다. 오물이 쌓인 곳을 청소하는 꿈, 무너진 오두막 집, 진흙탕과 길 없는 산길을 헤매는 꿈, 어디로 가야 할지 방향을 모르는 곳에서 신발을 잃는 꿈 등 대체로 기분 나쁜 꿈을 많이 꾸었다.

어느 날 새벽, 나는 기도하다 엎드린 채 깜박 잠이 들었다. 신비스런 꿈을 꾸었다. 어두컴컴한 어느 숲을 지나는데 갑자기 눈앞이 환하게 열렸다. 푸른 하늘과 우거진 숲과 가지각색 꽃들이 만발한

동산이었다. 평생 느껴보지 못한 황홀함과 행복감이 뭉게구름처럼 피어올랐다.

그런데 그 아름다운 광경이 멀리 있는 것이 아니고 바로 우리 집 내 방 안에 있었다. 딸이 다가와 내 몸에 박힌 바늘을 하나하나 뽑아냈다. 아프지는 않았지만 내 몸을 찌르고 있는 바늘은 셀 수 없이 많았다.

딸이 이젠 바늘을 다 뽑았다고 했다. 눈을 떠보니 꿈이었다. 아주 긴 꿈에서 깨어난 듯했다. 몸이 날아갈 것처럼 가뿐했다. 날갯짓을 하면 날아오를 것 같았다. 뼈끼리 할퀴고 찍어대며 요동치던 통증과 기나긴 세월 그토록 괴롭히던 고통이 씻은 듯이 사라졌다. 나는 길고 깊은 질곡의 계단을 뛰어넘어 자유함을 얻었다. 그 기쁨을 주님께 환희의 눈물로 감사 드렸다. 주님은 내가 지고 온 고통의 무게만큼 힘을 주셨다.

이 기쁜 소식을 알리려고 큰아들에게 전화했다.

"어무이, 참말입니꺼? 아이고, 하나님! 어무이, 고맙습니더."

아들이 잠시 목이 메어 말을 더듬더니 수도원으로 오겠다고 했다. 내가 수도원에 들어온 뒤, 명절이면 온 가족이 수도원에 와서 함께 기도하며 지냈다. 특히 수도원의 신년특별집회나 여름 수련회 때는 새벽부터 참석하여 은혜를 받았다. 4남매와 며느리, 사위는 물론 손주들도 어려서부터 이런 신앙 훈련을 받았다.

그날 밤, 아들 딸 4남매와 며느리와 사위가 같이 와서 완쾌된 내 모습을 보고 기뻐하며 감사예배를 드렸다. 딸은 바로 집으로 가

자고 했다.

"아이다. 느그들도 알지 않나. 매년 여름 특별 집회가 열리지 않나! 다음 주부터 집회대이. 인자 내 몸이 성해졌으이 마음껏 봉사하고 내리갈 끼고마."

내 말에 아무도 단서를 달지 않았다.

다음 날 새벽, 각자 타고 온 차를 타고 직장으로 집으로 돌아가면서 딸이 말했다.

"큰이모 오시기 전에 집에 오시겠네요."

"그럴 끼다. 어서 가그라."

자식들을 보내고 돌아서는 내 발걸음은 한없이 가벼웠다. 그토록 오매불망하던 언니가 곧 온다는 연락이 왔다. 언니를 만나는 상상만으로도 설레고 가슴이 뿌듯했다. 더구나 건강한 몸으로 언니를 만날 수 있다는 것이 참으로 좋았다.

바로 아래 동생 정이는 혼자 딸들을 기르며 온갖 풍상을 겪었다. 윤회를 믿고 불교에 심취해 있는 동생은 이승에서 고통스럽게 살고 있지만 공덕을 쌓아 내세에 남자로 태어나서 자신을 배신한 바람둥이 남편을 아내로 맞아 원한을 갚아주고 부귀영화를 누리기를 빈다고 했다. 부처님을 의지하고 살던 정이가 딸 둘을 결혼시킨 뒤부터 허전해서 못 살겠다고 했다.

"재혼하그라. 무신 열녀 났다꼬 혼자 살 기가? 딸들 결혼도 시켰겠다 거칠 게 무에 있노?"

나는 마음을 못 잡고 있는 정이에게 재혼을 권했다.

"내도 생각 안 한 기 아이다. 씰만헌 사내는 다 마누라 있고, 내를 좋다 카는 사내는 내 마음에 안 들고, 이라다 보이 쉽지가 않대이."

재혼할 생각이 있다는 투로 말하던 정이가 마흔둘이 돼서야 재혼을 했다. 먹고살 걱정은 없다는 중매쟁이 말을 듣고 재혼한 제부는 동생보다 열다섯 살이나 위였다.

제부는 6·25 전쟁 때 인민군에게 포로로 잡혀 죽을 고생을 하다 구사일생으로 살아 돌아왔다고 했다. 얼마나 굶었던지 영양실조로 눈앞이 뿌옇게 흐려지는데 무청시래기를 삶아 먹었더니 눈이 훤히 보이더란다. 그는 혹독한 추위 속에서 중노동을 하다 동상에 걸려 열 발가락을 모두 잘라내고 살아남았다.

정이는 재혼하고 나서, 제부가 포로 시절 겪은 내상으로 정신적인 질환을 앓고 있는 것을 알았다. 헤어질 생각도 해보았으나 너무 가엾어서 헤어질 수 없다고 했다.

신이와 나는 정이가 예수님 믿기를 늘 기도했다.

그날은 신이와 함께 제부 문병을 갔는데, 신이가 기도로 병이 나을 수 있다며 교회 나가기를 권했다.

"니는 예수 구신 씌었나? 내는 듣기 싫대이. 고만 하그라. 니는 예수 팔자, 내는 석가모니불 팔자 아이가. 내는 천국 안 갈 끼대이. 천국 가도 아는 사람도 없을 기고 내는 열반에 갈 기다. 방정 떨지 말고 니나 잘 믿고 천당인지 만당인지 맘대로 가그래이."

부아가 잔뜩 난 말투로 쏘아붙였다.

"언니야, 와 화를 내노? 형부가 걱정 돼 가 한 말이대이. 우짜든동, 이거 푹 고아서 형부 드려라."

신이가 들고 간 보퉁이를 내밀며 말했다.

"이기 뭐꼬?"

정이의 물음에 내가 대답했다.

"청둥오리다. 제부 몸에 좋다 캐서 사왔구마."

"시방 뭐라 캤나? 청둥오리라꼬? 시베리아에서 날아 온 철새 아이가? 우리 몸에 좋은 건 토종이라 카이. 언니는 그것도 모르나?"

정이는 심술궂게 이죽이며 어깃장을 놓았다. 말은 그리 하면서도 청둥오리를 들고 주방으로 가서 마늘, 대추와 찹쌀을 청둥오리 배에 채워 넣고 냄비에 담아 불에 올려놓으며 싱글벙글했다.

어느 날 정이가 신이와 내게 급히 와달라는 전화를 했다. 정이의 화급한 호출이 심상치 않아 막내와 나는 득달같이 달려갔다.

거실에 앉아 있는 정이의 안색이 창백했다. 나나 막내가 입을 열어 말하기 전에 정이가 우리에게 앉으라고 손짓을 했다. 말할 기운이 하나도 없는 것 같은 정이가 겨우 입을 열었다.

"이러다 언니캉 신이 못 보고 갑자기 죽는 것 아닝가 싶대이. 우리가 죽고 못 사는 자매 사이는 아니어도 마, 몸이 아플 때는 언니캉 신이가 보고 싶구마."

정이의 말을 듣고 나는 다급하게 말했다.

“정아, 니 은제부터 이리 아팠노? 얼매나, 어디가 아픈 기가? 한 달 전에 만냈을 적에도 괘않치 안았나?”

“내는 이렇기 아픈 기 오래됐구마. 요새 더 심해져 가 힘들대이…….”

말을 하다 정이가 가슴을 움켜쥐고 쓰러졌다. 정이는 두 손으로 죽을힘을 다해 가슴을 누르며 고통에 못 이겨 비명을 질러댔다. 얼마나 참을 수 없었던지 온 집안이 떠나갈 정도로 고함을 쳤다. 놀란 나와 신이가 정이를 병원으로 데리고 가려 했다.

제부가 말리며 정이의 병세에 대해 설명했다.

“저 사람, 3년 전에 가슴이 쪼개질 것 같다며 몸부림쳐 병원으로 데려갔지요. 사람이 죽어가는데 의사가 병이 없다 했습니다. 여러 가지 검사를 하고 진통제를 맞아도 소용없더니 두세 시간 지나 언제 아팠냐는 듯이 말짱해지더라고요. 그렇게 발병한 증상이 시도 때도 없이 반복되는 지병이 되고 말았지요. 아픈 것이 무슨 자랑도 아니고 두세 시간 아파서 몸부림치다 보면 낫는 병이라며 혼자 저 고생을 합니다.”

제부의 말을 듣고 신이와 나는 정이의 가슴에 손을 얹고 눈물로 기도했다. 한참 기도하는 가운데 금방 숨이 넘어갈 듯하던 정이의 증상이 슬그머니 가라앉은 듯 신음 소리가 멈췄다. 이윽고 정이가 가슴에서 손을 떼고 부스스 일어났다. 그리고 말했다.

“요상하대이. 언니캉 신이가 내 가슴에 손을 대고 기도하이 알 수 없는 기운이 안개 퍼지듯 전신으로 퍼지면서 허리부터 통증이 희한하게 없어졌대이. 언니야! 사람 목심이 을매나 질긴 줄 아나? 고마 숨이 꼴딱 넘어갈 것같이 아파도 안 죽는 기라. 그래도 마, 언젠가 내는 이 병으로 죽지 싶었대이."

"예수님이 고쳐 주신 기다."

신이가 확신에 찬 말을 했다.

"내처럼 예수님을 싫다꼬 허는 사람도 고쳐준다 말이가?"

정이는 극심한 통증이 멈춘 게 의아하고 믿을 수 없다는 듯한 태도였다.

"언니야, 을이 언니가 아픈 사람 위해 기도하믄 하나님이 치료해 주신대이. 이래 아팠으믄 포딱 연락하제. 내는 오늘 언니가 죽는 줄 알았지 않나? 이러나저러나 하나님 덕분에 언니는 인자 살았대이."

신이가 열에 들뜬 음성으로 말했다.

정이는 그날부터 예수님을 믿기 시작했고 열심히 교회에 다닌다.

"내는 진작 믿지 몬해 참말로 후회시럽대이. 어무이가 살아 계실 때 믿었드라마 어무이 가슴에 그리 대못 박지 안 했을 긴데…….
지금은 아무도 밉지 않대이. 모두가 불쌍한 맘만 든대이. 자리 보전하고 누워 있는 남편을 보마 불쌍해가 눈물이 난다 카이."

불교를 열심히 믿던 정이는 예수님을 만나고 나자 날로 믿음이 성장해 갔다.

제부는 문고리에 끈을 묶어놓고 그 끈을 잡아야 일어날 정도로 건강이 나빴다. 정이 며느리가 시어머니 고생하는 것이 딱하다며 시아버지를 요양원으로 보내자고 했다. 하지만 정이는 제부를 요양원으로 보내고 싶지 않다며 제 손으로 정성껏 돌봤다.

재혼하고 30년을 사는 동안 정이는 전실에서 난 아들 3형제를 친자식같이 돌봤고, 지금은 자식을 의지하며 살고 있다. 그 아들 3형제가 그럴 수 없는 효자이고, 무엇보다 며느리 셋이 다 효부다. 정이가 자랑단지가 깨지게 칭찬을 늘어놓지 않아도 익히 알고 있다.

오랫동안 병석에 누워 있던 제부가 별세한 뒤, 동생은 전보다 더 건강해졌다. 수영도 하고 교회에서 만난 교우들과 행복하게 믿음생활을 하고 있다. 주님이 주시는 평안으로 정이의 밝고 환한 얼굴엔 고생으로 찌든 그늘이 없다.

수도원 특별집회가 시작된 다음 날, 중국에서 온 언니가 수도원으로 왔다. 공항에 도착하자마자 나부터 보겠다 하여 왔다는 것이다. 반세기를 훌쩍 넘기고 만난 언니는 백발이 성성한 할머니가 되어 있었다.

"언니야!……………… 언니야!………………"

언니를 끌어안은 채 나는 언니를 부르는 말 외에 다른 말이 떠오르지 않았다.

"니, 괘않나? 괘않나?"

내가 많이 아팠다는 말을 듣고 와서였을까, 언니는 미심쩍은 눈으로 나를 아래위로 살피더니 와락 끌어안고 눈물을 쏟았다. 내 눈에서도 만남의 기쁨은 눈물이 되어 넘쳐흘렀다.

언니가 오면 큰아들 집에서 머물게 하려 했다. 가족이 모두 공항에 나가 언니를 영접했다. 나는 특별집회 중인 수도원에 자리를 비울 수 없어 집회가 끝나는 대로 큰아들 집으로 가기로 했다. 공항에 도착한 언니는 내 사정을 대충 듣고도 수도원으로 가자고 하는 바람에 큰아들 내외가 대구에서 온 두 동생을 태우고 수도원으로 온 것이다.

큰아들은 그동안 언니를 초청하기 위해 눈물겹도록 애를 썼다. 아들의 고초를 알면서도 거듭 채근했다. 질기고도 오랜 기다림 끝에 우리 자매들이 살아서 만나는 시간이 기적이요 꿈만 같았다.

언니는 심양 공항에서 탑승한 비행기가 1시간 40분 만에 김포공항에 도착하더라는 말을 되풀이하며 감격스러워했다. 언니는 애타게 기다리던 초청장을 손에 쥐었을 때 잠을 이룰 수 없었다고도 했다. 그 초청장을 들여다보고 또 들여다보자 언니 며느리가 '어머님! 초청장 누가 빼앗아가지 않습니다. 초청장에 구멍 뚫어지겠네요!'라더란다.

그런 말끝에 언니는 내 고향, 내 조국에 오는 것이 이렇게 힘들어서야 어찌 살겠느냐며 탄식했다. 눈물이 언니의 깊게 패인 주름을 타고 흘러내렸다.

"언니들, 고만 울그라. 우리 네 자매가 만난 이 좋은 날 울기만 헐 기가?"

정이가 울며 웃으며 말했다. 언니 말이 맞다고 막내 동생도 거들었다.

"을아! 니, 와 이런 데 와가 있노?"

눈물을 닦던 언니가 정색을 하며 물었다. 그 말은 언니와 동생들을 태우고 온 큰아들 내외를 겨냥한 책망 투였다.

"언니야! 걱정 말그라. 내는 정말 많이 아팠대이. 인자 괘않다. 다 나았대이."

"내도 들었다. 아프담서 사람이 이리 억수로 많은 데서 우얘 병이 낫것노. 와 여게 와가 있나, 이 말이대이?"

특별집회에 많은 신자들이 모여든 것을 본 터라 언니는 같은 말을 반복하여 물었다. 곁에 앉아 있는 아들 내외가 언니의 말 뜻을 짐작한 듯 묵묵히 듣고 있었다.

언니가 이해하지 못할 상황을 뭐라 설명하기 어려워 나는 입을 다물어 버렸다. 젊은 나이에 혼자되어 자식들 기르고 가르치느라 뺏골 빠지게 고생만 하다 늙어서 치료할 수 없는 병에 걸리자 자식들이 나를 산 고려장을 시켜 놓은 것으로 오해하고 있음이 분명했다.

"큰언니야! 정말 둘째 언니 많이 아팠대이. 좋다는 병원엔 다 가봤지만도 못 고친다 캐서 이 기도원으로 온 기다. 지금 보래이. 기도로 나은 기라. 큰조카 내외도 잘하지만 4남매가 효성이 지극하구마. 큰언니야, 걱정 말그라."

막내 동생이 추슬러서 말했다. 그 말에 언니의 안색이 스르르 풀리며 큰아들과 며느리의 손을 잡고 말했다.

"내도 예수님 안대이. 우리 큰아들 노개(노동개조소)로 끌려 갔을 때 예수님께 기도 많이 했제. 내는 기도원이라 카는 곳이 처음이라 잠깐 오해한 기다. 우짜든둥 니들 어무이가 이리 나아서 천행이구마."

"아니, 언니도 예수님을 믿는다는 말입니꺼?"

나는 반색하며 언니의 말을 받았다.

"내사 큰애가 노개로 끌려갔을 때 예수님이 제일이라는 생각을 했대이. 중국에서는 내처럼 예수 믿으마 철저하게 자아비판하고 사상 개조를 해야 하는 중죄인이 되제. 그란디 어느 날, 문득 요한의 할무이, 동생들도 알제? 선인촌에서 예수 믿던 할무이 말이대이. 우리 식구가 주일마동 그 집에 가가 예배 안 드렸나? 그 할무이 우리 집에도 자주 왔제. 그 할무이가 감옥에 갇혔을 때 예수님이 살려주었다고 한 말이 생각나가 예수님헌티만 기도했다 아이가.

어느 누구도 눈치 채면 안 되는 나만의 비밀이었제. 큰애가 살아 돌아온 뒤부터 내는 예수님이 제일이라꼬 생각허고 있었대이. 동생이 을매나 아팠는지 모리겄지만도 기도로 치료했다 카이 예수님이 고맙대이."

"그라만 언니도 예수님 믿고 있다는 말 아이가!"

너무 감격한 나머지 절로 큰소리가 나왔다. 언니의 구원을 위해 날마다 기도해 온 나는 그지없이 기뻤다. 그러나 언니의 답은 껄끄럽고 장황했다.

"아이다. 내는 믿고 싶었대이. 큰아를 구해주신 기 감사해가 참말로 잘 믿어 볼라 캤대이. 그란디 수천 명의 목사와 기독교 신자들이 투옥되거나 추방당하고 목숨을 잃는 세상에서 믿음 생활을 할 수 없었구마.

문화혁명이 끝난 뒤 1980년부터 정부가 삼자애국교회三自愛國教會를 세웠제. 그 교회는 애국운동이라는 명분으로 공안부의 지도를 받아야 하는 교회였는기라. 삼자는 스스로 전도하고自傳, 스스로 다스리며自治, 스스로 자라게 한다自養는 의미로, 모든 종교를 정부의 통제 아래 둔 기라. 18세 이하 청소년이나 어린이들에게 절대로 전도하믄 안 되고 교회도 가지 몬하게 했제. 그라니 내 혼자 교회를 갈 수 없었대이. 처음 삼자교회가 생겼을 적에 내는 중국에 새로운 세상이 오는 것으로 생각허고 참말로 좋아했제. 그란디 을매 안 돼가 교회에 공안들이 들이닥쳐 예배드리러 온 목사와 신자들을 노동 현장으로 몰아냈다 아이가. 노동이 하나님보담 더 중요하다믄서 예배를 드릴 수 없게 한 기라. 내사 혼자 믿어볼라 캤드마 흐지부지된 기다."

언니는 죄지은 사람처럼 말끝을 흐렸다. 수많은 날을 언니는 믿음을 키우지 못한 것이다. 광야에서 홀로 길을 가다 길을 잃고 지쳐 쓰러진 나그네처럼 살아온 것 같았다.

그날 밤, 우리 자매들은 예수님과의 만남과 예수님의 생명과 사랑과 구원에 대해 많은 이야기를 주고받았다. 언니는 목마른 사슴이 시냇물을 갈급해 하듯 복음을 받아들였다. 우리 자매의 대화 가운데 만나지 못하고 살았던 길고 긴 세월의 간극이 흔적도 없이 사라졌다. 마치 늘 곁에서 같이 살아온 것처럼!

언니는 어머니에 관해 묻고 또 물었다. 언제 어떻게 돌아가셨는지, 산소는 어디인지. 조국에 오면 제일 먼저 우리와 어머니 산소부터 찾아가려 했는데 뜬금없이 기도원으로 오게 되어 신기하다고도 했다.

어머니가 신장염으로 오래 고생하다 돌아가셨지만 주님을 믿으며 천국을 소망했고, 운명하는 순간 참으로 편안하고 행복한 모습이었음을 전했다.

고난 많은 생애를 살다 간 어머니! 긴 세월에 모습조차 희미한 부모의 모습을 회상하며 우리 자매들은 숙연해졌다.

다음 날부터 언니는 동생들과 집회에 참석했다. 언니는 궁금한 게 많았다.

"뭔가 문제가 있지 않고는 이 산골짜기까지 와서 기도하고 봉사할 이유가 없을 것 같은데, 저 사람들 아무 근심 걱정 없는 사람 같대이. 우짜믄 저리 기쁨으로 찬송허매 봉사하고 있을꼬? 우짜든둥 내도 저렇게 예수를 믿을 수 있으마 을매나 좋겄노?"

언니는 기도원에 와있는 사람들을 부러워했다. 동생들이 집회 끝나고 내려갔는데도 나와 함께 보름이나 머물렀다.

"어이구, 야! 니는 공부럴 마이 허지 못허구도 우째 그래 담대하고 지혜가 펄펄 넘치노? 우짜믄 이래 기도도 잘 허고 말도 잘 허노? 하나님이 말씀으로 세상을 창조했다 카더이 예수님 잘 믿으마 내도 니처럼 기도도 잘 허고 말을 잘 할 수 있을 끄나? 잘난 사내 열 명도 찜쪄먹겠구마. 아부지가 이런 니를 보셨으마 기절초풍하셨을 끼다. 니 이래 설치는 세상 보지 않고 별세하신 것이 참말로 다행스럽구마."

언니는 내가 열심히 신앙생활 하는 것이 놀랍다고 했다.

예수님께 붙잡힌 나는 누구보다 믿음 위에 서서 거룩한 약속이 이뤄질 것을 확신하며 살고 있다. 믿지 않는 사람을 만나면 예수님을 전했고, 누구든 자신의 어려운 일에 대해 말하면 진심 어린 마음으로 들어 주었다. 그리고 구원의 확신을 얻기까지 하나님의 변함없는 선하심에 대해 전했다.

나를 구원하고 영적으로 성장시킨 주님은 내게 기도하고 복음 전하는 은사를 주셨다. 나라와 민족을 위해, 세계복음화를 위해, 내 가족은 물론 주님을 영접하지 못한 사람들을 위해 눈물로 기도하게 하신다. 입만 열면 전도가 나온다. 하나님은 내가 그분을 알기 전부터 나보다 더 나를 사랑하시고 내가 사랑하는 나의 영원한 연인이시다. 전도는 내 연인을 자랑하고 싶은 열정의 표현이다. 선교사가 되어 먼 나라로 가지 못해도 주변에서 불신자를 만나면 그 영혼을 불쌍히 여기는 마음이 끓어 오른다. 주께서 부르시는 그날까지 한 영혼이라도 더 구원시키는 데 소명을 다하고 싶다.

돌아보면 나는 7년의 세월을 수도원에서 보내며 영육 간의 건강을 회복했다. 내 맘대로 나오려고 한 적도 여러 번 있었다. 그때마다 주님은 이런저런 일로 혹은 말씀으로 나를 인내하게 하셨다.

7년 되는 날, 주님은 당신이 정한 때, 한 치의 오차도 없이 기쁨으로 수도원을 떠날 수 있게 하셨다.

에필로그: 경이의 영원한 고향

태어나서 자란 고향, 조국을 나는 여행객으로 다녀왔다. 더없이 가까우면서도 머나먼 나라, 가고 오기 쉽지 않은 조국을 아득한 저편에 두고 온 느낌은 조국을 감히 내 나라라고 말하기 쑥스러울 정도였다.

옛 모습 그대로 남아 있던 고향 마을의 산 그림자가 그리웠다. 혈육에 대한 그리움은 만나기 전보다 훨씬 무거운 뗏장으로 내 마음을 짓눌렀다. 누가 뭐라 해도 나는 한국인이다. 바늘 끝으로 찔린 살갗에 맺힌 피 한 방울도 내가 한국인임을 부정하지 않는다.

나는 한국 사람으로 살고 싶었다. 고국에 가서 살다 죽고 싶었다. 농민으로 살아 온 남편과 내가 해방전선에서 전사한 시동생 덕에 영족英族이 되어 심양 도시호구로 배정받아 갔지만 발붙이기가 어려웠다. 도시민에 대한 환상과 꿈이 와르르 무너진 자리에서 주저앉을 수 없어 안산으로 이사하여 어렵게 뿌리를 내렸다.

나는 발전해 가는 중국에 살면서 나라를 위해 공헌한 것이 아무것도 없음을 부끄럽게 생각한다. 중국은 우리 가족을 먹이고 입히고 자식들을 교육시켜 주었다. 인민의 한 사람으로 나라의 은혜를 갚지 못하고 조국으로 가겠다는 소망을 버리지 못하는 것이 염치없고 미안하기도 했다. 그러나 내 육신이 흙에 묻히기 전까지 포기할 수 없는 망향의 정을 어찌할 수 없음에랴! 나는 어디 살든지 중국에 감사하며 남은 생을 살 것이다.

나는 단순한 성격을 타고났다. 그러기에 무슨 일이나 한번 생각하면 골똘하게 그 일만 생각한다. 한국에 다녀온 다음 해 설날, 자식들에게 나는 폭탄선언을 했다.

"다 모인 자리에서 말해야겠대이. 내는 하루를 살다 죽어도 한국에 가서 살다 죽고 싶대이. 우짜든동 내를 고향으로 보내도."

수천 번 생각하다 한 말이다.

"어머니, 저희들이 어머니 맘을 서운하게 한 일 있습니까?"

큰아들이 화들짝 놀라며 물었다. 딸들도 한마디씩 거들었다.

"무신? 아이다. 너그들이 무신 잘못이 있겠나? 내는 니 이모들이 그립고 고향이 그리버서 그라는 기다. 그라고 내사 을매나 더 살지 모리것다만도 평생 타향살이 나그네로 살다가 나그네로 죽는 기 싫구나. 내사 고향산천에 가서 묻히고 싶대이."

사람이 살고 있는 곳에서 떠나고 싶어 하는 것은 그곳에 사는 것이 편하지 못하다는 의미일 것이다. 내 마음은 언제나 고향에 대한 갈급함에 젖어 있다. 자식들은 내가 좀처럼 내 의견을 말하지 않는 것을 안다. 그러나 한번 입으로 뱉은 말은 거둬들이지 않는다는 것도 알고 있었다.

남편이 살아 있다면 그도 나와 같이 조국으로 가고 싶어 했을 것이다. 남편은 겉으로는 엄격해 보이지만 속정이 깊은 사람이다. 남한테 신세 지거나, 지고 살지 않으려고 무진 애쓰며 살았다. 가정생활도 반듯하게 계획을 세우고 계획대로 실천하며 살았다.

어버이 됨이 높은 직위나 학식에서 나오는 것이 아니듯 남편은 재산이 많은 것도, 권세나 학식이 높은 것도 아니었지만 자식들은 아버지를 존경하고 사랑했다. 그런 그가 60대 중반에 병마에 시달리다 세상을 떠났다. 그는 자신이 해야 할 일을 내게 미루지 않았다. 살아생전에 아들 딸 결혼 다 시키고 아쉬운 나이에 유명을 달리했다. 남편은 때로 고향 이야기를 했다. 그리던 고향을 가보지 못하고 어찌 눈을 감았을까 싶다.

조카 경은이가 내 국적을 회복시키려고 무진 애를 썼다. 그러나 전쟁 중에 불타버린 뒤 다시 호적 정리를 할 때 생존자들이 신고한 인적 사항만 수록하다 보니 우리같이 외국에 나가 있거나 죽은 사람들의 호적은 영원히 복구가 불가능했다. 그런 어려움 가운데서도 경은이의 눈물겨운 노력으로 내 국적이 회복되었다. 경은이가 아니었다면 나는 영영 고국에 돌아오지 못하는 불귀不歸의 객이 되었을 것이다.

2005년 영주 귀국한 나는 마침내 주민등록증을 발급받아 떳떳한 대한민국 국민이 되었다. 귀국한 뒤에는 셋째 딸 내외와 같이 살았다. 딸 못지않게 수족처럼 나를 정성껏 보살펴준 사위가 고맙다. 사위는 어려서 부모를 잃고 모진 고난 가운데 외롭게 살아온 사람이다. 정부에서 준 고아장학금으로 학업을 마친 뒤 군에 입대했다. 중국의 인민군은 출신 성분이 좋아야 입대할 수 있는데, 사위가 군에 입대한 것은 아주 특별한 경우였다.

군에서 제대한 사위가 딸과 인연이 되려고 그랬는지, 내가 살던 지역 조선족 가구공장에 공장장으로 부임했다. 그 후 80여 개 공장의 노동조합 조합장을 맡고 있을 무렵 딸과 평생인연을 맺었다. 사위는 성품이 온유하고 따스하며 성실하고 친화력이 남달라 좋은 친구들이 많다. 친구의 추천으로 일류호텔 총경리로 자리를 옮겨 근무하기도 했다. 외롭게 자란 사위는 군 복무 중에 형제 같은 친구를 많이 만났다. 그들은 중국 사회 각계각층에서 활약하고 있어, 사위에게 든든한 힘이 되고 있다. 사위는 한국과 중국이 필요로 하는 가교 역할을 잘 감당할 수 있는 훌륭한 인재다.

지금은 작은아들 내외와 살고 있다. 작은아들은 중국에서 공과대학을 나와 직장생활을 했는데, 작은며느리의 친정이 국가유공자 가족이어서 국적 회복이 쉽게 이뤄졌다. 한국에 온 뒤 백화점에서 가전제품 사업을 한다.

작은아들 내외가 한국에 자리 잡으면서 큰딸 내외의 한국 초청이 성사되었다. 큰딸이나 사위는 중국에서 살면 공직에서 퇴임하여 죽을 때까지 연금을 받을 수 있고, 인민 대표로 존경받으며 편한 노후를 보낼 수 있다. 일본에서 명문 대학을 졸업한 외손자는 일본의 유수 회사에 취직하여 상하이 지사에 근무하다 미국으로 박사과정을 이수하러 갔다. 외손자가 돌아오면 큰딸 내외는 오순도순 잘 살

터인데 어미를 생각하여 한국을 택했다.

보장된 생활을 뒤로하고 장모의 소원을 들어주겠다고 한국행을 결정한 사위가 딸보다 더욱 고맙다. 나는 좋은 사위들을 맞았다. 막내사위가 중국 사람인데 그도 무던하여 나는 사위 복을 많이 타고 난 것 같다.

'고국에 가서 죽고 싶다'는 내 소원을 이뤄 주려고 자손들이 한국으로 왔다. 모두 내가 사는 집에서 5분 거리에 모여 살고 있다. 큰딸 내외, 셋째 딸 내외, 막내딸 내외, 그리고 손자 승이…….

조카 경은이가 B목사님을 집으로 모시고 왔다. 목사님의 심방을 받아들이기까지 결코 쉽지 않은 내 반응을 보며 조카는 부담을 주지 않으려는 듯 조심스럽게 여러 차례 권면했다. 그때마다 나는 "나중에……"라며 거절의 뜻을 표했다. 그날의 심방은 나를 위해 언제나 기도해 주는 큰동생과 경은이 내외의 정성을 더 이상 외면할 수 없어 이뤄진 자리로, 아들 딸 내외들도 동석했다. 예배드리면서 목사님이 내게 물었다.

"할머니! 예수님에 대해 알고 계시지요?"

나는 본래 수줍음이 많고 부끄러움을 잘 타서 낯선 사람 앞에서 좀처럼 시원스럽게 의사표시를 못 한다. 그래도 목사님의 물음에는 "예" 하고 대답했다. 그 대답은 예수라는 분을 알고 있다는 분명한 뜻이었다.

나는 오래전부터 기복의 대상으로 예수님을 믿고 있었다. 그러기에 내가 의례적으로 "예"라고 대답한 것은 아니었다. 목사님이 예수님이 어떤 분인지에 대해, 인간의 죄와 구원의 은총에 대해 이야기하고, 내게 주님을 영접하고 신앙고백을 하기를 권했다.

"인간의 일생은 한바탕 꿈 같은 나그네 길을 걷는 것과 같습니다. 할머님께서 한평생 타향살이 하시다가 이제 고국에 오셨는데, 고국이 좋지요?"

"예, 좋십니더."

목사님의 물음을 가로채듯 대답했다. 고국이 좋은 것은 말로 다 할 수 없는 기쁨이었으니까.

목사님이 남기고 간 말 가운데 '죄'라는 말이 산울림처럼 머리 속에 계속 맴돌았다. 내 죄를 용서하기 위해 이 땅에 오셔서 능욕당하고 채찍 맞으며 무거운 십자가를 지고 못 박혀, 창에 허리 상하고 물과 피를 쏟으며 죽으신 예수님! 인간의 죄를 대신 지기 위해 악이 관영貫盈한 세상에 오셨다는 전능자 하나님의 외아들 예수님! 하나님이 외아들을 죽게 하지 않고 다른 방법은 없었을까? 내 죄 때문에? 나는 깊은 고민에 빠졌다. 큰동생에게 성경을 들을 수 있는 방법은 없는지 물었다.

"언니야! 참말이가? 성경 말씸 듣고 싶나? 을매던지 들을 수 있고마! 테이프로 들으마 된대이."

동생은 득달같이 준비해 왔다. 동생은 기쁨으로 나의 영적 안내자 역할을 했다. 대한수도원에 처음 들어갔을 때 성경 읽는 법, 기도하는 법, 예배에 대한 자세 등을 같은 방을 쓰던 자매로부터 배웠다고 했다.

나는 노쇠하여 눈으로 읽지 못하니까 천천히 들었다. 이해되지 않는 내용이 많았다. 동생은 다른 생각하지 말고 말씀을 계속 듣다 보면 주님이 직접 말씀하시는 음성으로 들리게 될 거라고 했다.

매일 성경을 들었다. 뜻을 다 알 수 없어도 마음이 평안했다. 말씀을 들으면서 내 죄가 너무 많다는 깨달음이 나를 전율시켰다. 흉악한 죄는 아니어도 나는 여섯 남매의 어미로, 가난한 살림을 꾸려 가야 하는 지어미로 허다한 죄를 지었다. 발설하기도 부끄러운 나만의 죄가 내 안에 있다. 죄책감에 시달리다 보니 위가 작당하고 음식을 거부했다. 어찌할 수 없는 지나간 일이라 생각하려 해도 말씀 앞에서 용서받을 수 없는 죄인이었다.

그런데…… 그런데……, 예수님께 죄를 고백하고 회개하면 죄 사함을 받는다니, 분명 주님은 구세주였다. 눈물이 시도 때도 가리지 않고 거침없이 쏟아졌다.

> 오직 너희는 택하신 족속이요 왕 같은 제사장들이요 거룩한 나라요 그의 소유된 백성이니 이는 너희를 어두운 데서 불러내어 그의 기이한 빛에 들어가게 하신 자의 아름다운 덕을 선전하게 하려 하심이라 _베드로전서 2장 9절

참으로 기막힌 말씀이다. 그러니까 나는 어쩌다 이 씨 가문의 장녀로 세상에 태어난 것이 아니라는 말씀이다. 만세 전에 하나님

께서 예정하시고 택하셔서 하나님의 부르심의 은혜를 입은 나는 이제 하나님의 덕을 선전하라는 말씀이었다.

마음 깊은 곳에서 기쁨이 피어오르는 나날이 계속되었다. 어느 날 나는 달려오는 오토바이를 피하다 낙상하여 큰 부상을 입었다. 대퇴부가 골절되어 대수술을 받게 되었다. 고령인지라 가족은 물론 의사도 완치 여부를 미심쩍어했고, 수술하다 목숨을 잃을지도 모른다 했다.

나는 중국 대륙을 피로 물들인 중일전쟁, 항일전쟁, 내전(해방전쟁), 문화대혁명 등 생애의 대부분을 피비린내 속에서 살았다. 사람 목숨이 한낱 미물보다 못하다는 것을 눈으로 보아야 하는 세상에서 살았다. 내 목숨도 그럴 거라는 생각으로 살았다. 그런데 예수님은 '한 생명이 천하보다 귀하다' 하셨다.

늙은 나를 집도하는 의사의 눈빛은 천하보다 귀한 생명을 대하는 눈빛이었다. 나를 공격하려는 듯 질주해 오던 오토바이 청년이 있는가 하면, 생명을 존귀하게 여기는 의사가 살고 있는 조국이다. 나는 조국이 희망의 도성이라는 느낌이 든다고, 문병 온 조카 경은이에게 말했다.

조카는 교회 목사님이 했다는 말씀을 내게 전했다.

"스위스 제네바라는 도시에 살고 있는 한국인 입양인이 이면도로에서 시속 40킬로미터인 규정 속도를 위반하고 시속 60킬로미터로 달렸답니다. 물론 인적이 드문 시간이었고, 인명사고도 없었으며, 다른 차도 없었답니다.

그런데 이 사건으로 제네바 시의회가 열리는 소동이 벌어져 그 한국인은 20킬로미터 속도위반으로 100만 원의 벌금을 내고 1개월 운전면허정지의 벌칙을 받았답니다. 스위스 사람들은 제한속도를 어기는 것을 살인행위라고 본다고 합니다. 천하보다 귀한 하나의 생명은 나의 생명이기도 하고, 너의 생명이자 내 가족의 생명이며 내 이웃의 생명, 세상 모두의 생명이기에 하나의 생명을 지킬 때 모든 생명을 지킬 수 있다는 것이었어요. 우리나라는 아직 멀었어요. 어쩌자고 오토바이가 신호를 위반하고 이모님을 다치게 합니까? 이모님 말씀대로 희망이 없는 것은 아니지만요."

조카의 말을 들으며 중국의 교통질서를 돌아보았다. 보통 신호가 없거나, 있어도 무시하기 일쑤지만 단속하는 것을 별로 보지 못했다.

얼마나 많은 사람들이 자신도 모르게 살인행위를 하고 있는가.

나는 이런 기도를 했다.

'주님, 저는 꼭 살려 달라는 기도를 할 수 없습니다. 살아도 주님께 바칠 것 없는, 다 산 인생입니다. 그러나 주님, 제 가족 목숨을 천하보다 중히 여기시는 주님! 저도 을이 동생처럼 자녀들과 일가친척을 다 구원시킬 수 있는 시간을 주십시오. 제 기도가 주님 뜻에 합당하면 주님 앞에 빈손으로 가지 않게 해주십시오.'

내가 할 수 있는 일은 기도밖에 없었다.

수술하고 사흘째 되던 날 새벽이었다. 기도하던 중 비몽사몽간에 예수님이라고 여겨지는 분이 내 머리에서 발끝까지 크고 부드러운 손길로 어루만지는 느낌으로 행복감에 젖어 눈을 떴다. 날은 완전히 새지 않은 듯했다. 병실 안은 희미한 실내등이 켜져 있었다. 눈을 뜬 것이 후회되어 다시 눈을 감으며 예수님을 불렀다. 온 몸이 적당한 온도의 샘물에 들어가 있는 것처럼 훈훈했다.

아침에 담당 의사가 회진하고 나서 젊은 사람 못지않게 빠른 회복이 놀랍다고 했다. 퇴원 예정일을 앞당겨도 좋겠다는 말도 덧붙였다. 간호사들도 나 같은 고령환자가 대수술 후 이렇게 빨리 퇴원하는 경우는 병원 개원 후 처음이라고 했다.

"엄마! 정말 대단하셔요. 아픈 것도 잘 이겨내시고……!"

셋째 딸이 활짝 웃으며 칭찬했다.

"예수님이 낫게 해주셨고마. 내는 수술대에서 예수님 십자가 고통을 생각했대이. 내사 죄가 많아 가 이런 고생해도 마, 당연하지만도 예수님은 죄 없이 십자가 지셨지 않나? 퇴원하마 꼭 세례를 받고 싶대이."

내 말에 큰동생이 나를 꼭 껴안았다.

한국은 참으로 사회보장제도가 잘되어 있다. 대수술로 지출해야 할 많은 치료비와 입원비가 의료보험으로 처리되었다. 나는 주민등록증의 위력을 실감했다. 조국의 주민등록증이 이럴진대 천국 시민증은 얼마나 좋을까!

2010년 3월 10일, 드디어 세례 받는 날이 다가왔다. 마땅히 교회에 가서 세례를 받아야 하지만 거동이 불편한 나를 위하여 경은 조카가 교회에서 B목사님과 S목사님을 우리 집으로 모셔 왔다. 그날은 여든일곱 해를 살아 온 나의 생애에서 나만을 위한 가장 큰 잔치를 준비한 날이기도 했다.

고국에 와서 네 자매가 만날 수 있는 것도 기쁜데 자매들의 자녀들과 그 자녀들까지 다 모였다. 어려움 가운데 살아온 동생들과 그 자녀, 손주들이 신앙심으로 하나 되어 사는 모습이 놀라웠다. 경은 조카 3형제가 운영하는 사업도 흥왕했다. 각계 각층에서 사회적으로 성공한 자손들이 자랑스러웠다.

중국에 살고 있는 큰아들 내외, 대학교수로 있는 외손주와 같이 살고 있는 둘째 딸 내외가 다 귀국하여 내 슬하에 자녀들과 며느리, 사위와 손주들이 모두 모였다.

중국에 살 때도 명절이면 장가가고 시집간 아들 딸 내외가 똘방똘방한 손주들을 데리고 좁은 집이 미어터지게 모였다. 손주들의 무지개 꿈 이야기를 들으며 흐뭇했던 시절이 있었다. 지구덩이를 굴리는 커다란 꿈을 꾸던 손자는 물리학을 전공하여 교수로 있고, 태평양 건너까지 다리를 놓겠다던 손녀는 방송국에서 일하고 있는가 하면, 구름 타고 하늘을 날겠다던 녀석은 기상청에서 일한다. 중국, 일본, 미국 등 세계 도처에 나가 각자의 뜻을 펼치고 있는 손주들이 온 것이다.

"할머님! 고국은 1차 고향입니다. 우리에게 영원한 고향은 더 좋은 천국입니다. 천국 가시려면 예수 믿고 세례를 받아야 합니다. 세례는 죄 가운데 태어난 인간이 죽을 수밖에 없는 사망의 옷을 벗어 버리고 그리스도 예수로 새 옷을 입는 것과 같습니다. 세례 받게 되신 할머님을 축복합니다!"

목사님의 말씀은 영적 힘이 있었다. 내 영혼이 활짝 문을 열고 말씀을 받아들였다. 나는 하나님을 믿어 왔지만 세례의 의미를 깊이 깨닫지 못했다. 조국에 와서 하늘나라, 영원한 소망의 나라 시민이 된 것이 너무나 행복했다.

"큰이모님, 안색이 어쩜 저리 환하게 빛나지요!"

경은이 댁이 나를 바라보며 감탄의 말을 했다. 목사님 두 분과 여동생을 비롯하여 그 자리에 있던 동생들과 조카들, 아들 딸, 사위, 며느리들이 내 손 위에 손을 얹고 기도하기 시작했다. 기도가 시작되면서 나는 주님의 뜨거운 은총에 흐느껴 울었다. 함께 기도하던 가족들도 한마음이 되어 울었다. 기나긴 세월 주님의 깊은 사랑을 모르고 타향에서 외롭게 살아온 나의 가슴을 어루만지고 위로해 주시는 주님의 손길을 느낄 수 있었다. 참으로 감격스러운 순간이었다. 아무짝에도 쓸모없는 내가 하늘나라 생명록에 기록되는 세례를 받다니! 세상 고향보다 더 좋은 영원한 본향을 사모하는 마음을 주시고 영원한 생명 길로 인도해 주시는 주님께 감사 또 감사……!

내 영혼을 위해 끊임없이 간구해 온 큰동생의 눈물의 기도와 사랑의 분량이 차고 넘쳐 내 영혼을 적시고 우리 가족의 영혼을 뜨겁게 적셨다.

그런즉 누구든지 그리스도 안에 있으면 새로운 피조물이라 이전 것은 지나갔으니 보라 새것이 되었도다 고린도후서 5장 17절

내 '잃어버린 세월'이 예수님 안에서 새것이 되었다. 나는 하나님의 평화가 이 땅에 편만하여 주님과 동행하는 후손들이 불행한 역사의 희생자가 되지 않기를 간절한 마음으로 기도하고 있다.

도움 받은 책들

이재철 지음, 《요한과 더불어》, 홍성사, 2005.

폴 해터웨이 지음, 고석만 옮김, 《하늘에 속한 사람; 윈 형제》, 홍성사, 2004.

리즈수이 지음, 손풍삼 옮김, 《마오쩌둥의 사생활》, 고려원, 1995.

첸 카이 통 지음, 오진탁, 윤아름 옮김, 《고대 중국 속의 하나님》, 순출판, 2009.

전진 지음, 《눈물이 강이 되고 피땀이 옥토 되어》, 기독교대한수도원사 출판위원회; 은혜기획.

김동수 엮음, 《러시아에 떨어진 두 밀알》, 타이트워터 한인침례교회.

현인애 지음, 《북한의 집단 변화와 사회 통제》, 늘품플러스.

한명기 지음, 《병자호란》, 푸른역사, 2013.

이재범, 박동찬 공저, 《누구를 위한 정쟁이었나》, 다할미디어, 2000.

이광규 엮음, 《격동기의 중국 조선족》, 백산서당, 2002.

이나미 리츠코 지음, 신동기 옮김, 《중국인 이야기》, 이손, 2002.

잃어버린 세월

Last Years

2014. 10. 15. 초판 1쇄 인쇄
2014. 10. 21. 초판 1쇄 발행

지은이 이유진
펴낸이 정애주
곽현우 국효숙 김기민 김의연 김준표 김진성
박상신 박세정 박혜민 송민영 송승호 염보미
오민택 오형탁 윤진숙 임승철 정한나 조주영
차길환 한미영

펴낸곳 주식회사 홍성사
등록번호 제1-449호 1977. 8. 1.
주소 (121-885) 서울시 마포구 양화진4길 3
전화 02) 333-5161
팩스 02) 333-5165
홈페이지 www.hsbooks.com
이메일 hsbooks@hsbooks.com
트위터 twitter.com/hongsungsa
페이스북 facebook.com/hongsungsa
양화진책방 02) 333-5163

• 잘못된 책은 바꿔 드립니다.
• 책값은 뒤표지에 있습니다.

ISBN 978-89-365-0324-6 (03230)

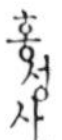